귀신보며 속전속결 축귀하기 원하는 분의 책

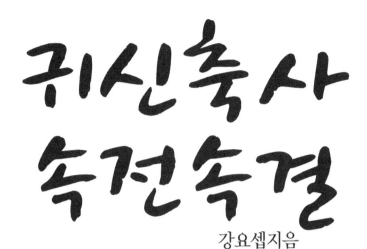

귀신축사 속전속결

강요셉지음

KB191564

이 책을 정독하면 성령으로 속전속결 축귀할 수 있다.

성령

귀신축사 속전속결

성령

들어가는 말

예수를 믿고 성령으로 거듭난 성도는 하나님의 군사입니다. 군사는 싸우는 것입니다. 반드시 적이 있기 때문에 군사가 있는 것입니다. 성도의 적은 마귀 귀신입니다. 지금도 마귀와 귀신들은 성도들을 무시로 공격하고 있습니다. 많은 성도들이 예수를 믿고 열심히 믿음 생활을 하면서도 마귀 귀신에게 당하고 있습니다. 이는 영적인 면에 무지하기 때문에 고통을 당하고 있는 것입니다. 저는 하나님의 은혜로 성령치유 사역을 합니다. 귀신을 많이 쫓아내어 고통당하는 성도들을 자유하게 하고 있습니다. 제가 말씀과 성령으로 축사 사역을 하면서 느낀 것은 우리 성도들이 분명하게 예수를 믿었으나 여전히 악한 영의 영향에서 벗어나지 못하고 있다는 것입니다. 참으로 마음 아픈 일입니다. 성경에는 분명하게 예수님의 이름으로 기도하면 악한 영이 떠나간다고 기록되어 있습니다. 그러나 이를 삶에서 적용하지 못하고 악한 영에게 당하면서 살아가는 성도가 많이 있습니다. 그들은 세상 사람들과 같이 악한 영을 무서워하며 살아갑니다. 하나님은 예수를 믿는 성도는 하나님의 자녀가 되는 권세를 주셨다고 하셨습니다.

이제 우리는 영적인 세계를 바르게 알고 악한 영과 싸워 속전속결하는 성도가 되어야 합니다. 우리는 하나님의 군사입니다. 군사는 적을 알아야 합니다. 손자병법에서도 적을 알고 나를 알면 백전백승한다고 했습니다. 우리는 언제 악한 영이 침입하는지 바르게 알아야 합니다. 악한 영이 자신에게 침입을 하면 어떠한 현상이 일어나는 지도 알아야 합니다. 침입한 귀신을 어떻게 쫓아내어 백전백승하는 것도 알고 행해야 합니다. 그리하여 악한 영이 자신에게 침입하지 못하도록 성령으로 충만한 생활을 해야 합니다. 또한 이미 침입하여 자신에게 역사하는 악한 영의 실체를 알아 쫓아내는 방법을 알아야 합니다. 귀신을 속전속결로축사하는 비결을 알고 행해야 합니다. 이론적으로 알기만하는 것이 아니고 삶에서 적용하여 악한 영을 몰아내야 합니다.

부디 이 책을 통하여 우리의 대적과 싸워서 이기는 방법을 바르게 알기를 소원합니다. 우리가 가지고 있는 권세도 바르게 알고 사용하기를 원합니다. 하나님이 주신 권세로 날마다 악한 영을 쫓아내어 속전속결하는 군사가 되기를 소원합니다. 이 땅에 하나님의 나라를 이루는 군사로서 쓰임을 받는 모두가 되기를 바랍니다. 이 책을 통하여 귀신에게 고통당하는 많은 성도들이 귀신으로부터 속전속결 해방을 받아 하늘의 복을 받기를 바랍니다.

주후 2016년   09월 10일

충만한 교회 성전에서

저자 강요셉목사.

세부목차

1장 하나님은 속전속결 축귀를 원하신다.

(엡 5:15-17)"그런즉 너희가 어떻게 행할지를 자세히 주의하여 지혜 없는 자 같이 하지 말고 오직 지혜 있는 자 같이 하여 세월을 아끼라 때가 악하니라. 그러므로 어리석은 자가 되지 말고 오직 주의 뜻이 무엇인가 이해하라."

하나님은 귀신축사를 속전속결(速戰速決)하기를 원하십니다. 귀신은 빨리 발견하고 빨리 축사하여 끝내야 합니다. 속전속결(速戰速決)이란 싸움을 오래 끌지 않고 되도록 빨리 끝장을 낸다는 뜻입니다. 귀신축사는 시간을 오래 끌면 끌수록 귀신으로부터 자유 함을 받기가 어려워집니다. 귀신역사는 될 수 있는 한 빨리 발견하고, 빠른 시간 내에 축귀하여 끝내야 합니다. 질질 끌면 끌수록 좋은 것이 하나도 없습니다. 환자도 보호자도 사역자도 속전속결 전략을 가지고 영적싸움을 싸워야 합니다. 이렇게 되려면 바른 성령의 역사를 따라가야 합니다. 성령의 역사가 귀신을 속전속결로 축사하기 때문입니다.

우리는 귀신축사 속전속결이라는 용어의 뜻을 바르게 이해해야 합니다. 귀신축사 속전속결의 뜻은 귀신의 영향으로 고통을 당하는 목회자나 성도가 능력 있고 명성있는 목사에게 안수한번 받아서 귀신을 축귀하겠다고 이 목사! 저 목사! 에게 안수만 받으라는 말이 아닙니다. 바른 성령의 인도를 받으라는 말입니다. 귀신축사로 속전속결로 받으시고 사역을 하시려면 바른 성령의 인도를 받아야 합니다. 환자가 스스로 영적으로 자립하는 것에 목적을 두고 축사를 받으라는 말입니다. 바른 성령의 인도가 귀신을 속전속결로 축사하도록 하십니다. 반대로 능력 있는 사람을 통하여 한 번에 축귀하겠다고 돌아다니면 허송 세월을 낭비하게 됩니다.

요약하면 귀신축사 속전속결이란 능력자에게 안수한번 받고 기도하여 축사를 하라는 것이 아닙니다. 안수한번 받아 축사하려고 이 목사, 저 목사를 찾아 돌아다니라는 말이 아닙니다. 성령의 인도로 바른 사역자를 만나서 복음적이고 바른 성령의 역사로 귀신을 축사하라는 말입니다. 불치병이나 고질병이나 귀신의 역사로 고통당하는 크리스천들의 의식이 성령의 불세례 받아 방언기도하고 귀신 축사하면 다되는 것으로 인식하고 있기 때문에 속전속결로 귀신을 축사한다거나 문제를 해결 받지를 못합니다. 필자가 말하는 것은 성령으로 세례를 받고 내면을 치유받아 전인격이 성령의 지배를 받으면서 성령의 인도를 받는 삶을 살아가는 자립하는 영적인 수준이 되어야 자유 함을 누릴 수가 있다는 것입니다.

사역을 하시는 분들도 귀신이나 축사하고 방언이나 터트리면 다되는 것으로 생각하는 낮은 수준이기 때문입니다. 귀신역사나 불치병으로 고통당하는 크리스천들이 스스로 하나님과 관계를 열어가면서 영적 자립하도록 인도하지 못하는 것입니다. 하나님은 분명하게 "그런즉 너희는 먼저 그의 나라와 그의 의를 구하라 그리하면 이 모든 것을 너희에게 더하시리라(마 6:33)" 말씀하셨습니다. 사역의 수준을 높여야 진정한 성령님의 역사로 귀신축사를 속전속결할 수가 있는 것입니다. 다음의 설명을 이해하시면 쉽게 귀신축사 속전속결을 바르게 이해하실 수가 있을 것입니다.

첫째는 축귀를 위하여 세월을 아끼지 못하고 세월을 허비하는 사례입니다. A라는 청년의 사례입니다. 혈통에서부터 흐르는 영적이고 정신적인 문제로 고등학교 1학년 시절에 영적이고 정신적인 문제가 발생했습니다. 학교에 가서 도저히 정상적인 생활을 할 수가 없었습니다. 정신적이고 영적인 문제를 해결하지 못하면 안 될 지경에 이른 것입니다. 부모님들은 두 분 모두 예수를 믿었습니다. 하나님의 은혜로 영적인 치유를 받겠다고 결심을 하였습니다. 최초의 생각은 정확했습니다. 청년은 영적인 치유가 최선의 방법이기 때문입니다. 그래서 영적치유를 받겠다고 축사를 전문으로 하는 능력 있는 목사님을 만났습니다. 몇 개월 다니면서 축사를 받아도 치유가 되지 않는 것입니다.

그래서 안 되겠다고 생각하고 다시 수소문을 하여 다른 귀신을 축사하는 능력 있는 목사님을 만났습니다. 거기서 몇 개월을 지냈습니다. 거기서도 치유가 되지 않은 것입니다. 그렇게 능력 있고 귀신을 축사하는 목사님을 찾아서 이 목사님! 저 목사님! 들을 통하여 청년의 문제를 해결하려고 돌아다니다가 보니 청년의 나이가 32세가 되버린 것입니다. 순식간에 15년이 흐른 것입니다. 필자를 만났을 때는 이미 병세가 깊어져서 1-2년 이상 집중적인 영적 치유를 받아야 정상적인 생활을 할 수가 있는 상태였습니다. 그런데 문제는 청년이 교회에 다니지를 않겠다고 버틴다는 것입니다. 자신이 다니고 싶으면 교회에 가고 그렇지 않으면 가지 않겠다는 것입니다. 그리고 자기가 다니고 싶은 교회를 가겠다는 것입니다. 그래서 달래서 청년이 가자고 하는 교회에 나간다는 것입니다. 그 교회는 성령의 역사가 강하지 못하여 귀신이 허용하는 것입니다. 영적인 문제입니다. 귀신은 자신이 떠나가야 하는 성령의 역사가 강한 교회는 가지 못하도록 역사합니다. 그러나 견딜만한 교회는 가든지 말든지 상관하지 않은 것입니다. 이 청년은 지금과 같은 생활을 하면 세상에서 삶을 마감할 때까지 귀신으로부터 해방되지 못합니다. 지금 세상 교회에는 이런 비슷한 사례가 많습니다. 영적인면에 무지해서 당하는 고통입니다. 귀신만 쫓아내면 치유가 된다는 막연한 생각과 상식이 청년을 이렇게 만든 것입니다.

절대로 이 청년은 귀신만 축사한다고 치유가 되는 것이 아닙니다. 성령으로 잠재의식의 상처를 치유하면서 귀신도 축사하고 혈통에 흐르는 영적인 문제도 해결해야 됩니다. 본인이 성령의 인도를 받으면서 스스로 기도하고 말씀을 묵상하며 예배드리도록 신앙지도를 해야 합니다. 처음 질병이 발생한 고등학교 1학년 때 정확한 치유를 했으면 몇 개월 내에 정상으로 회복이 됩니다. 필자 같은 사역자를 만났으면 3개월 이내에 정상으로 회복되었을 것입니다. 전문적인 목회자를 만났으면 세월도 아낄 수가 있었고, 속전속결로 치유도 되었을 것입니다. 나이가 어릴 때는 영적 정신적인 질병의 치유가 비교적 쉽습니다. 절대로 귀신만 축사한다고 정상으로 회복되지 못합니다. 처음부터 꼬인 것입니다. 부모가 전인적인 면에 무지하여 자식을 그렇게 만든 것입니다.

둘째로 귀신만 쫓아내려고 방황하다가 필자를 만나 속전속결로 축사하고 영육의 고통을 치유한 사례입니다. A라는 목사님이 목회하시다가 과로하여 영적이고, 정신적이고, 육체적인 질병이 발생하여 2년여 동안 이곳저곳을 헤매며 치유를 받으려고 했습니다. 심지어 차를 타고 가다가 발작하여 병원에 입원하기도 했다는 것입니다. 한국에 능력이 있다는 유명한 목사님에게 안수를 받기를 수도 없이 했다는 것입니다. 이 목사님! 저 목사님! 을 통하여 귀신을 축사하고 치유 받겠다고 돌아다닌 세월이 2년이 되었다는 것입니다. 병원에 가서 처방을 받아 약을 먹어도 소용이 없었습니다. 한의원에 가서 침을 맞고 한약을 먹어도 소용이 없었습니다. 결국 치유를 받지 못했습니다.

그러다가 새벽에 기도하는데 기독서점에 가서 책을 사서 보라는 감동이 오더랍니다. 시간이 되어 책을 사려고 기독서점에 갔습니다. 신간 책장에 보니까, "대적기도로 문제 해결하는 비밀"이라는 제목의 책이 눈에 들어오더라는 것입니다. 그래서 사서 읽다가 문득 이곳에 가면 자신의 문제를 해결 받을 수 있다는 강한 감동이 오더랍니다. 그래서 프로그램을 확인하니 토요일 날 개별 집중치유가 있어서 예약하고 오셔서 필자하고 상담하고 치유를 받기 시작했습니다. 처음 필자가 목사님을 보니 완전하게 귀신에게 눌려있었습니다. 첫날 치유를 받고 나니 정신이 돌아오고 마음이 가볍고 몸이 홀가분해지더랍니다. 자신의 문제를 완전하게 해결 받을 수 있다는 믿음이 생기더라는 것입니다. 그래서 몇 주 더 다니면서 완전하게 치유 받고 영과 육이 정상적이 되었다는 것입니다. 교회도 전과 같이 회복이 되었다는 것입니다. 2년 동안 치유 받지 못하던 영육의 문제가 3개월 만에 완치가 된 것입니다. 한마디로 속전속결로 영육의 문제가 치유된 것입니다. 이것이 성령의 인도입니다. 속전속결 축사사역의 진수입니다. 이렇게 기도하여 성령의 감동에 순종하면 하나님께서 사람이나 장소나 책이나 약이나 무엇을 통하시든지 하나님의 방법으로 속전속결로 해결하도록 인도하여 주시는 것입니다. 인도하시는 대로 순종하면 속전속결로 해결이 되는 것입니다. 반드시 바른 성령의 역사가 귀신도 축사하고 상처도 치유하시는 것입니다. 성령님의 인도로 바른 전문적인 사역자를 만나야 합니다.

지방에서 목회하다가 발생한 영적인 문제를 속전속결로 치유를 체험한 B목사님의 사례입니다. 이 목사님은 수도권 모처에 있는 ○○○에 7년여 동안 다니면서 목사님으로부터 교회가 자립이 되려면 병고치고 귀신을 축사해야 한다고 설교를 들었다는 것입니다. 하루에 7시간씩 기도해야 권능이 나타난다고 귀에 딱지가 생기도록 들었다는 것입니다. 교회에서 병고치고 귀신을 축사하였습니다. 그런데 얼마가지 않아서 목사님께 문제가 발생한 것입니다. 오른쪽 팔이 마비가 온 것입니다. 어깨가 굳어버린 것입니다. 능력있는 목사님들의 안수기도를 수없이 받아도 치유가 되지 않았습니다. 한의원에 가서 침을 맞아도 아무런 효과가 없었습니다. 어느덧 2년 6개월이 지났습니다. 사모님이 지인으로부터 서울에 있는 충만한 교회에 가면 해결될 수가 있다는 조언을 듣게 된 것입니다.

목사님을 설득하여 지방에서 서울까지 지속적으로 다닌 것입니다. 다행스럽게 목사님의 자제분이 서울에 대학을 다니면서 방을 얻어서 자취를 하였습니다. 그 방에서 기거를 하면서 집회를 참석한 것입니다. 그때에는 월-화-수-목 4일 동안, 하루에 3번씩 집회를 할 때입니다. 한주도 빠짐없이 다녔습니다. 그런데 얼마나 강하게 묶였는지 그렇게 주여! 하면서 기도하여 3개월이 되니까 성령의 역사가 일어나기 시작을 하는 것입니다. 서서히 성령께서 장악하시기 시작을 하는 것입니다. 정말로 강하게 묶였던 것입니다. 목사님이 하시는 말씀이 사모님이 집중적인 관심을 갖지 않았더라면 중간에 포기하고 다니지 못했을 것이라고 했습니다. 사모님의 지극정성으로 월요일마다 챙겨서 서울로 올라가도록 엉덩이를 밀었기 때문에 치유를 받을 수가 있었다는 것입니다. 그렇게 성령의 역사가 일어나기 시작을 하니 6개월이 지나니까, 어깨가 풀리기 시작을 했습니다. 8개월이 지나니까, 완전하게 정상으로 회복된 것입니다. 2년 6개월 동안 치유 받지 못하던 어깨가 8개월 만에 완전하게 치유된 것입니다. 목사님은 무려 10개월 동안 다니시면서 치유와 능력을 받으셨습니다. 이것이 속전속결의 귀신축사이고 기적적인 전인치유입니다. 영적인 말씀을 들으면서 정확한 성령의 역사가 일어나니 속전속결로 완벽하게 치유가 된 것입니다. 바른 성령의 역사를 체험해야 속전속결 귀신축사를 체험할 수가 있는 것입니다.

절대로 속전속결 귀신축사는 안수한번에 귀신을 떠나보내는 것이 아닙니다. 절대로 안수한번 받아서 귀신이 떠나가지 않습니다. 절대로 속전속결의 귀신축사는 안수한 차례 받고, 안수한 차례 하여 귀신을 쫓아내는 것이 아닙니다. 그렇게 될 수가 없습니다. 하나님께서 그렇게 역사하시지 않습니다. 그러므로 영육의 문제가 고생하시는 분들은 이 목사! 저 목사! 능력 있다는 목사를 의지하여 귀신을 축사하고 치유 받으려고 돌아다니는 생활을 멈추어야 합니다. 속지 말아야 합니다. 치유에 대한 전문적인 지식과 살아계신 하나님과 관계가 열린 목회자를 만나야 합니다. 적어도 7년 이상 성령치유 사역을 한 사역자를 찾아야 합니다. 거기에서 영적인 말씀을 들으면서 하나님의 사람으로 변화 되려고 해야 합니다. 자신과 하나님과 관계를 열어야 합니다. 자신 안에 하나님의 성전이 견고하게 지어져야 성령의 권능으로 귀신이 떠나가는 것입니다. 자신 안에서 올라오는 성령의 기름부음으로 귀신이 쫓겨나가는 것입니다. 정확한 성령의 역사를 따라서 전인적인 치유를 해야 속전속결 귀신축사가 될 수가 있는 것입니다. 귀신에게 고통을 당하는 분들이나 사역자는 안수한번으로 귀신을 쫓아내어 자유하려는 생각을 버리고, 성령의 인도를 받으면서 하나님의 사람으로 변화되는 것이 집중해야 속전속결의 귀신축사를 체험하실 수가 있습니다. 귀신을 속전속결 축귀하려면 다음과 같은 요건이 충족되어야 가능합니다.

첫째, 속전속결 축귀하는 원칙이 있다. 귀신을 속전속결로 축귀하려면 예수를 주인으로 영접을 해야 합니다. 예수를 주인으로 영접할 때 자신 안에 임재하신 성령으로 세례를 받아야 합니다. 필자가 말하는 성령세례는 예수를 믿을 때 받았다는 관념적인 성령세례가 아니고, 자신 안에 오신 성령께서 자신을 장악하는 실제적인 체험적인 성령세례를 말하는 것입니다. 자신도 성령으로 세례 받는 것을 체험하고, 다른 사람도 자신이 성령세례를 받는 것을 눈으로 보고 인정하게 체험해야 합니다. 성령세례에 대하여 상세하게 알고 싶은 분은 필자가 집필하여 출간한 "성령의 불로 불세례 받는 법"을 참고하시기를 바랍니다.

이제 예수로 하나가 되어야 합니다. 예수님은 요한복음 17장에서 이렇게 기도하십니다. "나는 세상에 더 있지 아니하오나 그들은 세상에 있사옵고 나는 아버지께로 가옵나니 거룩하신 아버지여 내게 주신 아버지의 이름으로 그들을 보전하사 우리와 같이 그들도 하나가 되게 하옵소서(요 17:11)." 다시 또 기도하십니다. "내가 비옵는 것은 이 사람들만 위함이 아니요, 또 그들의 말로 말미암아 나를 믿는 사람들도 위함이니, 아버지여, 아버지께서 내 안에, 내가 아버지 안에 있는 것 같이 그들도 다 하나가 되어 우리 안에 있게 하사 세상으로 아버지께서 나를 보내신 것을 믿게 하옵소서, 내게 주신 영광을 내가 그들에게 주었사오니 이는 우리가 하나가 된 것 같이 그늘도 하나가 되게 하려 함이니이다(요 17:20-22)." 환자도 예수로 하나가 되어야 합니다. 환자의 가정도 예수로 하나가 되어야 합니다. 하나가 되지 못하면 귀신은 축사되지 않습니다. 예수님으로 하나가 되면 귀신은 더 이상 역사하지 못하고 떠나갑니다. 성령으로 세례를 받고 예수님으로 하나가 되는 것이 귀신을 속전속결 축사하는 기본 요건이 되는 것입니다.

그리고 하나님의 말씀을 듣고 순종해야 합니다. 예수님은 이렇게 말씀하십니다. "그 날에는 내가 아버지 안에, 너희가 내 안에, 내가 너희 안에 있는 것을 너희가 알리라. 나의 계명을 지키는 자라야 나를 사랑하는 자니 나를 사랑하는 자는 내 아버지께 사랑을 받을 것이요, 나도 그를 사랑하여 그에게 나를 나타내리라. 가룟인 아닌 유다가 이르되 주여 어찌하여 자기를 우리에게는 나타내시고 세상에는 아니하려 하시나이까? 예수께서 대답하여 이르시되 사람이 나를 사랑하면 내 말을 지키리니 내 아버지께서 그를 사랑하실 것이요, 우리가 그에게 가서 거처를 그와 함께 하리라. 나를 사랑하지 아니하는 자는 내 말을 지키지 아니하나니 너희가 듣는 말은 내 말이 아니요 나를 보내신 아버지의 말씀이니라(요 14:20-24)" 순종하려면 말씀이 심령에 들려야 합니다. 말씀이 들리도록 집중해야합니다. 들린 말씀대로 이성과 육체가 따라야 합니다. 그래야 귀신이 떠나갈 수 있는 조건이 되는 것입니다. 바르게 알아야 할 것은 귀신축사는 능력 있는 목사나 사역자가 하는 것이 아니요, 생명의 말씀과 성령의 역사가 마음 안에 채워지는 만큼씩 귀신의 힘이 약해지면서 쫓겨나가는 것입니다. 한마디로 나라가 바뀌어야 합니다. 땅의 나라가 하나님의 나라로 바뀌어야 합니다.

둘째, 귀신은 속전속결로 알아내야 한다. 생명의 말씀을 들으면서 성령으로 기도하면서 안수를 받아서 잠복해있는 귀신들의 정체를 폭로하게 해야 합니다. 정체가 폭로되지 않으면 귀신들을 떠나가지 않습니다. 생명의 말씀과 성령의 역사로 정체를 알아내야 합니다. 성령으로 세례 받고 성령의 역사가 자신의 심령에서 일어나 밖으로 흘러나와야 귀신이 정체를 폭로하면서 떠가가기 시작을 하는 것입니다. 귀신의 축사는 전적으로 성령께서 하시는 것입니다. 사람은 3차원입니다. 귀신은 4차원입니다. 성령님은 5차원입니다. 5차원인 성령님이 장악을 해야 귀신이 떠나가기 시작하는 것입니다. 영적인 세계에 대하여는 "카리스마로 영적세계를 장악하는 법"을 참고하시기를 바랍니다.

보편적으로 귀신이 정체를 폭로할 때 나타나는 현상입니다. 환자가 성령집회에 참석하여 말씀을 듣다가 도망갑니다. 이는 환자가 두려워서 도망을 가는 것이 아니고, 환자에게 역사하는 귀신이 더 오래 앉아 있으면 떠나가야 하니, 환자를 두렵게 하거나 무섭게 하여 밖으로 도망가게 하는 것입니다. 이때 보호자는 환자의 말이나 행동에 동조하면 절대로 귀신으로부터 자유 함을 받을 수가 없습니다. 성령집회에 참석하여 말씀을 듣고 기도하면서 옆 사람들이 기침을 하고, 울기도하고, 소리를 지르고 발짝을 하면 환자에게 잠복해 있는 귀신이 환자의 이성을 주장하여 야~ 저 사람이 기침할 때 나온 귀신이 너에게 들어온다. 저 사람에게서 나온 귀신이 너에게 들어온다고 생각을 주장하여 두려워하거나 핑계를 대고 자리를 이탈하려고 하거나 이탈합니다. 바르게 알아야 할 것은 자신에게 역사하는 귀신도 두려워서 정신을 차리지 못하다가 떠나가야 하는 형편인데 다른 사람에게서 나온 귀신이 자신에게 들어오지 못합니다. 환자도 보호자도 속지 말아야 합니다. 조금만 인내하고 참으로 귀신이 스스로 포기합니다. 더 이상 그런 생각이 들지 않습니다.

귀신의 영향으로 정신적이고 영적인 문제가 발생한 사람들이 자유 함을 받지 못하는 것은 귀신장난에 속기 때문입니다. 아니 귀신의 장난에 동조하기 때문입니다. 성령이 강하게 역사하는 장소에 가면 귀신이 떠나가야 하니 환자를 두렵고 불안하게 합니다. 가슴이 답답하게 합니다. 이런 현상이 일어나면 결국 이 교회는 자신하고 맞지 않는 다는 인간적인 합리를 가지고 다른 교회로 갑니다. 많은 목회자들이 그렇게 지도했기 때문입니다. 교회가 자신하고 맞지 않으면 머리가 어지럽기도 하고 가슴이 답답한 것이라고 교육했기 때문입니다. 교회는 평안해야 한다는 것입니다. 그러나 반대의 현상도 있다는 것을 알아야 합니다. 땅의 나라가 하나님의 나라로 바뀌는데 어찌 아무런 현상이 일어나지 않겠습니까? 한동안 머리가 어지럽고 답답하고 두통이 두렵고 두통이 일어나기도 합니다. 이는 땅의 나라가 물러가면서 일어나는 현상입니다. 하나님의 축복을 받고 있는 순간입니다. 오히려 감사해야 합니다.

그런데 인간적이고 합리적인 말과 생각에 동조하는 경우가 보통입니다. 그래서 말씀을 듣고 기도를 해도 귀신이 견딜만한 교회를 다닙니다. 그래서 평생 귀신에게 자유 함을 받지 못하는 것입니다.

바르게 알아야 할 것은 보이지 않지만, 영적인 세계에서 빼앗고 빼앗기는 전쟁이 일어나고 있는데 아무런 느낌이 없다는 것이 이상한 것 아닙니까? 분명하게 성경은 "세례 요한의 때부터 지금까지 천국은 침노를 당하나니 침노하는 자는 빼앗느니라(마 11:12)." 말씀하십니다. 그래서 이런 환자는 반대로 생각하고 행동해야 합니다. 교회를 찾을 때 성령의 역사가 강하게 일어나 말씀을 듣고 기도할 때 두렵고 불안하고 가슴이 답답한 교회가 자신을 치유할 수가 있는 교회입니다. 조금만 인내하고 다니면 귀신이 포기합니다. 보호자들이 관심을 가져야 합니다. 이런 교회를 다녀야 귀신으로부터 자유함을 받을 수가 있습니다.

　그런데 대부분 환자의 의견에 동조하고 따릅니다. 절대로 귀신으로부터 자유 함을 받지 못합니다. 귀신이 넣어주는 생각하고 반대로 해야 귀신은 떠나갑니다. 예를 든다면 귀신이 생각을 주장하여 '무섭다 나가자.' 그런 생각이 들어도 인내하고 견딥니다. 이렇게 몇 번만 하면 귀신이 인격이기 때문에 대부분 환자에게서 이탈합니다. 귀신이 환자에게서 떠나가지 않는 것은 환자가 귀신의 의견에 동조하기 때문에 같이 사는 것입니다. 귀신과 마음과 생각이 다르면 절대로 귀신은 같이 살수가 없기 때문에 떠나는 것이 보통입니다. 예를 든다면 조현병(정신분열증) 환자의 발작을 들 수가 있습니다. 발작할 때 조현병 환자에게 역사하는 귀신이 밥을 먹은 것입니다. 혈기 귀신은 환자가 혈기를 낼 때 귀신이 밥을 먹은 것입니다. 귀신이 하라는 대로 하여 밥을 먹여주니 귀신이 떠나갈 수가 없는 것입니다.

　이런 경우를 사전에 예방하기 위하여 나이가 어릴 때 성령을 체험하게 하고 축귀해야 합니다. 어릴 때는 성령께서 아주 잘 장악을 하십니다. 자신의 가계에 정신적으로 영적으로 좋지 못한 영이 흐르는 분들이나, 그렇지 않는 가계나 할 것 없이 어릴 때 성령으로 세례 받게 하고 성령님이 장악을 하는 믿음생활을 하는 것입니다. 미리 예방하고 성령의 인도를 받는 체질로 바꾸어주는 것입니다. 그런데 대부분 그렇지 못합니다. 어릴 때부터 그저 교회를 왔다가 갔다가 하는 관념적인 믿음생활이 몸에 익숙하게 합니다. 대부분의 부모들이 교회에 잘 다니고 성경 읽고 쓰고 하면 믿음이 좋은 것으로 생각하여 어릴 때부터 관념적인 신앙생활이 몸에 익숙하도록 합니다. 그러다가 영육의 문제가 생기면 그때야 성령을 체험하고 치유를 받으려고 하니 성령의 역사에 익숙하지 못하여 거부가 일어나는 것은 당연한 것입니다. 그래서 속전속결 치유하지 못하고 평생 고통을 당하면서 살아가는 것입니다. 영적이고 정신적인 문제가 있어서 사람노릇을 못하는 젊은이들의 부모님들이 이렇게 말합니다. 어렸을 때 교회 빠지지 않고 잘 다녔고, 성경도 쓰고 읽고 했는데 왜 이렇게 되었는지 모르겠다는 것입니다. 자녀들의 이런 행위나 열심으로 하나님의 나라가 되지 못합니다. 살아있는 성령으로 세례 받지 못하여 살아계신 성령님이 자녀의 전인격을 지배하지 못하여 일어난 일입니다. 영적으로 무지했던 부모에게 책임이 있는 것입니다.

셋째, 속전속결 축귀해야 한다. 축귀는 권능 있는 목사가 하는 것이 아닙니다. 만약에 자신이 귀신을 불러내어 쫓아낸다는 목회자가 있다면 이단입니다. 자신이 예수님의 자리에 앉아있기 때문입니다. 자신은 예수를 믿을 때 죽었습니다. 다시 예수로 태어났습니다. 분명하게 목회자나 사역자는 성령님의 보조자입니다. 자신이 귀신을 쫓아내는 것이 아니고, 성령의 권능으로 귀신을 쫓아내는 것입니다. 귀신은 성령의 역사가 환자를 장악하여 영에서 혼을 거쳐서 육으로 나타날 때 떠나갑니다. 밖에서 능력 있다는 목회자가 불러서 떠나가는 것이 아닙니다. 그래서 환자가 성령으로 충만해야 합니다. 자신의 심령에 있는 성전이 견고하게 지어져야 합니다. 걸어 다니는 성전의식을 가지고 살아야 합니다. 하나님은 이렇게 말씀하십니다. "너희는 너희가 하나님의 성전인 것과 하나님의 성령이 너희 안에 계시는 것을 알지 못하느냐(고전 3:16)" 환자의 마음 안에서 성령의 기름부음이 흘러넘쳐야 한다는 것입니다. 절대로 입을 벌리고 소리를 지르고 욱욱하면서 억지로 토해내려 하는 인간적인 노력으로는 귀신이 떠나가지 않습니다. 오히려 성령님이 장악하는 시간만 길어지는 것입니다. 배에서 올라오는 소리로 기도에 집중해야 합니다. 그래야 성령께서 장악하시고 성령께서 장악하시니 귀신들이 견디지 못하고 떠나가는 것입니다.

분명하게 예수님은 이렇게 말씀하십니다. "사람이 먼저 강한 자를 결박하지 않고서야 어떻게 그 강한 자의 집에 들어가 그 세간을 강탈하겠느냐 결박한 후에야 그 집을 강탈하리라(마 12:29)" 5차원(초자연적)인 성령께서 환자를 장악하니 4차원(초인적)의 귀신이 떠나가는 것입니다. 인간적(3차원)인 행동을 아무리 열심히 해도 귀신은 떠나가지 않습니다. 성령으로 기도하여 5차원(초자연적)이 되어야 귀신들이 물러가기 시작하는 것입니다. 그러므로 성령으로 장악이 되는 것에 집중적인 시간과 노력을 투자해야 합니다. 집중적인 치유를 해야 합니다. 정신적이고 영적인 문제로 고통당하는 분들은 바른 성령의 역사가 일어나고 바른 진리를 전하는 교회에서 집중적인 치유를 받아야 합니다. 환자와 가정이 성령으로 장악이 되어야 고통에서 해방을 받을 수가 있기 때문입니다. 시간을 투자해야 합니다. 마음을 투자해야 합니다. 필요하다면 물질도 투자해야 합니다. 하나님은 이렇게 말씀하십니다. "이것이 곧 적게 심는 자는 적게 거두고 많이 심는 자는 많이 거둔다 하는 말이로다(고후 9:6)" 이 말씀은 물질만을 말하는 것이 아닙니다. 모든 것(전인적인)을 말하는 것입니다. 환자와 보호자가 시간과 마음과 물질을 투자한 만큼 성령으로 장악도 되는 것입니다. 절대로 귀신은 성령님이 장악해야 떠나갑니다. 그리고 진리의 말씀이 잘 들려야 합니다. 말씀을 듣고 깨닫는 만큼씩 하나님의 나라가 되는 것입니다. 하나님의 나라가 되는 만큼씩 귀신도 떠나가는 것입니다. 권능도 나타나는 것입니다. 이리저리 이곳저곳 돌아다녀보았자 성령으로 장악되는데 시간만 많이 걸립니다. 성령의 역사는 하나입니다. 어떤 곳에 역사하는 성령이 강하지 못합니다. 다 똑 같습니다. 문제는 환자가 생명의 말씀과 성령으로 장악이 되느냐 덜 되느냐의 차이인 것입니다. 환자 자기가 문제이지 교회가 문제가 아닙니다. 한곳에서 결판을 내려고 해야 합니다. 그래야 귀신들이 놀라서 떠나가기 시작을 합니다. 하나님의 나라가 되는데 요행은 없습니다. 성령의 은혜로 되는 것입니다. 성령님이 장악하시도록 시간과 마음과 물질을 드리려고 해야 합니다. 속전속결 귀신축사는 자신이 없어지고 하나님께서 장악을 해야 가능한 것입니다.

성령님께서 삶의 전반의 지배를 받는 믿음생활을 하려고 해야 합니다. 자신이 없어지라는 것입니다. 살아있으나 자신의 생각으로 살지 말고 성령의 생각으로 살라는 것입니다. 성령님은 말이 아니고 실제이고 생명이십니다. 살아계신 성령님의 지배를 받는 믿음생활을 하려고 해야 합니다. 자신의 의지로 움직이는 것이 아니고 성령의 감동으로 성령의 역사로 움직이려고 의지적인 노력을 해야 합니다. 성령의 지배를 받는 삶이 되면 속전속결로 귀신들이 떠나갑니다.

그러기 위하여 성령의 인도를 받는 믿음 생활을 해야 합니다. 성령님이 가라고 하면 가고 오라고 하면 오는 믿음 생활입니다. 성령께서 하라면 아무리 손해가 나더라도 순종하는 것입니다. 귀신으로부터 10년 이상 고통 받던 분들이 성령의 감동에 순종하면서 귀신으로부터 자유 함을 받은 분들이 많습니다. 기도하다가 성령께서 감동하시는 대로 순종했더니 지긋지긋한 귀신역사를 속전속결로 떠나보내고 자유하게 되었다는 것입니다.

2장 귀신축사 바르게 속전속결하는 비결

(막 16:17-18)"믿는 자들에게는 이런 표적이 따르리니 곧 그들이 내 이름으로 귀신을 쫓아내며 새 방언을 말하며, 뱀을 집어 올리며 무슨 독을 마실지라도 해를 받지 아니하며 병든 사람에게 손을 얹은즉 나으리라 하시더라."

하나님은 크리스천들이 귀신으로부터 속전속결(速戰速決)로 자유하기를 소원하십니다. 그런데 귀신에 대하여 무지하기 때문에 많은 크리스천들이 귀신에게 고통을 당하고 있는 것이 사실입니다. 이는 귀신이 영적존재라 보이지 않고 귀신에 대하여 박식한 지식이 없기 때문에 막연하게 두려워하면서 당하는 것입니다. 그런데 귀신은 알고 보면 두려운 존재가 아닙니다. 성령의 역사가 일어나면 모두 떠나가야 하는 존재입니다. 귀신을 무서워하지 말고 성령으로 세례를 받지 못한 것을 무서워해야 합니다. 성령으로 세례를 받고 예배를 드리고 기도하면서 성령으로 기도하여 성령의 지배를 받으면서 믿음생활하면 어느날 기침 한번으로 떠나가기도 합니다.

그럼에도 귀신은 살아있는 존재이나 보이지 않기 때문에 크리스천이라도 두려워하고 무서워하는 것이 사실입니다. 이는 샤머니즘의 신앙의 잔재라고 볼 수가 있습니다. 세상에서 살아가면서 귀신에게 고통을 당했기 때문에 귀신에 대하여 막연한 두려움을 가지고 있는 것입니다. 그래서 크리스천들이 귀신을 축귀하는 사역자를 신성시하기도 합니다.

실상은 사람이 귀신을 쫓아내는 것이 아니고, 자신 안에 주인으로 계시는 성령님께서 귀신을 몰아내시는 것입니다. 자신 안에 하나님의 성전이 견고하게 지어지고 성령으로 충만해지면 귀신은 자동으로 물러가는 것입니다. 그럼으로 귀신을 쫓아내는 것이 집중하지 말고 자신 안에 생명의 말씀과 성령으로 성전을 만드는 것이 더 관심을 집중해야 합니다. 귀신만 쫓아내려고 하기 때문에 귀신이 떠나가지 않는 것입니다. 귀신은 자신 안에 주인으로 계시는 성령님의 권능으로 쫓겨나가는 것입니다.

더 큰 문제는 능력자를 의지하여 귀신만 쫓아내려고 하는 것입니다. 그런데 이렇게 능력자를 의지하여 귀신을 쫓아냈다고 하더라도 돌아서면 다시 원위치 합니다. 왜냐하면 자신에게 성령의 권능이 없기 때문입니다. 자신 안에 성령님이 주인 되어 성전이 되지 않고 이렇게 다른 사람을 의지하여 귀신을 쫓아내려고 하면 죽을 때까지 귀신을 쫓아내야 합니다. 귀신을 쫓아내고 자유하려면 자신 안에 나라가 바뀌어야 합니다. 하나님께서 주인이 되어야 한다는 말입니다. 성령님에게 지배당하고 장악당해야 합니다. 자신 안에 하나님의 성전이 견고하게 지어지면 귀신을 쉽게 떠나가는 것입니다. 귀신으로부터 고생하는 크리스천은 자신 안에 성전을 견고하게 하는 일에 집중해야 합니다.

첫째, 귀신축사 바르게 속전속결 승리하는 법이다. 귀신은 보이지 않지만 실체로서 크리스천이라도 귀신의 영향으로 알게 모르게 고통을 당하고 있는 것이 사실입니다. 그래서 귀신을 쫓아내려고 여러 가지 방면으로 노력하는 크리스천들이 많습니다. 그런데 귀신 축사에 대한 이론이 바르게 정립되지 않아서 불필요한 고통을 당하는 분들이 있습니다. 귀신이 보이지 않기 때문입니다. 귀신은 사람의 힘으로는 축사할 수가 없습니다. 귀신은 초인적인(4차원) 존재이지만, 사람은 3차원이기 때문입니다. 귀신을 축사하려면 성령의 권능(5차원)을 힘입어야 가능한 것입니다. 성령의 권능으로 귀신이 쫓겨 가기 때문입니다. 그러나 성령님도 보이지 않기 때문에 어떻게 해야 성령의 권능을 힘입는 것인지 막연합니다.

그래서 성령의 권능을 힘입기 위하여 여러 가지 방법을 동원합니다. 어떤 분들은 성령이 하늘에서 또는 능력 있는 사람에게서 임한다고 하시는 분들도 있습니다. 하늘이나 사람에게서 임하는 성령의 불을 받기 위하여 인간적인 노력을 합니다. 그래서 성령 집회에 참석하여 손바닥을 내밀면서 성령의 불을 받으려고 합니다. 어떤 분들은 억지로 흔들면서 진동을 합니다. 어떤 분들은 팔을 흔들기도 합니다. 어떤 분들은 서서 뛰어다니기도 합니다. 이런 모든 방법은 인간적인 노력을 하여 성령을 받겠다고 하는 지극히 상식이하의 행동입니다. 그러나 성령께서는 사람 안에 임재 하여 계신다는 것을 알아야 합니다. "너희는 너희가 하나님의 성전인 것과 하나님의 성령이 너희 안에 계시는 것을 알지 못하느냐 (고전 3:16)" 성령님이 자신 안에 계신다는 것입니다. 자신 안에 계신 성령님이 밖으로 나오게 해야 합니다. 성령의 불이 자신 안에서 나와야 한다는 것입니다. 예수를 영접한 크리스천이라면 직접적인 성령세례를 받지 못한 분들이라도 성령님은 자신 안에 계십니다. 예수를 믿을 때 성령님이 자신 안에 임재 하셨기 때문입니다. 임재하신 성령께서 자신을 완전하게 장악하시는 것이 성령세례입니다. 성령님은 호흡입니다. 바람입니다. 살아계십니다. 그렇기 때문에 성령을 손바닥에 받을 수가 없는 것입니다. 사람의 숨(호흡)을 통하여 자신 안에 임재하시고, 숨을 통하여 밖으로 나타나시는 것입니다. 성령님은 입과 코를 통하여 자신에게 임하시기도 하시고, 밖으로 나오시기도 하는 것입니다.

그렇기 때문에 성령을 충만하게 하려면 숨을 깊게 들이쉬고 내쉬는 것이 맞습니다. 절대로 팔을 흔든다든지, 진동을 한다든지, 억지로 입을 벌린다든지, 뛰어다닌다고, 성령으로 충만하게 되지 못합니다. 오히려 시간만 더 걸립니다. 숨을 들이쉬고 내쉬면서 주여! 숨을 들이쉬고 내쉬면서 주여! 하는 편이 훨씬 성령으로 충만 받는 적극적인 노력이 될 수가 있는 것입니다. 그렇게 하다가 보면 성령께서 서서히 장악하시어 성령으로 충만해지는 것입니다. 충만한 성령의 역사가 자신 안에서 밖으로 나오면서 귀신을 몰아내시는 것입니다. 절대로 다른 인간적인 방법으로는 귀신을 몰아낼 수가 없습니다. 어떤 분들은 능력 있는 목회자가 귀신을 불러내서 쫓아낸다는데 거짓말입니다. 이단입니다. 영적인 지식이 부족한 크리스천들을 속이는 것입니다.

귀신은 성령의 역사가 환자 마음 안에서 일어나니 귀신이 성령의 권능으로 밀려나오는 것입니다. 그렇기 때문에 귀신을 빨리 축귀하려면 성령이 역사하는 장소에 가서서 사모하는 마음으로 숨(호흡)을 들이쉬고 내쉬면서 주여! 숨(호흡)을 들이쉬고 내쉬면서 주여! 하면서 마음을 열어야 합니다. 마음이 열리면서 성령께서 서서히 자신을 장악하시는 것입니다. 성령님이 자신을 장악하시면서 잠재의식의 상처를 치유하시고, 귀신들을 몰아내시는 것입니다.

성령님이 자신을 장악하는 일에 집중해야 합니다. 세상 의사들도 염증성환자에게 매일 주사 맞고 치료하고 약을 먹으면 빨라 낫는다고 하지 않습니까? 마찬가지로 영적치유로 매일 말씀 듣고 기도하고 안수를 받으면 빨리 장악이 되어 해결이 되는 것입니다.

결론적으로 귀신을 빨리 축귀하려면 절대로 성령의 불을 받는다는 생각을 버리고, 성령으로 충만한 장소에 가서서 성령의 불이 자신의 마음 안에서 나와야 한다는 일념으로 마음을 열고, 영적인 말씀을 듣고, 안수를 받으면서 기도 시간에 숨(호흡)을 들이쉬고 내쉬면서 주여! 숨(호흡)을 들이쉬고 내쉬면서 주여! 하면서 기도를 열심히 해야 합니다. 숨(호흡)을 통하여 밖에서 역사하시는 성령의 불과 자신 안에서 역사하시는 성령의 불을 충만하게 한다는 믿음을 가지고 기도하는 것입니다. 열심히 하여 마음이 열려야 성령께서 장악하시기 때문입니다. 성령께서 자신을 장악해야 성령으로 충만도 받을 수가 있고, 귀신들도 떠나가기 때문입니다. 귀신을 쫓아내시는 분은 능력 있는 목사가 아니고 자신 안에 주인으로 계시는 성령님이십니다. 성령님의 장악이 중요합니다. 그래서 충만한교회는 매주 토요일 예약하여 개별집중치유를 하는 것입니다.

둘째, 귀신 무서워하지 말라. 많은 성도들이 귀신을 무서워합니다. 얼마나 무서워하느냐. 우리 교회는 성령이 강하게 역사하는 교회입니다. 그래서 예배를 드리면서 말씀을 듣거나 기도하는 시간에 성령의 역사로 악한 영의 역사가 드러나 발작을 하거나 악을 쓰는 경우가 많습니다. 그러면 옆에 있는 성도들이 무서워서 멀리 떨어지려고 도망을 갑니다. 귀신이 도망을 간다고 안 따라갑니까? 이는 영적인 무지에서 나오는 것입니다. 우리가 예수를 믿으면 하나님의 자녀가 되는 권세가 있습니다. 우리가 초자연적인 존재가 된다는 것입니다. 마귀 귀신은 초인적인 존재입니다. 영적차원으로 보면 한 단계 아래에 있는 것입니다. 귀신에게 능력이 있다면 우리에게는 하나님의 권세가 있습니다. 믿는 자이면 저 하늘이 무너지고 이 땅이 꺼져도 일점일획도 변함없는 하나님 말씀에 이런 표적이 따르리니 곧 그들이 내 이름으로 귀신을 쫓아내겠다는 것입니다. 성령으로 세례를 받고 성령으로 기도하여 성령으로 충만하게 하여 귀신을 몰아내야 자유함을 누릴 수가 있습니다.

주님이 우리에게 성령으로 주신 귀신 쫓는 권세는 '익수시아=초자연적(5차원)'입니다. 귀신이 가지고 있는 것은 한 차원 낮은 '두나미스=초인적(4차원)'입니다. 그러므로 예수 그리스도의 이름으로 오늘 자기 스스로 마귀를 대적하십시오. 물러날 것을 믿으십시오. 한번 말해서 안하면 두 번, 세 번, 네 번, 다섯 번 계속하십시오. 안 쫓겨나갈 턱이 없는 것입니다. 우리가 만일 안 쫓아내고 그대로 내버려 놓으면 마귀가 우리를 자기 집으로 삼습니다. 기가 막히잖아요. 우리를 자기 집으로 삼고 들락날락 하면은 우리가 기가 막히지 않습니까?

그리고 일부 목회자가 하는 말이 귀신을 쫓아내려고 성령이 역사하는 장소에 가서 기도하고 안수를 받을 때 다른 사람들이 기침이나 하품을 할 때 밖으로 나온 귀신이 다른 사람(자신)에서 들어간다는 것입니다. 이는 잘 모르고 하는 말입니다. 자신이 성령으로 충만한 상태에서 기도하면 초자연적인 상태가 됩니다. 초자연적인 상태가 된 자신에게 초인적인 귀신이 자신 안에 들어올 수가 없는 것입니다. 자신 안에 역사하던 귀신도 떠나가느라고 정신이 없는데 밖에서 역사하던 귀신이 들어오지 못합니다. 오히려 귀신들이 자신에게서 나가지 않으려는 술책입니다. 자신 안에 귀신이 들어온다고 두려워하면서 움츠려 있으면 성령으로 충만하지 못합니다. 자연스럽게 귀신이 떠나갈 수 있는 영적인 상태가 되지 못하는 것입니다. 귀신이 자신에게 계속 역사할 수 있는 빌미를 제공하는 것입니다.

다른 사람에게서 나온 귀신이 들어온다는 논리는 기도하지 않고 명청하게 앉아있는 사람에게 해당되는 말입니다. 이것은 명확한 사례가 없는 돌아다니는 사람의 말입니다. 경각심을 가지고 자신의 영을 지키기 위하여 관심을 가지라고 강조하는 말입니다.

마태복음 12장 43절로 45절 "더러운 귀신이 사람에게서 나갔을 때에 물 없는 곳으로 다니며 쉬기를 구하되 쉴 곳을 얻지 못하고 이에 이르되 내가 나온 내 집으로 돌아가리라 하고 와 보니 그 집이 비고 청소되고 수리되었거늘 이에 가서 저보다 더 악한 귀신 일곱을 데리고 들어가서 거하니 그 사람의 나중 형편이 전보다 더욱 심하게 되느니라" 귀신을 안 쫓아내면 와보고 정리되고 정돈되고 좋은 처소면 일곱 귀신을 데리고 와서 들어가서 집으로 삼기 때문에 나중 형편이 처음보다 더 나빠지는 것입니다.

들어오는 족족 잡아내야 돼요. 될 수 있는 한 빨리 쫓아내야 합니다. 귀신을 언제 대적해야 되느냐. 우리를 유혹할 때 그때 벌써 대적해야 되는 것입니다. 아담과 하와가 대적을 안했기 때문에 유혹을 당했는데 대적을 해야 돼요. 야고보서 4장 7절에 "마귀를 대적하라 그리하면 너희를 피하리라" 우리가 마귀를 피하는 것이 아니라 마귀가 우리를 피하게 되는 것입니다. 베드로전서 5장 8절로 9절에 "근신하라 깨어라 너희 대적 마귀가 우는 사자 같이 두루 다니며 삼킬 자를 찾나니 너희는 믿음을 굳건하게 하여 그를 대적하라"

우리는 영적으로 정신적으로 육체적으로 생활적으로 귀신은 대적하고 공격해야 되는 것입니다. 영적으로 들어와서 우리에게 거짓 예언이나 거짓 꿈이나 환상이나 계시를 주어서 잘못된 신앙으로 이 끄는 일도 합니다. 정신적으로 귀신이 잘못 들어와서 이 세상에 오 만하고 교만하고 잘못된 일을 도모하는 때가 있습니다. 육체적으로 공격하면 병드는 것입니다. 여러 가지 병이 들어요. 정신병 들고 육 체적으로도 병이 들면 그것은 약으로만 치료할 수 없고 귀신을 쫓 아내야 되는 것입니다. 생활에 귀신이 와서 생활을 도적질하고 죽 이고 멸망시키며 사업이 안 되게 합니다. 또 사업이 좀 잘되는 사람 들은 탐욕을 넣어가지고서 하나님 없이 사업을 하다가 나중에 크게 망하게 만드는 것입니다.

셋째. 귀신에게 미혹당하지 말라. 귀신에게 고통을 당하는 환자 의 의견에 동조하지 말아야 합니다. 환자가 어떤 교회에서는 계속 다니자고 합니다. 어떤 교회에 가면 두려워서 뛰어 나가거나 다니 지 말자고 합니다. 이는 이러한 현상입니다. 계속 다니자고 하는 곳 은 환자에게 역사하는 귀신이 견딜만한 곳입니다. 그러니까 계속 다니자고 합니다. 반대로 도망을 하거나 다니지 말자고 하는 교회 는 환자에게 역사하는 귀신이 견딜 수가 없어서 환자를 이용하여 장소를 이탈하려는 귀신의 술책입니다. 이렇게 환자의 의견에 동조 하면 절대로 귀신은 떠나가지 않고, 환자는 죽을 때까지 영적으로 자립하지 못합니다. 바르게 분별하고 치유를 받으려고 해야 합니다. 자신이 성령으로 장악이 되는 곳에서 믿음을 키워야 합니다.

그리고 귀신에게 고통을 당하는 사람이 무엇을 하면 귀신이 떠나 간다는 것은 거짓말입니다. 헌금을 얼마하면 귀신이 떠나간다고 속이기도 합니다. 아무리 헌금을 많이 해도 귀신은 떠나가지 않습니다. 예수님은 돈 받고 귀신 떠나보내는 분이 아닙니다. 목회자 사명이 있기 때문에 사명을 감당해야 귀신이 떠나간다고 속이는 사역자도 있습니다. 신학교를 가서 1학기도 마치지 못하는 분들이 많습니다. 절대로 무엇을 하면 귀신이 떠나간다는 것은 샤머니즘의 신앙의 잔재입니다. 속지도 말고 속이지도 말아야 합니다. 환자가 성령으로 장악당하여 성령의 지배를 받아야 귀신으로부터 자유함을 누릴 수가 있습니다. 바르게 알고 속지 말아야 할 것이 있습니다. 축귀를 하다가 보면 돌아가신 할아버지, 할머니 삼촌 소리는 내는 경우가 있습니다. 이는 그분들이 귀신이 된 것이 아니고, 그분들이 살아계실 때 고통을 가하던 귀신들이 속이고 환영을 받으려는 술책입니다. 절대로 속으면 안 됩니다. 타락한 천사 귀신이 환자에게 들어와 고통을 가하면서 보호받으려는 사악한 술책입니다.

넷째, 사람을 의지하지 말라. 크리스천들이 알아야 할 것은 "축사는 사람이 하는 것이 아닙니다." 정확하게 말하면 "축사는 능력있는 목회자의 전유물이 아닙니다."라고 말하고 싶습니다. 귀신 축사의 시작은 예수님이셨습니다. 이어 예수님께서 권능을 주신 제자들에 의해 축사가 이어졌습니다. 따라서 축사의 핵심은 예수님…. 성령이 역사하시는 교회시대인 지금은 성령님이 하십니다. 그리고 축사는 예수님과 관계가 먼저 열려야 합니다. 예수님이 자신의 주인이 되어야 합니다. 예수님으로 하나가 되어야 합니다.

우리 크리스천들이 능력 있고 명성 있는 목사님만 눈에 보이고, 목사님의 배후에 주인으로 역사하시는 예수님을 보지 못하면 절대로 귀신으로부터 자유 함을 받을 수가 없습니다. 이 땅의 크리스천 중 정말 예수님과 긴밀하게 교제하며 그분과 인격적인 관계가 열린 크리스천은 축사의 능력을 나타낼 수 있다고 믿습니다. 하지만 지금 귀신을 쫓는다며 사역하고 있는 행동들을 보시기 바랍니다.

권능이 있다고 하는 사역자들이 예수님과 온전한 관계를 맺고 있는 사람들일까요? 금이빨, 금가루 휘날린다고 예수님의 제자들입니까? 되지도 않는 예언을 하면서 성도들을 현혹시키는 자들이 예수님께서 인정하시는 사역자입니까? 이런 역사를 본다고 체험한다고 성도가 변화됩니까? 성도에게 역사하는 귀신이 떠나갑니까? 한번 깊게 생각하여 볼일입니다. 예수님은 예수님으로 하나 되어 예수님의 인격으로 변화가 되기를 원하십니다.

지금 귀신을 쫓는다고 속된 말로 설치는 사람들…. 이들 대다수는 실상 예수님과 아무런 관계가 없거나 혹은 예수님을 팔아 자신의 권위를 나타내려는 사람들이 있을 수 있지 않겠습니까? 솔직하게 말해서 2-3년 사역한 사역자가 알면 얼마나 알겠습니까? 체험했으면 얼마나 체험했겠습니까? 필자는 종종 이런 말을 합니다. 그분이나 자신이나 영적수준이 똑같을 수가 있다는 것입니다. 이는 깊이 들어가 보면 부인할 수 없는 사실일 경우도 있습니다. 하지만 그들은 마치 자신들만 귀신을 쫓을 수 있는 특별한 능력을 갖춘 것처럼…. 귀신을 쫓는다는 미명 아래 성도들을 휘어잡고 성도들의 왕으로서 군림하고 있지 않습니까? 역시 성도들은 귀신을 쫓아줄 목회자를 찾아다니느라, 오늘도 이 교회 저 교회 이 기도원 저 기도원을 들락날락하고 있지 않습니까? 자신이 스스로 영적인 자립 능력을 갖추려하기보다는 능력 있다는 사람을 찾아다니면서 귀신만 쫓아내려고 하지 않습니까? 이런 크리스천 자신에게도 문제가 있는 것입니다. 귀신은 자신 안에 계신 성령님이 하십니다.

이처럼 축사의 핵심 주인공인 예수님과 성령님은 온데간데없고 귀신 축사하는 사역자가 주인공으로 각광을 받는, 세태가 현실이지 않습니까? 그러나 거듭 반복해서 말씀합니다. 축사는 사람이 아닌 예수님과 성령님이 주인공입니다. 그분의 능력으로만 귀신을 쫓을 수 있습니다. 목회자들도 자신들의 능력이 아닌 위로부터 성령의 능력을 입어야 귀신을 쫓을 수 있습니다. 성령의 역사가 목회자를 장악하지 않으면 축사사역을 할 수가 없습니다. 축사는 사역자에게 역사하는 성령께서 환자에게 전이되어 환자 안에서 성령의 역사가 일어남으로 귀신이 떠나가는 것입니다. 절대로 스스로 능력 있다고 자처하는 목사가 귀신을 불러내어 쫓아내는 것이 아닙니다. 바르게 알아야 합니다.

그러려면 가장 먼저 예수님과의 관계가 온전해야 합니다. 이 땅에는 수십만 명의 목사님들이 있습니다. 크리스천들은 그분들 중 누가 예수님과 온전한 관계를 맺고 사는지 확실하게 아십니까? 열매를 보아야 알 수가 있을 것입니다. 아니 자신 안에 귀신을 먼저 축사해야 될 사람들이 있을 수 있다는 것입니다. 환자 자신보다 더 영적상태가 좋지 못한 목회자도 있을 것입니다. 귀신의 영향을 받는 사람도 얼마든지 예수님의 이름으로 귀신을 쫓아낼 수가 있습니다. 귀신 쫓아낸다고 다된 것이 아니니 분별해야 합니다.

성령님이 함께 하시지 않는 분들은 축사 쇼는 할 수 있어도 성도를 영적으로 변하게 하는 진정한 축사는 할 수 없습니다. 축사는 성령의 역사가 환자 안에서 일어나야 합니다. 환자의 안에서 일어나는 성령의 권능으로 귀신이 축사되는 것입니다. 사람이 영적으로 변화되어야 합니다. 바르게 알아야 합니다.

그렇다면 우리들은 그중 누구를 찾아갈 겁니까? 누구를 찾아가서 안심하며 축사를 부탁할 겁니까? 누구를 찾아가서 자신의 영혼을 맡길 거냐 말입니다. 스스로 분별력을 길어야 합니다. 필자는 7년 이상 사역한 사람을 찾으라고 권면하고 싶습니다. 찾을 수가 없다면 성령으로 세례 받고 성령으로 기도하여 성령 충만 받고 성령의 지배를 받으려고 해야 하지 않겠습니까? 이제는 좀 스스로 능력 있다고 자처하는 목사님을 그만 의지하고 오로지 예수님만 성령님만 의지하려고 해야 합니다. 자신 안에 성전을 만드는 일에 전력하십시오. 그러면 성령의 권능으로 귀신이 물러가는 것입니다.

이것이 제가 말하려고 했던 핵심 주장입니다. 목회자들도 크리스천들과 특별하게 다르지 않습니다. 똑같은 사람입니다. 그분들이 기도 말씀 안에서 하나님과 교제하듯 크리스천들도 똑같이 기도 말씀 안에서 하나님과 교제할 수 있습니다. 오히려 목사님들은 교리에 갇힌 분이 많기 때문에 어쩌면 크리스천들이 더욱 하나님과 깊이 교제할 수 있을 가능성도 아주 높습니다. 이러한 사실을 알았다면 목회자의 축사가 아니어도, 크리스천 스스로 예수님께 간절히 기도하면 성령의 지배를 받으면 스스로 기도할 때 귀신이 쫓겨나갈 것입니다. 차라리 성령으로 세례 받고 충만 받는 일에 관심을 집중하라는 말입니다. 자신 안에 성전을 견고하게 짓는 일에 집중하라는 말입니다.

이제 특정인을 통하여 영적인 문제를 100% 해결 받으려고 하지 마십시오. 단지 그분들을 도구로 하여 자신 안에 성령님과 관계를 열려고 하십시오. 알아야 할 것은 능력자를 통해서 70%까지 치유를 받을 수 있습니다. 나머지 30%는 본인이 기도하여 하나님과 관계를 열어서 해결해야 합니다. 뿌리는 자신이 기도하여 하나님과 관계가 열릴 때 뽑히는 것입니다. 모든 답은 크리스천의 책상 위에 있는 성경에···. 크리스천의 마음 안에 계시는 성령님···. 그리고 크리스천의 두 무릎에 있습니다. 축사는 사람이 하는 것이 아닙니다. 축사는 예수님께서 성령의 역사로 해주시는 겁니다. 한국교회의 순진한 크리스천들이여…. 제발 영적인 문제를 해결하는데 100% 능력 있다는 목사 의존증을 버립시다. 목사 의존증은 영적인 병입니다. 능력자는 의존하게 하는 것은 하나님과 관계를 열지 못하게 하려는 귀신의 술책입니다. 종국에는 자신과 하나님과 관계가 열려야 귀신으로부터 자유로울 수가 있습니다. 치료는 예수님, 성령님만 의존입니다. 성령으로 세례 받고 성령의 지배를 받는 것이 의존합시다. 영적으로 고통당하고 있는 자신도 성령의 지배를 받는 특별한 사람이라는 것을 잊지 마십시오.

다섯째, 귀신 쫓는 것보다 성령의 지배를 받으려고 하라. 성도들의 의식이 영육의 문제가 있으면 귀신만 쫓아내면 해결되는 줄 압니다. 제가 성령치유 사역을 하면서 체험한 바로는 귀신만 쫓아내면 다되는 줄 알고 있는 성도들이 많습니다. 귀신만 쫓아내면 문제가 해결 된다고 하니까 귀신만 쫓아내려고 합니다. 이곳저곳 능력이 있다는 사람을 찾아다니면서 귀신만 쫓아내려고 합니다. 그러다가 치유의 시기를 놓쳐서 비참한 결과를 초래하는 경우가 많습니다. 정신적인 문제나 영적인 문제나 할 것 없이 귀신만 쫓아내면 문제가 해결되지 못합니다. 문제가 있으면 반드시 원인이 있습니다. 원인을 해결하면서 스스로 싸울 수 있는 영적인 능력을 길러야 합니다. 즉, 말씀을 듣고 기도해야 합니다. 스스로 기도하며 싸울 수 있는 영성을 길러야 합니다. 그렇지 않고 완력으로 축사를 하려고 하면 문제가 발생합니다.

귀신의 축귀는 사람의 힘으로는 할 수가 없습니다. 이는 내가 저술하여 출판한 "카리스마로 영적세계를 장악하는 법"과 "살아계신 하나님을 증명하라." "백세시대 예수 안에서 장수하는 법" 책을 읽어보면 잘 알 수가 있을 것입니다. 악귀는 사람의 힘보다 강합니다. 그래서 사람의 힘만으로는 악귀를 몰아낼 수가 없습니다. 반드시 악귀보다 강한 성령의 권능을 덧입어야 가능한 것입니다. 축귀사역은 전전으로 성령의 권능으로 하는 것입니다. 귀신축사보다 성령의 지배를 받으려고 노력을 해야 합니다. 귀신의 축사는 사람의 능력으로 하는 것이 아닙니다.

성령의 권세가 귀신을 축귀하는 것입니다. 성령은 어디에 계시는가 먼저 믿는 자의 영 안에 거하십니다. 성령으로 세례 받은 사람들이 모여 있는 곳에 임재 하여 계십니다. 또 성령으로 충만한 사역자가 영으로 전하는 말씀 안에 역사하십니다. 축귀는 피 사역자의 영 안에 임재 하여 계신 성령의 역사를 일으켜서 성령의 권능으로 밀어내는 것입니다. 능력 있는 사역자가 하는 것이 절대로 아닙니다. 사역자는 귀신의 영향을 받는 자의 영 안에서 성령의 역사가 일어나게 하는 영적인 방법을 알고 있어야 합니다. 저는 축귀사역을 절대로 성령의 임재가 되지 않은 사람은 성령의 임재가 장악될 때까지 기다립니다. 성령님이 장악하시면 사역을 시작합니다.

만약에 사역자가 성령의 임재가 되지 않은 사람을 축귀했을 경우, 그 당시 성령 사역자의 능력으로 악귀가 떠날 지라도 시간이 경과되면 다시 들어갑니다. 왜냐하면 피 사역자가 성령으로 충만한 상태가 아니므로 다시 들어가는 것입니다. 축귀사역을 바르게 하려면 찬송을 뜨겁게 부르고 통성으로 기도를 해야 합니다. 그리고 영의 말씀을 들어야 합니다. 필자의 체험으로는 피 사역자가 깊은 영의 말씀을 잘 알아들어 영적으로 변하는 만큼씩 귀신이 떠나갔습니다. 축귀는 시간이 걸리는 일입니다. 성령님의 일입니다.

　자신이 성령으로 완전하게 장악되는 시간이 필요합니다. 자신에게 육체가 남아있는 한 악귀는 떠나가지 않습니다. 악귀는 육체와 생각에 역사할 수 있기 때문입니다. 원래 사람의 육체는 마귀가 주인 이였습니다. 그래서 아무리 성령으로 충만했던 사람도 시기나 질투 혈기 등으로 육체가 되면 마귀가 틈을 탈수가 있는 것입니다. 그래서 하나님은 성령으로 충만함을 받으라고 하시는 것입니다. 그럼 성령으로 충만한 상태는 언제인가, 하나님을 부르고 찾고 생각할 때가 성령으로 충만한 것입니다. 성령으로 충만하려면 항상 하나님을 찾고 부르고 하나님을 생각을 해야 합니다. 우리는 성령으로 충만하다는 계념 이해를 잘해야 합니다. 새벽기도 빠지지 않고 잘 참석하고, 예배를 잘 드리고, 봉사 열심히 하고, 소득의 십일조를 드린다고 성령으로 충만하다고 볼 수가 없습니다. 이렇게 행위로 열심을 내어도 세상에 나가 세상에 빠지면 성령의 충만이 사라지는 것입니다.

왜냐하면 우리에게는 육이 있기 때문입니다. 우리는 성령으로 충만하기 위하여 의지적인 노력을 해야 합니다. 항상 하나님을 찾아야 한다는 것입니다. 성령으로 충만한 상태는 항상 하나님을 찾는 상태입니다. 내 영 안에 성령하나님이 계셔도 찾지 아니하면 주무십니다. 이때는 육성이 되는 것입니다. 축귀사역을 하실 분이나 축귀를 받을 분은 이점을 확실하게 인식해야 합니다. 저에게도 가끔 이런 사람이 찾아옵니다. 악귀의 영향으로 자신의 의지를 행사하지 못하는 사람을 축귀하여 달라고 옵니다. 그것도 1:1로 말입니다. 저는 이런 사역은 하지 않습니다. 보호자에게 잘 이해가 가도록 설명하여 예배와 집회에 빠짐없이 참석하여 귀신을 축귀하려는 본인의 의지가 발동 될 때까지 다니라고 합니다. 즉, 성령이 임재 하여 장악할 때까지 기다리라는 것입니다. 참석하여 계속 말씀을 들어서 자신의 문제가 왜 왔는지 이해하고, 안수를 받으면서 소리 내어 기도할 수 있을 때까지 기다립니다.

그래서 마음이 열리고 성령이 그 사람의 심령에서 역사하여 장악하면 축귀를 합니다. 축귀는 그 사람의 영 안에 계신 성령의 권능으로 밀어내는 것이기 때문입니다. 이렇게 하지 않는 축귀는 얼마가지 않아서 다시 귀신에게 눌리게 됩니다. 억지로 축귀하여 기침 몇 번하고 발작했다고 귀신이 떠났다고 볼 수가 없습니다. 이렇게 축귀하고 헌금을 요구하는 사역자가 있다고 들었습니다. 목회자도 속아서 천만 원을 헌금했다는 이야기도 들었습니다.

자신이 영적으로 눌려서 고통이 너무나 심하여 능력이 있다는 부흥사를 초청해서 부흥회를 했다고 합니다. 부흥사가 하는 말이 천만 원을 자신에게 헌금하면 귀신을 쫓고 정상으로 회복되게 해준다고 하더랍니다. 그래서 쉽게 치유 받으려고 천만 원을 헌금하고 축귀를 받았다는 것입니다. 그런데 이틀이 지나니 도로 원위치가 되었다는 것입니다. 이 목사가 나에게 간증 문을 써서 주고 갔습니다. 지금 내가 간증 문을 보관하고 있습니다.

이는 예수 이름을 빙자하여 사기 치는 것입니다. 이런 부흥사는 지옥 형벌을 피할 수가 없습니다. 속지도 말고, 이렇게 쉽게 축귀를 하려고 하지도 말아야 합니다. 절대로 축귀는 자신의 영속에서 올라오는 성령의 기름 부으심으로 귀신이 쫓겨나는 것입니다. 축귀사역자들이여! 바르게 배우고 바르게 사역하세요. 우리는 사역을 하더라도, 축귀사역을 받더라도 하나님의 영광을 위하여 하고 받아야 합니다. 하나님은 귀신에게 영향을 받는 사람을 영적으로 변하게 하여 하나님의 군사가 되기를 원하십니다. 그렇기 때문에 하나님의 때를 맞추려고 의지적인 노력을 해야 하는 것입니다. 이 말이 이해가 되지 않는 분은 지속적인 사역을 하다가 보면 이해가 될 것입니다. 우리는 알아야 합니다. 악귀는 세상보다 교회, 성도에게, 직분이 높을 수 록, 기도를 많이 할수록 더 많은 관심을 가지고 공격합니다. 늘 기도로 깨어 있어야 합니다. 마귀는 잘못된 고정관념, 극단주의, 편협한 사고를 심어줌으로 자신을 교묘하게 위장합니다. 그 속에 숨어서 우리를 공격합니다.

환자가 마음을 열고 성령의 역사를 받아들여야 합니다. 환자가 성령의 역사를 불신한다면 절대로 귀신은 떠나가지 않습니다. 환자가 마음을 열고 자신 안에서 성령의 역사가 일어나도록 숨을 쉬든지, 주여! 하든지 좌우지간 마음을 열고 소리를 내야 합니다. 호흡을 깊게 들이쉬고 내쉬게 하는 것은 성령의 역사가 자신을 장악하도록 환자가 마음을 여는 적극적인 행동입니다. 환자가 숨을 깊게 들이쉬고 내쉬면서 성령의 역사에 동조한다면 보다 쉽게 성령께서 장악하시어 쉽게 귀신을 축사할 수가 있습니다.

충만한교회에서는 매주 토요일 10:00-12:30 정한 선교헌금을 하고 1주전 예약하여 2시간 30분씩 개별집중내적치유 시간이 있습니다. 대상자는 여기서도 저기서도 치유와 능력을 받지 못한 분/ 불치병, 귀신역사를 빨리 치유받을 분/ 목허리디스크, 허리어깨통증, 근육통, 온몸이 아프고 무거움에서 치유해방 받고 싶은 분/ 자녀나 본인의 우울증, 공황장애, 조울증, 불면증을 빨리치유 받을 분/ 가슴이 답답하고 기도하기가 힘이 드는 분/ 생업과 목회로 영육의 탈진에 빠져서 고통당하시는 분/ 축복과 영의 통로를 뚫고 싶은 분/ 성령의 불세례를 체험하고 싶은 분/ 최단기간에 성령치유 능력 받고 싶은 분이 참석하시면 기적적인 영육의 치유와 능력을 받습니다. 반드시 1주전에 전화하시고 예약해야 합니다.

3장 축귀는 살아계신 하나님을 증명하는 것

(마7:20) "이러므로 그들의 열매로 그들을 알리라."

하나님은 영적인 전쟁에 승리하는 성도를 축복하십니다. 예수님이 이 땅에 오신 목적을 바르게 알면 이해가 될 것입니다. 하나님께서 인류를 불쌍히 여기사 인류를 구원하기 위해서 이천 년 전에 그 아들 예수님을 세상에 보내신 것입니다. 왜 예수님을 보내셨을까요? 천사를 보낼 수도 있었고 이 세상에 위대한 종교인을 일으켜 세울 수도 있었는데 왜 그 아들 예수를 동정녀 마리아를 통해서 이 땅에 사람으로 보냈을까요?

그것은 우리 인류를 참으로 구원하기 위해서는 마귀의 정부와 마귀의 권세가 점령한 이 땅에 하나님의 나라를 세워서, 하나님의 아들의 정부와 그 권세에 사람들을 건져내기 위한 것입니다. 그러므로 마귀의 나라에서 하나님의 아들 나라로 사람을 옮기기 위해서 하나님의 아들을 보내신 것입니다. 왜냐하면? 하나님의 아들은 하늘나라의 임금이기 때문입니다.

나라가 있으려면 임금이 있어야 됩니다. 요사이는 대통령이 있는 것처럼 임금이 있어야 정부를 세울 수 있고, 성령이 그 권세를 가지고 천사들이 권세가 되어서 하늘나라가 이루어지고 그래서 마귀 나라를 쳐부수고 하늘나라를 세우셔서 그곳에 하늘나라의 백성들을 모아서 살게 만들어 주시는 것입니다.

이렇기 때문에 하늘의 임금이 와야지 천사가 와서는 소용이 없습니다. 하나님의 나라가 설립되지 않습니다. 세상 어떠한 사람을 세우면 그는 종교가나, 철학가나, 윤리나, 도덕가는 될 수 있을지 몰라도 임금은 될 수 없습니다. 하나님 아들 예수님만이 하늘나라의 임금이십니다. 그러므로 하늘나라를 세우기 위해서 예수님을 보내신 것입니다.

새로 세워진 통치자와 권세는 예수님이 세우신 것입니다. 예수님이 이 땅에 오셔서 먼저 외친 것은 회개하라. 그리고 기독교를 믿으라. 그렇게 말 안했습니다. 회개하라. 율법을 지키라. 그렇게도 말하지 않았습니다. 회개하라. 종교의식과 형식을 집행하라. 그렇게도 말씀하지 않았습니다. 주님이 외친 것은 "회개하라. 천국이 가까이 왔다. 하늘나라를 세우러 내가 왔다. 마귀의 나라 가운데 하나님의 나라를 세우러 왔다." 그리고 난 다음 마귀와 통치자와 권세를 깨뜨리기 시작한 것입니다. 마귀의 통치자, 마귀의 정부를 깨뜨리고 마귀의 권세를 깨뜨립니다. 마귀를 쫓아내고, 귀신을 내 몰아쳐 쫓아내고, 병든 자를 고쳐내고, 죽은 자를 살려버리고, 굶주린 자에게 먹이시고, 천국을 전파하니 처처에 마귀의 통치자와 권세가 박살이 났습니다. 마귀가 쫓겨 나갔습니다.

주님께서는 어떠한 일이 일어나겠다고 선포하셨습니까? 누가복음 4:18-19에 보면 예수께서 나사렛 회당에 오셔서 당신이 세운

나라 가운데 어떤 일이 일어날 것을 말했습니다. "주의 성령이 내게 임하셨으니 이는 가난한 자에게 복음을 전하게 하시려고 내게 기름을 부으시고 나를 보내사 포로 된 자에게 자유를 눈먼 자에게 다시 보게 함을 전파하여 눌린 자를 자유하게 하고 주의 은혜의 해를 전파하게 하려 하심이라"고, 말씀하십니다.

이와 같이 주님께서 지상에 가져온 나라 속에는 이와 같은 자유와 해방과 치료의 역사와 운동이 일어날 것을 말씀하는 것입니다. 그래서 하늘나라를 자꾸 영역을 넓혀가다가 주님 강림하시는 그날에 주님께서 하늘나라에 다 데리고 올라가시는 것입니다. 이러므로 이 땅에 지금 하늘나라가 임하여서 역사하고 있는 것입니다. 예수님께서 그 하늘나라를 건설하는 사명을 우리에게 주셨으니 우리가 사명을 알고 우리 스스로가 그것을 체험하고 그것으로 무장해서 가는 곳마다 마귀의 통치자와 권세를 깨뜨리고 하늘나라의 통치자와 권세를 세워야 되는 것입니다. 귀신을 쫓아내야 합니다.

필자는 귀신을 축사할 때 환자의 영적 상태를 보면서 축귀합니다. 영적상태를 보면서 축귀를 한다고 하니까, 오해를 하실 분들이 계실 것 같아서 서두에 정리하여 알려드립니다. 영들을 보는 것은 첫째, 실제 눈으로 보는 것입니다. 이는 두 가지로 생각할 수가 있습니다. 먼저는 항상 눈에 영물들이 보이는 분들이 있습니다. 이는 심령 상태가 정상이 아닌 분들입니다. 이분들은 영적으로 정신적으로 문제가 있는 분들입니다. 이분들은 성령으로 세례를 받고, 내적인 상처를 치유 받은 후, 귀신을 축귀해야 합니다. 본인이 이를 인정하고 지속적으로 진리의 말씀과 성령으로 치유를 받으면 필자의 체험으로 보아 더 이상 보이지 않습니다. 영적 정신적 육체적 기능이 정상이 되면 더 이상 영물들이 보이지 않는 다는 말입니다. 다음은 축귀사역간이나 대화할 때 보이는 경우입니다. 이는 귀신을 축귀하여 자유하게 하라고 성령님이 보여주시는 것입니다. 귀신을 축귀하라고 보인다는 말입니다. 종합하면 축귀 능력이 없는 분들에게 영물들이 보이는 것은 정상적이 되지 못한 것으로 치유 받아야 합니다.

둘째, 말씀으로 보는 것입니다. 성경에 보면 악한 영들의 행위가 기록되어 있습니다. 말씀에 비추어 영들을 보는 것입니다.

셋째, 성령으로 보는 것입니다. 축귀사역을 하던지, 내적치유를 하던지, 상담을 하던지, 세상에서 생활을 할 때에 성령께서 그때그때 알려주셔서 대처하도록 하시는 것입니다.

넷째, 믿음의 눈으로 보는 것입니다. 위에 설명한 모든 방법을 동원하여 사역이나 생활하면서 악한 영들을 믿음의 눈으로 보고 대처하는 것입니다. 많은 분들이 이렇게 믿음의 눈으로 영들을 보고 조치하고 있습니다. 우리가 알아야 할 것은 나쁜 영들이 보이면 반드시 조치를 해야 한다는 것입니다. 귀신을 보면서 쫓아내기 위하여 우리는 다음과 같은 영성을 길러야 합니다.

첫째, 말씀으로 영들을 보는 눈을 개발. 하나님의 말씀을 영안으로 보면 선한 영과 악한 영의 역사가 한눈에 보입니다. 말씀은 "진리를 알지니 진리가 너희를 자유하게 하라라"하십니다. 진리는 예수님이십니다. 예수님은 자유하게 한다는 말입니다. 그러므로 성도들을 말씀으로 묶어서 꼼작하지 못하게 하는 것은 악한 영입니다. 성도들은 먼저 목회자를 분별할 줄 알아야 합니다. 말씀은 이렇게 말하기 때문입니다. "내 양은 내 음성을 들으며 나는 그들을 알며 그들은 나를 따르느니라(요10:27)" 분별력이 있는 성도는 예수님의 음성을 듣고 따른 다는 것입니다. 예수님의 음성은 목회자를 통하여 전달됩니다. 영들은 말과 소리로 전이되기 때문입니다. 성도들이 목회자에게 무슨 말씀을 듣는 가에 따라서 영들의 전이가 될 수 있기 때문입니다. 분명하게 바른 복음을 듣고 행하면 열매가 좋아지기 마련입니다. 말씀을 전하는 목회자도 열매가 좋아져야 하고, 듣고 행하는 자들도 열매가 좋아져야 합니다. 그래서 성경은 "이러므로 그들의 열매로 그들을 알리라.(마7:20)" 말씀하시는 것입니다. 열매가 아주 중요합니다.

성경을 보면 귀신들이 사람에게 말을 못하게 할 수 있습니다. 마태복음 9장 32절로 33절에 "그들이 나갈 때에 귀신 들려 말 못하는 사람을 예수께 데려오니 귀신이 쫓겨나고 말 못하는 사람이 말하거늘 무리가 놀랍게 여겨 이르되 이스라엘 가운데서 이런 일을 본 적이 없다 하되" 이 사람은 내내 말 못하는 벙어리였는데 그저

병이 들었는가 싶어 사람들은 그대로 내버려 두었는데 예수님은 귀신이 들려서 말 못하게 하는 것을 알고 계셔서 귀신을 쫓아내니까 곧 말을 했습니다.

사도행전 10장 38절에 보면 "하나님이 나사렛 예수에게 성령과 능력을 기름 붓듯 하셨으매 그가 두루 다니시며 선한 일을 행하시고 마귀에게 눌린 모든 사람을 고치셨다"고 말한 것입니다. 마귀가 와서 사람들을 눌러서 병들게 하는 일들이 많습니다.

누가복음 13장 11절로 13절에도 "열여덟 해 동안이나 귀신 들려 앓으며 꼬부라져 조금도 펴지 못하는 한 여자가 있더라 예수께서 보시고 불러 이르시되 여자여 네가 네 병에서 놓였다 하시고 안수하시니 여자가 곧 펴고 하나님께 영광을 돌리는지라" 곱추가 되어 있는 여자인데 주님이 안수하니 즉시로 귀신이 쫓겨나가고 곱추가 건강하게 된 것을 볼 수 있는 것입니다.

누가복음 8장 26-30절에 보면 거라사인의 귀신들린 자가 구원을 받는 실화가 있습니다. "그 사람은 오래 옷을 입지 아니하며, 집에 거하지도 아니하고, 무덤 사이에 거하는 자입니다. 귀신이 가끔 그 사람을 붙잡으므로 그를 쇠사슬과 고랑에 매어 지켰으되 그 맨 것을 끊고 귀신에게 몰려 광야로 나갔다고 말씀하고 있습니다." 예수님께서 귀신들에게 네 이름이 무엇이냐 물으셨습니다. 귀신이 이르되 '군대라' 합니다. 군대라는 것은 많은 귀신이 들렸다는 것입니다. 귀신들이 예수님께 부탁합니다. 무저갱으로 들어가라고 하지 말고, 돼지에게 들어가게 해달라고 합니다. 예수님이 돼지에게 들어가는 것을 허락하니 "귀신들이 그 사람에게서 나와 돼지에게로 들어가니 그 떼가 비탈로 내리달아 호수에 들어가 몰살"합니다. 그러자 귀신 나간 사람이 "옷을 입고 정신이 온전하여 예수의 발치에 앉아" 있습니다. 이를 보고 마을 사람들이 두려워했다는 것입니다. 예수님께서 집으로 돌아가 하나님이 네게 어떻게 큰일을 행하셨는지를 말하라 하셨습니다. 발작하는 귀신이 돼지에게 들어가니 돼지가 발작하다가 바다로 들어가 몰살합니다. 발작하는 귀신이 침입하면 발작을 합니다.

성경을 통해 귀신이 하는 일을 보면 이렇습니다. 귀신은 우리를 더럽게 만들고(마 10:1), 온갖 질병을 일으키게 하고(마 9:32,33), 시험에 빠지게 하며(욥 1:6,7), 기도를 못하게 합니다(마 26:41). 또 귀신은 사람의 심령을 혼란에 빠뜨리며(눅 22:31), 매사에 의심을 잘 품게 하고(딤전 4:1), 말씀을 듣지 못하게 하며(마 13:19), 택한 자들도 미혹하여 영적 성장을 방해하는 일을 귀신이 합니다(벧전 5:8, 엡 6:12). 또 귀신은 거짓 교훈을 유포하고(딤전 4:1), 마음을 혼미하게 하여 복음을 방해하는(고후 4:1) 일을 계속하고 있는 것입니다.

무당들은 귀신들린 자들입니다. 바울은 빌립보에서는 예수 그리스도의 이름으로 귀신들린 여종에게서 귀신을 내쫓기도 했습니다. "…바울이 심히 괴로워하여 돌이켜 그 귀신에게 이르되 예수 그리스도의 이름으로 내가 네게 명하노니 그에게서 나오라 하니 귀신이 즉시 나오니라."(행16:18). 바울이 말 한대로 귀신이 나왔습니다.

귀신은 오늘날도 두루 다니며 우리를 하나님과 멀어지게 하려고 온갖 수단을 방법을 동원해서 역사하고 있는 것입니다. 거짓말하고 미워하고 살인하게 하며, 음란과 방탕하게 하고 세상 유혹에 따라 살게 하며 참소하고 불화하게 하며, 비정상적인 느낌을 갖게 하고 병들게 하고 이단사설에 빠지게 하여 한 사람이라도 더 타락시키려고 혈안이 되어서 날뛰고 있는 것입니다. 모두 예수님이 주신 성령의 권능을 사용하여 몰아내야 합니다. 이렇게 성경에 기록된 말씀으로 귀신을 보고 축귀할 수가 있습니다.

둘째, 성령으로 영들을 보는 눈을 개발. 성령으로 장악이 되면 영들이 정체를 폭로합니다. 필자가 대체적으로 체험한 바를 정리하면 이렇습니다. 고개를 사정없이 돌리는 경우는 악한 영이 묶어놓은 것을 성령께서 풀어주는 것입니다. 각각 다른 방향으로 세 번을 푸는 경우도 있습니다. 풀리고 나면 예수이름으로 묶는 일에 가담한 귀신을 축귀해야 합니다. 반드시 축귀하면 귀신이 떠나갑니다. 허리를 돌리고 어깨를 돌리는 경우입니다. 이 경우도 마찬가지로 신경과 근육을 묶어놓은 것을 성령께서 풀어주는 것입니다. 일어서서 다리를 동동 구르면서 뛰는 경우는 무속(무당)의 영이 정체를 폭로한 것입니다. 뛰는 현상이 잠잠해지면 축귀를 해야 합니다. 얼굴이 일그러지는 경우입니다. 이 경우는 지체부자유의 영이 정체를 폭로한 것이므로 두려워할 필요가 없습니다. 성령께서 완전하게 장악을 하시면 귀신이 떠나갑니다. 떠나가면 정상으로 돌아오므로 절대로 사역자는 두려워하지 말아야 합니다. 귀신이 떠나가지 않는 경우는 얼굴이 일그러진 부분이 약해지면 축귀하면 됩니다. 축귀는 "예수이름으로 명하노니 지금 ○○○현상을 일으킨 귀신은 떠나가라" 명령하면 됩니다.

성령이 임재가 되면 양손이나 오른쪽 팔을 강하게 흔들면서 기도하는 경우는 무당의 영이 정체를 폭로한 것입니다. 본인은 성령으로 충만한 상태라고 속기 쉬운 현상입니다. 분명하게 무당 귀신을 축귀하면 강하게 흔들면서 기도하지 않습니다. 본인이 인정하지 않고 축귀하지 않으면 절대로 떠나가지 않습니다. 무당귀신이 떠나가지 않으면 여러 가지 이해하지 못할 문제들이 발생합니다. 무당 귀신이 방해하기 때문입니다. 성령으로 임재가 되면 손이 오그라들고, 한쪽발이 틀어지는 경우는 중풍귀신이 정체를 폭로한 것입니다. 그런데 이런 귀신들은 좀처럼(성령의 역사가 약하면) 정체를 폭로하지 않습니다. 성령의 깊은 역사를 체험하고 깊은 성령의 역사를 일으키는 사역자가 있는 곳에서 정체를 폭로합니다. 사역자의 영성이 중요하다는 말입니다.

성령의 임재가 되지 않더라도 사역자가 어떤 특정한 곳에 손을 얹으면 죽는 소리를 하는 경우는 그곳에 귀신이 있다는 증거입니다. 특히 어깨나 등허리나 명치끝이나 배에다가 손을 얹으면 죽는 소리를 지릅니다. 그곳에 귀신의 집이 있다는 것입니다. 성령으로 장악이 되면 상태에서 안수하여 귀신의 집을 파괴하고 성령의 불을 집어넣어서 녹이면서 축귀하면 정상으로 돌아옵니다.

성령의 임재가 되면 우는 경우가 있습니다. 우는 경우는 여러 가지로 분별해야 합니다. 서러움의 영이 정체를 폭로할 때 웁니다. 또, 우울의 영이 정체를 폭로해도 웁니다. 그리고 기도하다가 조금 충만해지면 우는 성도가 있습니다. 이 성도는 서러움의 영의 역사로 우는 것입니다. 아주 속기가 쉽습니다. 이런 경우 서러움의 영을 몇 번에 걸쳐서 축귀하면 울지 않습니다.

기도하면서 우는 것은 잘 분별해야 합니다. 울면 하나님께서 불쌍하게 여겨서 문제를 해결해 주실 것이라고 믿고 우는 경우도 있습니다. 이렇게 울면서 기도하다가 서러움의 영이나 우울의 영의 침입을 당하는 수도 있습니다. 성령께서 감동하실 때만 우는 것입니다. 운다고 하나님께서 응답을 해주시지 않습니다. 하나님과 같은 영적인 상태에서 기도할 때 하나님께서 들어주시고 응답해주시는 것입니다.

성령의 임재가 되면 옷을 찢으면서 악을 쓰는 경우가 있습니다. 이는 혈기와 분노의 영이 정체를 폭로한 것입니다. 장악이 되면 여러 번에 걸쳐서 축귀하면 정상으로 돌아옵니다. 많은 분들이 금식하면 귀신이 떠나가는 줄 믿습니다. 그런데 금식해도 귀신은 떠나가지 않습니다. 금식을 한 다음에 반드시 해당 귀신을 축귀해야 합니다. 귀신 축귀한다고 불필요한 금식하지 말고 강한 성령의 역사가 일어나는 장소에 가서서 진리의 말씀과 성령으로 치유하면서 귀신을 축귀하기를 바랍니다. 절대로 행위로는 귀신이 떠나가지 않습니다. 성령의 역사가 장악할 때 귀신은 정체를 폭로하고 떠나갑니다. 그리고 귀신축사는 능력 있는 목사가 하는 것이 아니고, 성령님이 하시는 사역입니다. 성령님의 역사가 환자의 마음 안에서 강하게 일어나야 귀신이 정체를 폭로하고 떠나갑니다.

셋째, 행동으로 영들을 보는 눈을 개발. 귀신이란 말을 하면 거북스럽게 생각하거나 대적하는 성도나 사람은 귀신의 지배하에 있거나 귀신의 영향을 받는 자들입니다. 본인이 인정해야 치유할 수가 있습니다. 귀신의 영향을 받는 사람은 외모나 행동으로 정체를 드러내기도 합니다. 귀신의 영향을 받는 사람은 얼굴에 두려움이 싸여있습니다. 자신은 두렵지 않다고 말하는 데 얼굴에는 두려움이 있습니다. 이는 그 사람에게 역사하는 귀신이 정체를 드러낸 것입니다. 정상적인 사람인데 행동이 부자연스러운 경우가 있습니다. 이는 그 사람에게 역사하는 귀신이 있다는 것입니다. 본인이 인정하고 성령으로 세례 받고 성령으로 기도하면 반드시 정체를 폭로합니다.

성령의 임재가 된 상태에서 눈의 상태, 얼굴은 창백한 상태에서 술 취한 사람들의 눈과 같이 벌겋게 충혈된 눈의 형태는 귀신들림의 증세 가운데 하나입니다. 이글거리는 눈이라고 표현하는 것이 적당할 것 같습니다. 또 다른 눈의 형태는 사역 중에 눈동자가 눈 위로 사라져서 흰자위만 남아있는 상태입니다. 이 경우는 귀신들림이 분명합니다.

동공의 상태에서 주의해야 할 것은 동공이 확장된 상태입니다. 정상인의 경우는 동공의 크기가 빛이 들어오면 작아지고 어두워지면 커집니다. 그러나 귀신에 들려 있는 사람은 빛이 있고 없고를 불문하고 동공이 확장되어 있습니다. 그 이유는 귀신들이 어둠의 영이기 때문이라는 것 외에는 필자가 정확하게 설명할 수가 없습니다. 어둠이 지배하고 있기 때문에 나타나는 현상이라는 것입니다. 그런데 귀신이 떠나고 나면 모두 정상으로 돌아온다는 것입니다. 그렇기 때문에 귀신에 의한 현상이라고 말할 수 있습니다.

귀신들린 자들에게 나타나는 증세 가운데 흔히 목격할 수 있는 것 가운데 하나가 사시나무 떨 듯이 몸을 떠는 현상입니다. 이 현상에 대하여 축사 사역을 하는 자들은 보편적으로 '귀신들린 사람은 한기가 있기 때문에 떤다.'고 말합니다. 그러나 그것은 한편으로 치우쳐서 말하는 것입니다. 사역자 앞에 왔을 때 떠는 현상은 한기가 들어서 떠는 것이 아니라, 성령의 권능이 전이되기 때문에 두려워서 떠는 것입니다.

귀신들린 사람들에게 떨림이 있다는 것은, 상대적으로 사역하는 사람들이 성령님과 함께 사역하고 있다는 것을 확인할 수 있는 증거이기도 합니다. 또한 귀신들이 떠났을 때는 그 떨림이 그칩니다. 떨림이 그침으로써 사역자는 귀신이 떠났다는 것을 감지할 수 있게 됩니다. 한기가 그쳐서 떨림이 멎은 것이 아니라, 귀신들이 떠났을 때 그 떨림이 멎는 다는 것입니다.

한편으로 귀신들린 자들이 한기가 들기 때문에 두꺼운 옷을 껴입고 다니는 것은 사실입니다. 다한증환자들은 여름에도 두꺼운 옷을 입습니다. 이들에게 귀신이 역사하는 것입니다. 귀신을 축귀하면 옷을 벗고 정상인이 됩니다. 귀신이 다한증이 생기게 하여 떨게 했다는 것입니다.

귀신의 영향을 받는 사람은 걸음걸이가 자유스럽지 못합니다. 이런 유형의 많은 분들이 젊었을 때는 그런대로 지내는데 나이가 50이 넘으면 무릎이 아파서 걸을 을 제대로 걷지를 못합니다. 그래서 어기적거리면서 걸어 다닙니다. 영안으로 보면 모두 귀신의 영향입니다. 귀신을 수십 마리씩 달고 다니는 분들도 있습니다. 이런 분들은 반드시 본인이 귀신의 영향으로 걸음을 제대로 걷지를 못한다고 인정해야 치유가 됩니다. 아무리 약을 먹고 침을 맞고 별별 세상의술을 다동원해도 무릎은 계속 아프고 관절은 제 기능을 발휘하지 못합니다. 결국에는 수술하여 인공관절을 넣기도 합니다. 이런 분들은 젊은 시절에 영적치유를 받아야 합니다. 무조건 기도 많이 한다고 귀신이 떠나가고 치유되지 않습니다. 성령의 역사가 일어나야 귀신이 떠나갑니다. 무조건 기도 많이 하시는 분들은 자신의 기도를 바르기 진단해야 합니다.

귀신의 영향을 받는 사람은 영적인 사역자와 눈을 마주치지 못합니다. 이는 그 사람에게 역사하는 귀신이 정체를 숨기기 위해서 하는 행동입니다. 이런 분들은 반드시 본인이 인정하고 영적인 치유를 받아야 자유하게 됩니다. 성령집회에 참석하여 은혜는 받으려고 하면서 사역자가 안수를 하려고 하면 강하게 거부하는 사람이 있습니다. 이런 사람은 백이면 백 모두 귀신의 영향을 받는 사람들입니다. 본인이 마음을 열고 사역자의 안수를 받으면 쉽게 정상으로 돌아옵니다. 안수를 받지 않고 말씀 만 들으려고 하는 성도들이나 목회자는 모두 귀신의 영향을 강하게 받는 분들입니다. 안수는 성령의 강한 임재를 받아 성령으로 장악하는 적극적인 수단입니다. 그러므로 귀신들이 이를 알고 강하게 거부하는 것입니다.

넷째, 언행으로 영들을 보는 눈을 개발. 성령으로 충만한 사람은 말이 부드럽게 나오고, 들립니다. 성령으로 심령이 정화되어 마음속에 거치는 것이 없기 때문입니다. 반대로 예수를 믿는 분인데 말소리가 날카로운 분들이 있습니다. 그래서 듣는 상대방을 오해하게 하는 경우도 있습니다. 마치 화가 난 사람처럼 말이 들리기 때문입니다. 이런 분들은 상처가 있는 분들입니다. 본인이 인정하고 성령으로 세례를 받고 내면의 상처를 치유하고 상처 뒤에 역사하던 귀신을 축귀하면 말소리가 점점 부드러워집니다. 그런데 이런 분들이 좀처럼 스스로 인정하려고 하지 않는 것이 보통입니다. 다른 사람이 이야기 해주면 혈기를 내기도 합니다. 그렇기 때문에 성령으로 세례를 받아서 자신이 자신을 보는 눈이 열려야 합니다.

기도할 때 마치 칼로 자르는 소리같이 날카로운 소리로 기도를 하는 분들은 모두 분노의 영이나 혈기의 영이나 욕구불만의 영이 역사하는 사람들입니다. 특별하게 부부간에 관계가 좋지 못한 분들이 기도할 때 날카로운 소리로 기도를 합니다. 이런 분들은 영적인 치유를 받아야 합니다. 기도를 하면서도 스트레스를 받기 때문에 나아기 들면 뼈와 관절과 심혈관 계통의 질병이 많이 발생합니다. 반드시 기도는 성령으로 해야 합니다. 성령으로 기도해야 심령이 정화되면서 상처와 영적인 존재들이 떠나가기 때문에 기도소리가 부드럽고 성령으로 충만하게 됩니다. 그 사람의 심령상태를 정확하게 보려면 기도소리를 들어보면 됩니다. 왜냐하면 기도는 영의 활동이기 때문에 기도할 때 무의식의 상태가 밖으로 나타나기 때문입니다.

좌우지간 말과 소리는 듣기 좋아야 합니다. 듣기 좋은 말과 소리는 성령으로 되는 것입니다. 자신의 기도소리나 말하는 소리를 녹음하여 들어보는 것이 좋습니다. 영의 활동은 말을 통하여 이루어집니다. 무의식이 치유되어 있으면 말소리가 부드럽습니다. 성도들은 말소리에 따라서 상대의 영들이 침입을 한다는 것을 명심해야 합니다. 목으로 소리를 내지 말고, 아랫배에서 올라오는 소리를 내려고 노력을 해야 합니다.

다섯째, 냄새로 영들을 보는 눈을 개발. 영들의 분별에 있어서 장성한 자들은 감각을 사용하여 분별합니다(히 5:14). 냄새로 영을 분별하는 것이 이에 해당합니다. 귀신은 더러운 영이기 때문에 냄새를 풍깁니다. 아주지독하게 풍깁니다. 그러나 귀신이 떠나가면 냄새가 나지 않습니다. 각 영마다 특유의 냄새가 있습니다. 이런 영들의 냄새는 사역의 현장에서 경험을 통하여 배워야 합니다. 그 이유는 성경에 구체적으로 영의 냄새가 기록되어 있지 않기 때문입니다. 영들을 분별하는 은사는 주님과의 인격적인 교제 가운데에서 주어지게 됩니다. 이 배움을 경험해본 사람은 누구나 그 가르침을 경험을 통하여 수긍합니다. 이해를 돕기 위해서 사역의 현장에서 나온 사례를 몇 가지 사용하기로 합니다. 어떤 여자 성도의 질문이었습니다. "사우나를 하고 몸을 다 깨끗하게 씻고 나와 탈의실에서 옷을 입는데 왜 오징어 냄새가 납니까?"라고 물었습니다. 몸을 막 씻고 나왔는데 오징어 냄새가 난다는 것이 이상하게 생각되었던 것입니다. 몸을 씻고 나왔다고 해도 자신이 모르는 사이에 똥이 묻었다면 구린내가 날 것입니다. 같은 원리입니다. 몸을 씻었다고 해도 영이 붙어 있으면 그 영의 특유한 냄새가 납니다. 오징어 냄새가 나는 영은 음란의 영입니다. 음란의 영이 강할수록 그 냄새는 진동합니다. 성령의 임재가운데 기도하며 한 이틀 동안 귀신을 축귀하면 냄새가 나지 않습니다. 언제인가 방배동에 사는 여성이 앞에 앉아 있는데 강단에 서있는 저에게 오징어 냄새가 옵니다. 성령의 임재를 시키고 한 이틀 기도하게 했더니 더 이상 나지 않았습니다.

언제인가 토요일 날 집중치유를 하는데 지방에서 올라오신 직분자를 안수하는데 썩은 냄새가 진동하였습니다. 아주 거북스럽게 냄새를 풍겼습니다. 본인에게 기도하게 하고 한 50분간 안수를 했더니 더 이상 냄새가 나지 않았습니다. 기도가 끝난 다음에 이야기를 했더니 냄새 때문에 자기 부인과 자주 다툰다는 것입니다. 그래서 냄새를 나게 하는 귀신이 있어서 그랬다고 말해주었습니다. 개별적인 치유를 하다가 보면 별별 이상한 냄새가 납니다. 지속적으로 성령으로 충만하게 하고 본인이 기도하고 필자가 안수하면 보통 금방 사라집니다. 그러나 영에 대하여 무감각한 사람은 이 냄새를 맡지 못합니다.

4장 귀신 역사로 당하는 영육의 고통

(막 9:22) "귀신이 그를 죽이려고 불과 물에 자주 던졌나이다.
그러나 무엇을 하실 수 있거든 우리를 불쌍히 여기사 도와 주옵
소서"

귀신들림이란 말을 듣게 되면 일반적인 성도들은 우선 정신질환
자와 같이 미쳐서 거리를 헤매거나, 폭행을 하며, 돌발적이고 충동
적인 행동을 함부로 하는 사람으로 생각할 것입니다. 또는 무속인
들이 겪는 무병(巫病)처럼 원인을 알 수 없는 병을 앓는 정도로 생
각하는 것이 일반적일 것입니다. 그러나 이렇게 증상이 밖으로 들
어나 누구라도 쉽게 귀신이 들렸다고 판단할 수 있을 정도로 심각
한 경우는 흔하지 않습니다.

우리는 외적으로 분명하게 나타나는 이런 증상 이외에 다른 증
상에 대해서는 별로 아는 바가 없을 것입니다. 우리는 귀신들림이
라는 말 하나뿐이지만, 영어 표현은 두 가지가 있습니다. 즉 일반
적으로 많이 사용하는 표현으로 'demon possession(귀신들림)'이
라는 말을 사용합니다. 우리가 일반적으로 알고 있는 귀신들림 현
상을 표현하는 말입니다. 성경에 기록된 거라사의 광인의 경우 이
런 표현을 사용합니다.

다음으로 'demonization(악마화)'이라는 표현을 사용하는 경우

가 있는데, 귀신과 같은 행동을 하는 경우에 사용합니다. 즉 귀신의 persona(사람의 가면을 쓴 귀신)를 그대로 행동에 옮기지만 정신은 온전합니다. 겉으로 보면 건강한 사람인데 행동은 귀신 짓을 하는 것입니다. 정상적인 사람의 행동이라고 볼 수 없는 행위를 하면서도 아무런 가책을 느끼지 않습니다. 마귀의 영향을 받는 사람과 같다고 할 것입니다. 행동으로 나타나는 이런 증상을 가진 사람들은 타인에게 들어나지만, 질병으로 고생하는 사람의 경우에는 귀신들림이라고 생각하지 못하는 경우가 많습니다. 성경에 기록된 간질병 환자의 경우 그 아버지가 병을 고침 받으려고 아들을 데리고 주님께로 왔습니다. 그 때 주님은 꾸짖어서 귀신을 쫓았습니다 (마 17: 14~18). 간질병 질환을 앓고 있지만, 그 원인은 귀신이 들렸던 것입니다.

병원에 가면 원인을 밝힐 수 없는 질환의 대부분이 귀신들림이라고 생각해도 좋을 정도로 귀신들림에 의한 질병은 광범위합니다. 끊임없이 고통이 찾아오지만 원인을 알지 못해서 치료를 하지 못하고 고통을 당하면서 살아갑니다. 이와 같은 귀신들림에 의한 질병은 당사자가 귀신들림에 관한 지식이 조금만 있다면 알 수 있습니다.

영을 구약에서는 '루아흐'라는 표현을 사용합니다. 이 단어는 '바람'이라는 뜻입니다. 신약에서 성령이 처음 사람들에게 임하는 마가 다락방의 오순절 사건에서 볼 수 있듯이 강력한 성령의 임재는 마치 "급하고 강한 바람"처럼 임하게 되는 것입니다. 성령이 우리 몸에 임할 때 우리는 종종 바람결과 같은 느낌을 받습니다. 악령 역시 영이기 때문에 이들이 우리 몸으로 들어올 때 우리는 바람과 같거나 때로는 벌레가 기어들어오는 것과 같은 느낌을 받습니다.

밖으로부터 무언가가 자신의 몸 안으로 바람처럼 스며들면 마치 우리가 감기몸살을 겪을 때처럼 그렇게 느껴집니다. 찜질방과 같은 더운 곳에서 땀을 흘리고 있다가 갑자기 밖으로 나가면 섬뜩한 한기를 느낍니다. 감기 몸살은 이렇게 해서 시작하는 것처럼, 귀신이 자신의 몸에 들어오는 순간은 그와 비슷한 느낌을 받게 되며, 그 즉시 몸이 좋지 않거나 가슴이 답답하거나 머리가 어지럽거나 우울해지거나 의욕이 사라지는 등 귀신들림으로 인한 병증이 다양하게 나타나는 것입니다.

극심한 노이로제나 우울증 증상이 나타나는 것입니다. 귀신이 들어오면 우선 기분이 묘해지면서 갈아 앉습니다. 차분해지는 정도가 아니라, 모든 의욕이 사라지고 기분이 떠오르지 않습니다. 몸은 무거워지고 여기저기가 아프기 시작합니다. 가슴이 답답하다 못해 죽을 것 같은 고통이 찾아옵니다. 무어라고 분명하게 설명할 수 없는 묘한 통증과 답답함으로 인해서 숨이 막힐 것 같지만 실제로 숨이 막히는 것은 아닙니다. 일종의 공황장애(恐惶障碍)와 같습니다. 불안과 두려움에 사로잡힙니다. 정신집중이 되지 않고 멍하면서 정신 나간 사람과 흡사합니다. 몸은 어깨와 등 등 이곳저곳의 근육이 아픕니다. 흉몽이 꾸어지면서 깊은 잠을 자지 못합니다. 잠을 자고 일어나도 머리가 멍하여 생각의 집중이 되지 않습니다.

이런 고통을 주위 사람들에게 말해도 이해하지 못합니다. 겉으로 보면 호흡도 정상적으로 쉬고 있는데 숨이 막혀 죽을 것 같다고 말한들 이해하지 못합니다. 그래서 꾀병이나 정신력이 약한 것으로 오인하게 됩니다. 병원에 가도 증상을 찾을 수 없으니 꾀병이라고 할 수밖에 없을 것입니다. 의지가 약하고 내성적이어서 그런 것이라 판단하게 됩니다. 그래서 가족들은 정신에 문제가 있다고 생각하고 그런 성격을 고치라고 책망하기도 합니다.

의지가 약하거나 생활력이 약한 무능한 사람으로 오인하게 되어 환자를 더욱 괴롭게 만듭니다. 사회성이 모자라 문제가 있다고 생각하고 사람들이 그들을 피하려고 합니다. 겉보기에는 의기소침하고 무능하고 무기력하고 활동적이지 못하기 때문에 사람들이 가까이하려고 하지 않습니다. 당사자는 가위눌림과 심한 우울증과 공황장애로 인해서 죽고 싶어집니다. 그런데도 불구하고 누구도 이 질환이 귀신들림에 의한 것이라고 생각하지 못하고 단순히 기질적이거나 정신적으로 문제가 있는 부적응 환자 정도로 넘깁니다.

가족들은 무능의 탓으로 돌리며, 정신에 문제가 있는 사람으로 생각하고 자주 책망하게 됩니다. 가족들의 이와 같은 올바르지 못한 대응으로 인해서 더욱 괴롭힘을 당하게 됩니다. 여러 가지 정신과 질환처럼 보이는 귀신들림은 당사자를 괴롭게 할 뿐만 아니라, 가족들까지 고통을 당하게 됩니다. 정신을 잃는 것도 아니기 때문에 귀신들렸다고 생각하지 못하는 것입니다.

이런 중증 귀신들림 이전에 초기 증상은 마치 가벼운 노이로제처럼 자주 까닭 없는 짜증이 나고 때로는 이유 없는 충동이 솟아납니다. 자신의 내면에서 자신의 의지와는 상관이 없는 어떤 생각과 충동이 자신을 조정하는 것 같다는 느낌을 간헐적으로 받게 됩니다. 하지 말아야 할 일을 어처구니없이 해버려 당황하기도 합니다. 자신의 의지 즉 속마음과는 달리 어떤 충동이 일어나 순간 행동하게 되어 후회합니다.

이런 경우에 대부분의 사람들은 이렇게 말합니다. "내 정신이 아니었나봐!" 사람들도 그런 상식 밖의 행동을 돌발적으로 한 그 사람에 대해서 "그럴 수도 있지! 사람이란 누구나 정신 나간 짓을 할 때가 있다니까!"라면서 너그럽게 이해해줍니다. 그런데 이런 일이 한 번으로 그치는 것이 아닌데 문제가 있는 것입니다.

어처구니없는 실수를 자주하게 되면 사람들은 그때부터 그 사람을 온전하지 못한 문제가 있는 사람으로 여깁니다. 그러나 그것이 귀신들림에 의한 것이라는 생각은 전혀 하지 못하는 것입니다. 왜냐하면 귀신들림에 관한 지식이 거의 없기 때문입니다. 자주 머리가 어지럽고, 생각이 떠오르지 않을 정도로 머릿속이 안개 낀 것처럼 불투명하고 혼란스럽습니다. 만성두통으로 늘 시달리며, 가슴이 갑갑합니다. 때로는 가슴이 조여드는 협심증 증상과 같은 통증을 느낍니다.

메스껍고 헛구역질이 나옵니다. 차멀미를 하는 것 같이 속이 울렁거리고 머리가 어지럽습니다. 깊은 호흡을 하면 다소 안정이 되지만, 또 다시 그런 증상이 찾아옵니다. 기절하거나 죽을 것 같다는 생각이 들 정도로 갑갑함 때문에 다른 생각을 할 수 없게 됩니다. 서서히 자신이 앓고 있는 이 원인 모를 질환에 대한 공포가 더욱 두렵게 만듭니다. 바람처럼 또는 파도처럼 증상의 예조(豫兆)가 밀려들어오는 것을 느낍니다. 마치 흉악한 존재가 자신을 위협하려고 서서히 다가오는 것을 느낄 때 오는 공포심처럼, 그렇게 옥죄어드는 두려움으로 인해서 정상적인 생활을 할 수 없게 되어가는 것입니다. 우울증, 노이로제, 강박증, 피해망상, 공황장애 등과 같은 정신과 질환처럼 보이는 귀신들림과 잦은 충동과 거친 언행과 하나에만 극도로 몰입하는 자아몰입증과 같은 쏠림 현상이 나타납니다. 사람을 기피하고 소극적으로 변하게 됩니다. 사회와 서서히 단절된 삶으로 나가며, 사람을 만나는 것을 두려워하는 대인 공포증과 같은 심리적 현상이 나타납니다.

자신의 정신을 그대로 유지하면서 육신과 마음이 질병으로 고통을 당하는 이와 같은 귀신들림은 다른 병으로 오인하거나 성격에 문제가 있기 때문이라고 판단하기 때문에 귀신을 쫓아내지 못하고 세월을 보내어 만성화하기 쉽습니다. 적어도 5년 이상 이런 증상으로 시달림을 받은 경우 환자는 악습에 이미 물들어버리게 됩니다. 이런 경우 악습을 끊지 않으면 귀신은 물러가지 않습니다.

삶에 의욕이 없고, 게임에 빠져 살아가는 중독성 메니아들의 경우에도 역시 귀신들림이 있습니다. 삶을 돌아보지 않고 오로지 게임에만 빠져 세월을 보냅니다. 이런 사람들을 일본에서는 '오타쿠'(御宅)라고 부르고 미국에서는 '긱스'(geeks)라고 표현하며, 우리는 요즘 이들을 '폐인'이라고 부릅니다. 정상적인 대화도 되고 생각도 하지만 행동은 정상적이지 않습니다. 병증이라고 할 정도로 한 쪽을 극심하게 쏠리는 이들에게 귀신들림을 점검해보아야 합니다.

말 못할 고통으로 괴로워하는 많은 사람들의 배경에는 귀신들림이 있습니다. 귀신들림은 일종의 질병입니다. 질병에는 원인이 있고, 그 원인을 치유하기 위해서 적당한 약물을 사용합니다. 귀신들림의 처방은 성령으로 세례를 받아 내면의 상처를 치유하면서 축사와 악습의 고리를 끊는 것입니다. 성령으로 전인격을 장악하려고 노력을 해야 합니다. 이런 환자들은 진리의 말씀과 성령의 역사로 마음을 천국 만들어야 합니다. 성령이 심령을 장악하면 정신을 잃게 하는 귀신들림은 명령하여 내쫓을 수 있습니다. 그러나 정상적인 생각과 판단을 할 수 있는 상태의 귀신들림은 명령으로는 치유가 되지 않습니다. 성령으로 충만하게 한 다음에 당사자와 귀신 사이에 형성된 신호체계를 허물지 않으면 안 됩니다. 성령으로 충만해지지 않으면 치유는 되지 않습니다.

성령과 우리 사이에 맺어진 신호 체계는 신앙고백과 기도입니다. 그에 따른 신호로 찬양과 기도와 예배, 안수 등이 있습니다. 우리는 이 신호를 통해서 성령과 지속적인 관계를 유지합니다. 이런 영적인 활동(찬양과 기도와 예배, 안수)을 지속적으로 하지 않으면 성령과의 관계는 끝나는 것입니다. 이와 마찬가지로 자신도 모르게 귀신과 맺어진 신호체계인 악습을 끊어야 합니다. 게임에만 몰두하는 경우 다시는 게임을 하지 말아야 합니다. 얼마나 끊어야 되냐고요? 아마도 평생을 끊어야 할 것입니다.

귀신들린 사람도 어렵지만, 축사하는 사람도 여간 어려운 문제가 아닙니다. 반드시 성령의 깊은 임재가 있어야만 축사가 가능합니다. 성령의 깊은 임재를 사모하고, 늘 성령으로 충만해야 합니다. 영적인 세계를 밝히 보고 대처할 줄 알아야 합니다. 영적인 세계에 대하여는 필자가 저술한 "카리스마로 영적세계를 장악하는 법"을 참고하시기를 바랍니다. 축사 사역자는 부단하게 전문성을 개발해야 합니다. 이런 분들은 저희 교회에서 매주 토요일 날 하는 집중치유를 연속적으로 몇 주 받으면 대부분 정상으로 복귀합니다.

5장 귀신이 침입하면 느끼며 일어나는 현상

(막5:3-5)"그 사람은 무덤 사이에 거처하는데 이제는 아무도 그를 쇠사슬로도 맬 수 없게 되었으니, 이는 여러 번 고랑과 쇠사슬에 매였어도 쇠사슬을 끊고 고랑을 깨뜨렸음이러라 그리하여 아무도 그를 제어할 힘이 없는지라. 밤낮 무덤 사이에서나 산에서나 늘 소리 지르며 돌로 자기의 몸을 해치고 있었더라"

귀신은 영적인 존재이면서 살아있는 존재이기 때문에 자신에게 귀신이 침입하면 특이한 현상이 나타납니다. 그러나 귀신 들림은 외적으로 독특한 증상을 나타내는 것이 일반적이지만 전혀 감지할 수 없는 무증상의 경우도 있습니다. 그리고 귀신 들림의 증상이 나타난다고 해서 모두 귀신이 들린 것도 아닙니다. 외적으로 나타나는 증상 하나만을 가지고 단정해서 축사하는 경우에 자칫 낭패를 볼 수도 있습니다. 귀신 들림의 증상은 귀신의 종류에 따라서 다르게 나타나는데, 가장 심각한 것은 미치게 하는 귀신일 것입니다.

성경에 나오는 '거라사의 광인'의 경우처럼 군대 귀신이 들어가 사람들이 도무지 다룰 수 없을 정도로 거친 행동을 하는 경우가 있습니다. 마치 정신 질환자와 같은 행동을 하기 때문에 정신 질환에 의한 것인지를 영-혼-육의 전 기능을 동원하여 입체적으로 살펴보아야 합니다. 경우에 따라서는 귀신 들림과 정신 질환 두 가지가 복합적으로 작용하는 경우가 있습니다. 단순한 귀신 들림일 때는 축사하면 되지만 정신 질환과 복합적으로 나타날 때는 정신과 치료를 같이 받는 것이 좋습니다.

심각한 귀신 들림에는 이처럼 거칠게 행동하는 경우가 있고, 아주 얌전히 행동하는 경우가 있습니다. 힘이 없어서 제대로 생활을 하지 못하기도 합니다. 이는 마치 우울증 환자와 흡사한데, 말도 하지 않고 행동도 위축되어 깊은 생각에 잠기어 정상적인 사회활동이 불가능해지는 것입니다. 우울증이나 자폐증 현상과 흡사하기 때문에 이 또한 점검이 필요합니다. 그밖에 과대망상증과 같은 증상도 나타납니다. 환상에 사로잡혀 혼자 웃고 울면서 자기만의 세계에 갇혀 있게 되는 것입니다. 특별하게 조울증 환자는 금방 울었다가 조금 지나면 기분이 좋아져서 웃기도하기 때문에 주변에 있는 사람들은 종잡을 수가 없는 경우가 많습니다.

이와 같은 다양한 정신 질환 증상을 나타내는 귀신 들림과는 대조적으로 일상생활에는 별로 지장이 없지만 신체적으로 고통을 당하거나 심인성 질환과 같은 증상으로 괴로움을 당하는 귀신 들림이 있습니다. 심인성질환이란 환경이나 심리적 요인에 의하여 발생하는 정신장애 및 신체장애를 널리 가리키는 것입니다. 이 역시 심한 스트레스를 해소하거나 처리하지 못함으로 발생합니다.

이런 증상은 겉으로는 단순한 노이로제나 심리적인 불안이나 과도한 스트레스에 의해서 일어나는 신경성 질환처럼 오인하기 쉽습니다. 뚜렷한 이유도 없이 몸의 컨디션이 항상 나쁘고, 병명도 모르는 질병으로 인해서 고통을 당합니다. 그 대표적인 것이 '무병

(巫病)'인데, 원인을 알 수 없는 질환으로 인해서 기력이 없고 의욕이 사라지며 까닭 없이 늘 불안에 휘말려 살아가게 됩니다. 흔히 노이로제라고 부르는 병증과 흡사하기 때문에 치유하지 못하고 방치하는 경우가 많습니다. 약물 치료에만 의존하려고 하기 때문에 효과가 없는 것입니다. 심한 두통이나 오한이 자주 나타나고 현기증이나 구토 증상도 생깁니다. 근육통이 심한 경우도 있습니다.

속이 편하지 않고 메스꺼워서 헛구역질을 하지만 토하지는 않습니다. 원인도 모르고 병명도 모릅니다. 의사들은 스트레스나 신경과민 정도로 진단합니다. 아무도 이런 증상이 귀신 들림에 의한 것인지를 알지 못하기 때문에 오랫동안 고통을 당하게 됩니다. 만성적 두통이나 의욕 상실이나 노이로제와 같은 증상의 귀신 들림은 대체로 단 한 번의 축사로 완쾌되는 경우가 많습니다. 오랫동안 지긋지긋하게 괴롭히던 두통이 한 순간에 사라지는 것을 경험하게 되면 참으로 놀라워합니다. 이런 종류의 귀신들은 축사하는 그 순간에 무언가가 몸 밖으로 빠져나가는 것 같은 느낌을 받게 되고, 그 즉시 기분이 상쾌해지며 두통이나 무기력이 꿈처럼 사라집니다. 만성 두통으로 늘 진통제에 의지해서 살아야 했고 항상 머리가 맑지 못했던 그 지긋지긋한 고통에서 한 순간에 해방되는 기쁨은 경험하지 못한 사람은 도무지 알 수 없는 것입니다. 반드시 성령으로 잠재의식의 상처를 치유해야 재발하지 않습니다.

귀신 들림이 생기면 악취와 이물감에 시달립니다. 가위 눌림과 악취가 간헐적으로 나타나고 몸속으로 벌레가 기어 다니는 것 같은 이물감에 고통을 당하게 됩니다. 귀에서 환청이 들려 고통스럽습니다. 환상과 환청은 사람을 지치게 만들어 날로 몸이 쇠약해집니다. 가위눌림으로 인해서 식욕이 없어지고 소화도 잘 되지 않는 극심한 스트레스에 시달리게 됩니다. 눈을 감으면 시도 때도 없이 흉악한 모습의 괴물 형상이 나타나 무섭고 두렵습니다.

시간이 흐르면 눈을 감으나 뜨나 보이기 때문에 노이로제가 됩니다. 다른 사람에게 말하면 이해하지 못하고 그야 말로 정신이 이상해진 것이 아니냐고 의심합니다. 자신은 보이는데 다른 사람들은 이를 전혀 이해해주지 않습니다. 귀로 시끄러운 소리를 듣고 눈으로는 흉측한 괴물을 본다면 얼마나 괴롭겠습니까? 이와 같은 귀신 들림은 정말로 귀신 들림이 있고, 그렇지 않은 것이 있습니다.

실제로 귀신이 들렸다면 성령으로 세례를 받게 하고 내면의 상처를 치유하면서 축사를 해야 합니다. 축사만 해서는 효과가 없습니다. 환자가 의지적으로 배에서 나오는 소리로 강력하게 기도하여 성령께서 환자를 장악하게 해야 합니다. 잠재의식을 정화해야 합니다. 그렇지 않으면 그 사람의 삶은 점점 황폐해지고 인생 전체가 심각하게 망하는 상황에 이르게 되어 인간으로서의 존엄을 상실하게 되고 폐인이 되어 비참한 삶을 살아가게 되는 것입니다. 그런데 이와는 달리 귀신 들림의 증상을 경험하게 하기 위해서 일시적으로 또는 장기간 동안 귀신 들림을 겪게 되는 경우가 있습니다.

귀신 들림은 우리들의 죄와 상처를 발판으로 해서 귀신이 불법적으로 우리에게 침투해 들어오는 것입니다. 그 초기에는 단 한 번의 축사로 완치가 되지만, 시간이 많이 흐르면 귀신의 내성이 생기고 우리의 영이 심하게 위축되어 치유가 쉽지 않게 됩니다. 이를 방지하기 위하여 성령으로 기도해야 합니다. 멘토의 도움을 받으면 좋습니다. 의지적으로 강력한 기도를 해야 합니다. 귀신 들림의 초기 증상은 환자의 이성과 감성이 그대로 유지된다는 점입니다. 이와 흡사하게 영적 분별력을 얻게 하기 위해서 치르게 되는 한시적인 귀신 들림은 마치 질병을 이기기 위해서 백신 주사를 맞는 것과 같다고 할 것입니다.

귀신을 쫓으려면 귀신에 대해서 알아야 합니다. 실질적인 영적 경험을 거쳐야 귀신을 정확하게 분별할 수 있기 때문에 한시적으로 귀신 들림과 같은 영적 경험을 하게 되는 경우가 있습니다. 신유의 은사를 받는 사람 가운데 심각한 질병을 치르고 난 후에 은사를 받는 경우가 있는 것처럼, 축사의 능력을 받게 되는 경우에도 이와 같이 귀신 들림을 경험한 후에 능력을 받게 되는 것입니다. 저는 항상 이렇게 말합니다. 예수를 믿고 성령으로 세례를 받아 권능이 받았으면 자신을 먼저 치유하라는 것입니다. 자신을 치유하면서 영적 전쟁할 수 있는 군사가 되는 것입니다.

이와 같은 경험이 없이도 축사의 능력이 주어지는 경우와 이처럼 경험한 후에 주어지는 경우가 있습니다. 영적 분별력을 얻게 하기 위해서 주어지는 귀신 들림은 마치 백신 주사를 맞는 것처럼 미약하고 간헐적이라는 특징을 가지고 있습니다. 귀신 들림에 대한 외적 내적 증거들을 경험하는 일은 당사자에게 결코 유쾌한 일이 아닐 뿐만 아니라, 축사 사역을 하는 과정에서도 지속적으로 그런 경험들을 하게 되기 때문에 때로는 스트레스가 되기도 합니다.

의사는 늘 약물과 환자의 고통을 직면하면서 생활해야 하는 것처럼 귀신을 쫓는 일은 늘 귀신을 대면하고 다양한 증상들을 몸으로 느끼면서 하게 됩니다. 의대생이 되면 처음 생체실습을 하게 됩니다. 시체를 두고 해부하는 실습을 하고 난 후 여러 날 악몽에 시달리고 밥을 제대도 먹지 못한다고 합니다. 이런 경험을 통해서 피냄새나 약물 냄새에 익숙해지고 푸줏간에서 고기를 썰듯이 담담하게 절개할 수 있게 되는 것입니다. 오랜 세월 동안 환자를 다루면서 담대해지듯이 축사 역시 귀신을 많이 경험함으로써 귀신에 대해서 담대해지는 것입니다.

이런 임상시험을 거치는 시기에 해당하는 귀신 들림을 경험하는 경우에는 자신이 혹시 귀신 들린 것이 아닌가 하는 의심을 가지지 않을 수 없습니다. 귀신 들린 것과 같은 증상을 경험하면서 의심이 들지 않을 수 없습니다. 독감 예방을 위해서 맞는 백신 주사는 같은 병원균을 약화시킨 것입니다. 이처럼 분별력을 얻게 하기 위해서 주어지는 귀신 들림은 역시 귀신이지만 그 영향이 미약하고 간헐적이라는 것입니다. 귀신의 공격력도 약하고 일시적으로 나타났다가는 증상이 사라지곤 합니다. 그런데 그 기간은 자신이 그것이 분별력을 얻게 하기 위한 것이라는 사실을 제대로 깨닫기까지 계속 이어지며, 그 후 실제로 사역을 행할 때에도 귀신을 분별하는 수단으로 경험하게 되는 것입니다. 초기 귀신 들림과 분별력을 얻게 하기 위해서 주어지는 귀신 들림은 구분하기 무척 어렵다는 것이 사실입니다. 이 두 가지 경우에 축사를 하면 다 같은 현상이 나타나는 것입니다.

그러나 초기 귀신 들림은 축사와 동시에 그 증상이 사라지지만 분별력을 위한 귀신 들림은 사라지지 않는다는 것입니다. 그래서 계속 축사하려고 하는 경우가 있습니다. 이런 귀신 들림은 성령이 충만할 때 더 강하게 나타나는 경우가 있습니다. 영적 분별력을 얻기 위해서 다양한 영적 주체들에 대한 경험이 필요합니다. 그 모든 일은 성령 안에서 이루어지는 것입니다. 그러므로 성령 충만하고 다양한 영적 즐거움을 경험하게 될 뿐만 아니라 악한 영의 존재도 경험하게 되고 그 영향도 받게 되는 것입니다.

그래서 이런 현상을 때로는 '양신 역사'라고 부르기도 합니다. 성령과 악령이 함께 역사하는 것처럼 보이기 때문에 그렇게 부르기도 합니다. 성령과 악령이 함께 역사하는 혼란에 빠지는 경우도 있습니다. 이것은 두 영이 함께 역사는 것이라기보다는 사단의 공격을 받는 것으로 볼 수 있고, 때로는 영적으로 미숙한 단계에 있기 때문에 혼란을 겪는 경우도 있습니다.

축사를 하기 위해서는 반드시 성령으로 세례를 받아 성령으로 영을 분별할 수 있어야 합니다. 그 주된 수단이 감각에 의한 것입니다. 그 하는 행위나 열매를 보아 영을 분별하는 것은 이미 귀신 들림이 한참 진행되었을 때의 일이며 초기에는 행위도 열매도 없습니다. 다만 고통스런 공격만 받을 뿐입니다. 소음과 무기력과 환상과 환청과 스트레스와 노이로제와 병명 없는 질병의 공격에 시달릴 뿐입니다. 이런 사람을 구하기 위해서는 오로지 영적 분별력에 의해서 귀신을 찾아내어 쫓아야 합니다.

귀신 들림을 정확하게 진단하기 위해서는 사역자가 우선 귀신 들림을 경험해야 합니다. 그 과정이 마치 귀신 들린 것과 아주 흡사합니다. 실제로 초기 귀신 들림과 제대로 구분하기가 쉽지 않다는 점을 알아야 합니다. 귀신 들림을 실제로 경험함으로써 얻게 되는 축사의 능력 즉 '능력 행함의 은사'는 그것을 은사로 깨닫지 못하면 이런 귀신 들림이 계속 이어진다는 것을 알아야 합니다.

그래서 축사 사역자는 박사 학위가 하는 것이 아닙니다. 자신이 귀신에게 고통을 당하다가 치유 받고 축사 사역자가 되는 것입니다. 축사 사역자는 자신이 먼저 치유 받는 치유 사역자란 말입니다. 체험해야 축사 사역자가 될 수가 있습니다. 축사 사역은 아무나 하는 사역이 아닙니다.

자신 안에 귀신이 숨어있는지 알아내는 절대적인 방법은 이것입니다. 성령으로 강력하게 기도하여 귀신을 두렵게 해서 도망치게 하는 것입니다. 귀신이 두려워하는 존재는 성령의 역사 밖에 없습니다. 그러므로 배에서 나오는 소리로 예수님을 전심으로 부르고, 열정적으로 강력하게 마음 안에서 성령의 권능이 흘러나오는 기도를 하면 됩니다. 그러나 열심히 하되 습관적인 관념적인 머리나 생각으로 목으로 하는 열심으로 기도해서는 되지 않습니다. 강력하게 호흡을 들이쉬고 내쉬면서 아랫배에서 나오는 소리로 주여! 를 불러야 합니다. 다른 방법은 강력하게 사력을 다하여 아랫배가 불쑥 불숙하도록 호흡을 들이쉬고 내쉬면서 기도하는 것입니다. 즉, 아랫배에서 나오는 소리로 혼 심을 다해서 하나님을 불러야 성령이 역사하시 시작합니다. 혼 심을 다해 기도하면 성령님이 역사하신다는 것을 귀신들이 먼저 알고 있기에, 성령이 역사하는 기도를 하지 못하게 하려고 악랄하게 방해하는 것입니다.

귀신들의 기본적인 방해공작은 잡념을 넣어주는 것입니다. 강력한 기도를 하지 못하도록 귀신들이 방해하는 것은 환자 자신의 약점을 가지고 방해합니다. 예를 든다면 성대에 문제가 있는 사람은 "야~ 그렇게 소리를 지르면 성대가 망가진다."는 생각을 집어넣어서 기도를 강력하게 하지 못하게 합니다. 환자는 이에 동조하지 말고 열정으로 강력하게 혼 심을 다해 기도하면 드디어 귀신들이 도망치는 현상이 나타납니다. 귀신들은 주로 가슴과 배에 집을 짓고 살고 있기에, 가장 빠른 통로인 기도(식도)와 장(위장, 소장, 대장)을 자극하게 됩니다. 그래서 침, 가래, 하품, 기침, 트림, 헛구역질, 구토, 방귀가 나오는 것이 일반적인 현상입니다. 속이 메스껍고 소화가 잘 안되며, 목이 무엇이 걸린 것과 같이 답답하고 칼칼하며, 가슴이 답답하기도 합니다. 이런 현상은 귀신들이 공격한다기보다 한꺼번에 도망치려고 하다 보니, 몸의 장기를 자극해서 일어나는 현상이라고 생각하면 맞습니다. 이런 현상을 보이는 귀신들은 대부분 약한 놈들로 강한 놈은 이렇게 도망치지 않습니다.

그러나 도망치기보다 거꾸로 공격하는 놈들도 적지 않습니다.

공격하는 현상은 아주 다양하지만, 두통(주로 편두통)을 일으키고, 어지럽게 하고, 손발이 짜릿짜릿하게 저리게 만들고, 섬뜩하면서 두렵게 하고, 얼굴이나 몸을 가렵게 하고, 온몸을 돌아다니며 다양한 통증을 일으킵니다. 영적인 음성으로 낙담과 절망을 주는 말을 하기도 하며, 온몸에 힘을 빠지게 하고 맥이 풀리게 하기도 합니다. 특별하게 온몸에 통증을 일으키기도 합니다. 통증이 생기면 무슨 큰일이 생긴 것과 같이 의아해 하면서 당황하는 환자가 있는데 이는 귀신이 아주 좋아하는 행동입니다. 통증이 일어나는 것은 성령으로 장악이 되니 귀신들이 붙잡고 있던 부분에서 귀신이 떠나면서 일어나는 일시적인 현상입니다. 이에 동조하지 않고 지속적으로 성령으로 장악이 되려고 열심으로 노력하면 조금 지나면 통증이 시원하게 소멸됩니다. 장염증상, 소화불량을 일으키거나 잦은 기침으로 기도를 방해하기도 합니다. 또한 시커먼 사람이나 흉측한 동물모습을 환상으로 보여주어 겁을 집어먹게 만들고, 갑자기 소름이 돋을 정도로 두려움을 주어 기도를 못하게 하는 일도 흔합니다. 그러므로 이런 현상이 일어나면 자신에게 귀신이 잠복해 있다고 보아야 합니다.

또한 대부분의 불치병이나 고질병과 거의 모든 정신질환은 귀신과 연관되어 있는 질병이라고 보아야 치유가 가능합니다. 그러므로 자신과 가족에게 불면증, 강박증, 우울증, 조울증, 조현병, 공황장애, 자살충동, 정신분열, 각종 중독증이 있다면 귀신이 잠복해있다고 보면 되고, 각종 육체적인 고질병의 원인도 상당부분이 악한 영의 공격에 의해서입니다.

필자의 경험에 의하면 약한 놈들만 잠복해있는 경우는 거의 없고, 강한 놈과 같이 있으므로, 약한 놈들이 나가는 현상을 보이면 축귀를 해야 합니다. 전문적인 사역을 하는 곳에서 성령의 임재가운데 강력하게 기도하면서 사역자의 안수를 받으면서 축출기도를 받는 것이 가장 바르게 귀신을 쫓아낼 수가 있습니다. 혼자는 힘이 듭니다. 귀신들이 떠나가면 성령이 지배를 받는 기도도 할 수가 있습니다. 그러므로 자신 안에 귀신이 있는지 알고 싶다면, 지금부터라도 열심히 배에서 나오는 소리로 주님을 부르는 기도를 시작해야 할 것입니다. 강력하게 성령으로 기도해야 할 것입니다.

강한 귀신이 축사되는데 시간이 많이 소요됩니다. 충만한 교회에서 매주 토요일 예약하여 진행하는 개별 집중치유 할 때 보면 어떤 귀신은 2시간 20분 만에 정체를 폭로하고 떠나가는 놈들도 있습니다. 어떤 놈은 집중치유를 2번 3번해야 정체를 폭로하기도 합니다. 집중치유 안수를 받으면 받을 수 록 깊은곳에 있는 영적존재가 떠나갑니다. 이런 기회는 참으로 축복 중에 축복입니다. 귀신은 아무것도 아니므로 절대 두려워하지 말아야 합니다. 이런 강한 귀신들은 일반적인 집회 때에 하는 50분 기도로서는 정체가 폭로되지 않을뿐더러 축사할 수도 없습니다. 영육으로 고통을 당하는 분들은 인내하면서 자신이 성령으로 장악이 되는 것이 집중해야 합니다. 그러나 너무 낙심할 필요는 없습니다. 성령께서 자신을 장악하여 하나님의 전이 견고해지면 귀신은 기침한번으로 떠나갑니다. 귀신은 그림자이기 때문입니다. 자신이 하나님의 자녀로 완전하게 변하면 귀신을 더 이상 같이 살지 못하고 떠나가야 합니다.

6장 귀신이 사람에게 잠복했을 때 나타나는 현상

(막9:22)"귀신이 그를 죽이려고 불과 물에 자주 던졌나이다. 그
러나 무엇을 하실 수 있거든 우리를 불쌍히 여기사 도와주옵소서"

귀신에 의한 질병도 일반질병과 같이 급성과 만성이 있습니다.
같은 병이라고 해도 급성질환은 병에 걸린 즉시 그 증상이 나타나
고 급속하게 악화되어 때로는 생명을 잃게 됩니다. 급성 암환자들
을 보면 발병한 사실을 안지 한 달이 못되어 사망하는 경우도 있습
니다. 제가 병원 전도할 때 만난 폐암 환자의 경우 병이 든 사실을
안 2~3개월 후에 사망했습니다. 결혼한 지 3개월 만에 폐암이 발생
하여 치유를 받다가 세상을 떠났습니다. 아내가 26살이었는데 참으
로 안타까웠습니다. 만성질환의 경우 여러 해 동안 건강하게 지내
며 심지어는 10여년 이상 별다른 증상이 없이 살아갑니다. 대표적
인 만성적 질환이 당뇨인데 발병한 사실을 알고도 20여년 이상 건
강하게 살 수 있고, 잘 관리하면 평생 동안 다소 불편한 점은 있지만
생명에 지장을 받지 않고 살 수 있습니다.

태아시절에 들어온 혈통의 상처가 잠복해 있다가 문제를 일으킨
사례입니다. 당시 26세이던 청년이 여름 청년부 수련회에 갔다가
성령의 약한 역사에 잠복해있던 귀신이 정체를 폭로했습니다. 막
악을 쓰고 발작을 했습니다. 주변에 목사님들이 손바닥을 청년에게
향하게 했습니다. 이는 능력이 청년에게 전이되라고 하는 행동인데
필자는 불필요한 행동이라고 합니다. 그렇게 해서 능력이 전이 된

다면 그 청년이 그렇게 발작을 하면서 고성을 지르지 않았을 것입니다. 그러면서 나름대로 능력이 있다는 목사님이 "예수님의 이름으로 명하노니 귀신아 떠나가라." 명령을 했습니다. 그러자 이 덩치 큰 청년이 벌떡 일어서면서 너는 누구냐! 하고 소리를 지르자 모든 목사님들이 도망을 쳤다는 것입니다. 저녁 내 그렇게 발작을 하면서 고성을 지르다가 새벽이 되어 잠잠해졌다는 것입니다. 그곳에 데리고 간 형이 데리고 집으로 돌아온 것입니다.

그런데 그 다음에 문제가 생긴 것입니다. 집에 도착해서 형을 괴롭히는 것입니다. 그런 곳에 데리고 갔다고…. 아주 꼼짝을 못하게 겁박을 했다는 것입니다. 집안이 살벌했다는 것입니다. 그렇게 며칠을 지내다가 어머니가 목사님이라 필자의 사모를 잘 압니다. 사모에게 저에게 말해서 심방을 해달라는 것입니다. 이유는 이사를 갔는데 심방을 하지 못했다는 것입니다. 그때는 필자가 시간이 좀 있을 때라 하도 사정을 해서 심방을 갔습니다. 식구 전체를 모아놓고 예배를 드리고 한 사람씩 안수를 하자, 그 청년의 잠재의식에 숨어있던 귀신이 청체를 폭로한 것입니다. 필자가 카리스마가 강하니까, 덤비지 못하고 하라는 대로 순종을 잘했습니다. 2시간 30분을 안수하고 기도하니까, 귀신들이 모두 떠나갔습니다. 잠잠해졌습니다. 예배가 끝나자 부친이 하는 말이 군대에서 얼차려를 많이 받아서 귀신이 들어갔다는 것입니다. 필자가 군대에서 귀신이 들어온 것이 아니고, 원래 태중에서부터 들어와 있던 귀신인데 성령의 역사에 정체를 폭로한 것이라고 말했습니다. 청년 수련회시 영 권이 있는 목사님이 계셨더라면 거기에서 모두 떠나갔을 것이라고 말해

주었습니다.

귀신이 잠시 떠나가기는 했으나 아직 성령으로 충만하지 못하고 말씀이 채워지지 않았으니 다시 재발할 가능성이 많으므로 아버지와 같이 충만한 교회 집회에 몇 개월 동안 참석하여 온전하게 하라고 권면하였습니다. 순종하여 약 3개월 동안 부친하고 필자의 교회에 다니면서 치유를 받아 온전한 상태가 되어 아무 이상 없이 결혼도 하고, 직장도 잘 다닌다고 부모님들이 감사하다고 연락이 왔습니다. 만약이 이 청년이 안수 한 번에 해결 받으려고 했더라면 해결하지 못했을 것입니다. 능력이 있다는 이 목사! 저 목사에게 안수 받아서 해결하려고 했더라면 정상적인 삶을 살수가 없었을 뿐 아니라, 불필요한 세월을 낭비했을 것입니다. 이런 성령의 인도와 역사로 하는 축귀와 치유를 속전속결 축사와 치유라고 하는 것입니다. 이렇게 어렸을 때 성령의 역사로 드러내어 치유하여 예방하는 것입니다. 첫 번째 드러났을 때 끝장을 보는 것입니다.

그러나 어떤 사람은 귀신 들린 지 5년 이상이 되었지만 별다른 증상을 보이지 않고 일상생활을 잘 합니다. 교회에 출석도 잘하고 기도도 하며, 봉사도 잘 합니다. 새벽기도도 합니다. 그래서 주변에서는 아무도 귀신에게 눌려있는지 모릅니다. 자매의 어머니가 영분별 능력이 조금 있어서 영적으로 무언가 이상하다는 느낌을 받고 저에게 축귀를 부탁해서 다룬 일이 있었습니다. 이 경우처럼 대부분의 사람들은 만성적 귀신들림입니다. 그래서 좀처럼 겉으로 나타나지 않은 채로 여러 해를 지냅니다. 그러다가 결정적인 어떤 사건 (환자가 감당하지 못할 정도의 충격)을 만나게 되면 귀신은 그 사람을 완전히 사로잡게 되고 그런 후에는 증상이 나타나며, 이렇게 귀신들린 사람은 치유하기가 쉽지 않습니다. 그래서 필자가 항상 외치는 것이 영적진단을 정기적으로 하여 미리 예방하라는 것입니다.

질환도 급성질환의 경우 치유가 쉽습니다. 그러나 만성질환은 오랜 시간 치유해야 하고 또 다시 재발하는 경우가 많습니다. 귀신을 축사한 후에 재발하는 경우는 치유 당시와 같은 영성을 유지하지 못한 연고입니다. 성령께서 완전하게 장악을 해야 치유되기 때문입니다. 그래서 지속적으로 성령 충만한 믿음생활을 하고 보호자와 담임목사가 관찰하고 정기적으로 검사를 해야만 합니다. 재발률이 높은 만성질환은 환자와 가족에게 늘 걱정과 근심을 떨치지 못하게 만듭니다. 이처럼 만성적인 귀신들림은 완전히 자유하기 까지는 많은 세월이 필요하고 주변에서 늘 보살펴야 하는 어려움이 있습니다. 쫓겨난 귀신들은 언제든지 다시 되돌아오려고 기회를 엿봅니다. 축귀 시와 같은 강한 성령의 역사와 영성 깊은 생활을 하지 않으면 다시 침입을 합니다. 성령으로 충만하지 않으면 다시 되돌아와서 예전보다 더 심하게 증상을 드러냅니다. 부흥회에서 쓰러지면서 귀신이 떠나가고 정신이 돌아와 치유되었다고 기뻐하지만, 집으로 돌아오면 다시 예전처럼 귀신들린 증상이 나타나며, 이렇게 반복할 뿐 완전히 고침을 받지 못하는 경우가 많습니다. 성령으로 환자가 장악이 되지 않았기 때문입니다. 환자가 성령으로 기도하여 영을 강화시키는 능력을 길러야 합니다.

만성 귀신들림은 한 번 강하게 축귀를 했다고 해서 안심해서는 안 됩니다. 성령으로 충만한 상태에서 여러 차례 축귀를 해야 하고,

능력 행하는 사역자의 방식이 아닌, 진리의 말씀과 성령의 역사를 강하게 일으키는 전문적인 사역자에게 집중적인 안수를 받아야 합니다. 안수만 받는 것이 아니고 말씀을 들어가면서 스스로 기도하여 성령으로 충만하도록 영성훈련을 해야 합니다. 영적자립을 하도록 해야 합니다. 성도를 영적 자립하는 축귀사역자는 귀신을 쫓는 방식이 능력 행하는 자와 축귀자가 전적으로 다릅니다. 귀신들린 사람을 세워놓고 '귀신아 나가라'라고 명령하면, 쓰러지면서 거품을 품고 발작하다가 정신을 잃습니다. 깨어나면 귀신이 나가고 없습니다. 즉시 할렐루야를 외치면서 기뻐합니다. 이런 집회 성 축귀는 그런 것으로 가능한 유형의 귀신들에게만 해당합니다.

심하게 귀신들렸다고 표현하는 종류의 귀신들에게는 통하지 않습니다. 성령으로 장악이 되어야 정체를 폭로합니다. 환자가 배에서 나오는 소리로 기도를 강하게 해야 합니다. 아랫배에 힘을 주고 강하게 호흡을 하면서 아랫배에서 나오는 주여! 다시 숨을 들이쉬고 내쉬면서 주여! 이런 방식으로 강하게 기도해야 귀신이 정체를 폭로합니다. 정체를 폭로하는데 몇 시간에서 몇 날이나 몇 달이 되어서 정체를 폭로하기도 합니다. 인내해야 합니다. 좌우지간 귀신이 정체를 폭로해야 축귀가 시작이 되는 것입니다. 그래서 이 분야에 7년 이상 사역한 전문적인 축귀사역자가 필요한 것입니다.

귀신은 자기들을 귀찮게 할 사역자에게는 적당히 피해 숨어버립니다. 그래서 그 시간을 모면합니다. 그러나 자신들을 쫓아낼 능력이 충분히 있는 사역자를 만나면 대하는 태도가 다릅니다. 즉 사생결단으로 덤비는 것입니다. 필자는 이런 환자를 축귀할 때 환자가 배에서 나오는 소리로 기도를 하게 합니다. 환자가 기도하여 성령으로 장악이 되면 귀신의 힘이 약화되기 때문에 축귀가 쉬워집니다. 성령님이 장악하기를 기다려야 합니다. 그래서 환자나 보호자가 의지를 가지고 인내해야 합니다.

그런데 이렇게 성령으로 장악당하지 않은 상태에서 떠나가라. 떠나가라. 하면서 축귀하면 귀신은 떠나가지 않고 환자와 사역자를 괴롭히고 환자와 사역자가 탈진할 수도 있습니다. 엑소시스트라는 영화를 보았다면 그 끔찍한 장면을 기억할 것입니다. 강력한 귀신은 그와 같은 영적 공포를 사역자에게 쏟아 붓습니다. 눈에서는 불이 쏟아져 나오듯이 이글거리고 피부는 검게 변하고 목소리는 거칠고 음산하며 움직일 때마다 강력한 기운이 휘몰아칩니다. 정신이 아찔해지고 살갗이 흔들리며, 몸을 누군가가 뒤 흔드는 것 같은 강력한 기운을 느낍니다.

이것은 장난도 아니고 현실에서 닥친 피할 수 없는 한 판의 목숨을 건 영적인 싸움입니다. 이 싸움을 정면으로 마주치면서 축귀 자는 하나님께서 함께 하신다는 강력한 믿음으로 귀신을 다루어야 합니다. 어찌하든지 환자가 성령으로 기도하도록 해야 합니다. 떠나가라고 명령하고 소리를 크게 지른 다고 귀신이 떠나가지 않습니다. 절대로 소리가 크다고 귀신이 제압되지 않고 떠나가지 않습니다. 성령의 역사가 환자를 장악하게 해야 합니다. 환자에게 귀신의 행동을 따라지 못하게 해야 합니다. 그러면서 배에서 나오는 소리로 주여! 를 지속적으로 하도록 합니다.

성령의 역사가 환자를 장악하게 해야 합니다. 떠나가라고 소리만 지르지 말고 성령의 역사가 환자를 장악하게 해야 합니다. 성령으로 장악되게 하면서 전능하신 주님의 이름으로 귀신과 정면으로 승부를 거는 것입니다. 그래서 강력한 믿음과 담력이 필요합니다. 하나님이 귀신을 축귀하신다는 믿음과 담력을 가지고 성령으로 역사를 일으키면서 귀신에게 명령을 합니다. 사역자가 담대한 믿음과 권능을 가지고 귀신과 싸우면 백이면 백 사역자가 승리합니다. 왜냐하면 귀신은 사역자가 축귀하는 것이 아니고, 성령의 역사로 축귀하기 때문입니다. 축귀사역자는 절대로 귀신을 두려워하면 안 됩니다. 하나님이 축귀하신다는 믿음과 담대함으로 귀신을 대해야 합니다.

만성적 귀신들림은 본인에게는 육체적 피곤이나 무기력으로 나타납니다. 만성질환에 걸리면 생기가 없고 의욕이 사라집니다. 뚜렷한 병명도 모르겠고 병원에서는 별 이상이 없다고 하는데 본인은 힘이 없고 무력해져서 사는 것이 즐겁지 못합니다. 매사가 시큰둥해지고 소망도 사라져 모든 것이 귀찮기만 합니다. 이것이 만성 질환의 특징입니다. 질병의 잠복기에 들어있으면서 증상이 구체적으로 나타나지 않고 신체의 특정 부분에 병증이 나타나지 않기 때문에 병원에서는 이런 병을 '신경성 질환'이라고 부릅니다. 안정을 취하고 과로하지 않으면 회복된다고 의사들은 말하지만 환자는 괴롭습니다. 이와 같이 귀신들림의 잠복기를 거치는 사람들에게는 가벼운 우울증 증상이 나타납니다. 몸이 피곤하고 힘이 없지만 뚜렷하게 어디가 아픈 것인지 본인도 모릅니다.

귀신들림의 잠복기를 거치는 사람은 영분별의 능력을 가진 사람에게 가면 즉각적인 반응이 나타납니다. 몸에 진동이 일어나고 머리가 어지럽고 구역질이 나고 심하면 귀신의 소리가 들리며, 가슴이 답답하고 누군가가 짓누르는 것 같은 압박감을 느끼며, 숨이 가빠져 얼굴이 창백해지면서 기절하기도 합니다. 이런 증성을 때로는 영분별 능력을 가진 사람이 느끼지만, 귀신들린 사람은 전혀 느끼지 못하는 경우가 있습니다. 이것은 영분별을 하는 사람이 아직 초보이거나 축귀의 능력을 갖추지 않은 상태일 경우에 주로 나타나는 현상입니다. 능력이 조금 강해지면 귀신들린 사람도 함께 느끼면서 귀신이 그 사람을 피하려고 합니다. 강력한 능력을 가진 사람에게는 귀신이 먼저 알고 피해 달아나려고 하지만 그럴 수 없어서 갖가지 위장술을 피웁니다. 강력한 능력을 지닌 사역자 앞에 귀신들린 사람이 오면 귀신은 괴롭고 어지럽고 두려워서 어쩔 줄을 몰라 합니다.

이는 초보시절 자신이 귀신들린 사람을 만나면 온몸으로 괴로운 증상들을 겪었던 것 이상으로 귀신들이 겪는 것입니다. 처음 귀신 쫓는 능력을 받았을 때는 몸으로 모든 증상들을 느끼기 때문에 어디 가든지 소름이 끼치고, 살이 떨리고, 구역질이 나고, 머리가 어지럽고, 귀에서 이명 현상이 나타나고, 눈에 귀신이 보이고, 코에서는 시궁창 냄새가 나고, 몸이 흔들리고, 누군가가 자신을 잡아당기는 것 같은 힘을 느낍니다. 그래서 귀신 쫓는 일을 하고 싶지 않습니다. 그러나 이런 시기를 극복하고 성령님이 함께 하시면서 능력이 강해지면 이제는 반대로 귀신들이 그 고통을 견딜 수 없어서 정체를 드러냅니다. 멀쩡하게 생긴 분이 카리스마가 있는 사역자 앞에 오면

온 몸을 떨고 어지러워하다가 견디지 못하고 쓰러집니다.

많은 사람들이 심하게 또는 약하게 귀신들려 있고 증상이 겉으로는 나타나지 않는 잠복기를 지내고 있습니다. 이런 사람들의 증상은, 기쁨이 거의 없으며, 사람들과 잘 어울리지 못하며, 예배에서 별 감동을 받지 못하며, 영적인 일에 무관심하고, 신체적으로 무기력하고, 특별히 아픈 곳은 없지만 환자처럼 힘이 없고, 만성 두통을 지기고 있으며, 헛구역질을 하며, 자주 가위눌리고 헛것을 보며, 공포에 질려 두려워하며, 눈앞에 수시로 검은 물체가 지나가는 것은 느끼며, 하나님의 말씀에 대해서 별로 감동을 느끼지 못하고, 찬양하는데 감동이 없고, 특히 능력 있는 사역자를 두려워하며, 기도를 많이 하지 못하며, 형식적인 신앙생활을 하거나 반대로 극성적인 열정을 보이기도 합니다. 감정이 수시로 변하고, 변덕스럽습니다. 감정에 따라 행동하며 하루에도 여러 차례 극심한 감정의 변화를 경험합니다.

귀신들림에 대해서 알지 못하며 스스로 귀신을 쫓으려는 노력이 전혀 없습니다. 영적 지식이 거의 없고, 알려고도 하지 않습니다. 소망이 없고 부정적이며, 새로운 일이나 환경에 대해서 두려워합니다. 뜨거운 것을 싫어하고 밝고 사람들이 많은 곳을 멀리하려고 합니다. 거짓말을 잘하며, 과장하기도 합니다. 환상을 보거나 환청을 자주 듣습니다. 이런 경험을 하면서도 말하려고 하지 않고 혼자만 즐깁니다. 따라서 교만해지고 자신을 과신하게 되는 것입니다. 질병의 잠복기에 있다고 해서 모두 그 병에 걸리는 것이 아닌 것처럼, 귀신들림의 잠복기를 거치고 있지만, 심각한 중증으로 나타나는 것은 별개입니다. 여기에는 많은 조건과 절차가 맞아 떨어져야 하기 때문이지요. 그래서 한 번 들어간 귀신은 나오지 않으려고 온갖 수단을 다 쓰고 좀처럼 쉽게 나오지 않는 까닭이 그만큼 우리 육신을 점령하기가 쉽지 않기 때문입니다.

자신도 모르는 사이에 귀신은 우리 곁에 다가옵니다. 그리고 서서히 우리를 점령해 들어가지만 우리는 이 사실을 제대로 알지 못합니다. 그런데 경건한 무리에 속해서 함께 기도를 시작하면 귀신은 견디지 못하고 그 정체를 드러내기 시작합니다. 영분별의 능력을 갖춘 사역자가 있다면 즉각 알아차리게 됩니다. 그런 사역자가 없는 기도모임이라고 한다면 성령이 충만히 역사하면 귀신은 그 사람에게서 더 이상 견딜 수 없어서 여러 가지 증상을 나타내기 시작합니다. 아무렇지도 않던 영적 삶에서 그 존재가 모습을 드러내기 시작하는 것입니다. 이상한 영적 현상들이 나타나고 앞에서 설명한 그런 전조 증상들이 표면에 나타나기 시작하는 것입니다. 이런 것을 경험하게 되면, 귀신이 자신에게 잠복되어 있었음을 깨닫고 전문 사역자와 함께 귀신을 예수의 이름으로 쫓아야 합니다. 축귀를 위한 기도는 "대적기도로 문제 해결하는 비밀"에서 다루었습니다. 그러나 조심할 것이 있습니다. 대부분의 사람들은 자신에게 귀신이 들어있다고 하면 굉장히 기분이 나빠합니다. 이것 역시 귀신들린 증거 중 하나인데, 그러므로 조심해야 합니다. 상처를 받게 되고 그로 인해서 축귀할 수 있는 기회를 잃게 되며, 마음의 문을 닫을 뿐만 아니라, 자신과의 관계마저 끊어버립니다. 귀신이 그렇게 하는 것이지요. 그러므로 섣불리 귀신들린 것 같다는 말을 해서는 안 됩니다. 먼저 준비 기도를 하고, 영적치유 전문가가 인도하는 성령이 충만한 집회에 참석하여 함께 말씀을 듣고 기도하면서 스스로 인정하게 해야 합니다. 자신이 영적인 문제가 있다고 인정이 되어야 축귀할 수가 있습니다. 지속적으로 집회에 참석하면서 안수를 받고 기도하면 귀신은 떠나가는 것입니다. 그러나 특정인만을 위한 기도회는 그 사람이 원하지 않거나 동의하지 않으면 피하는 것이 유익합니다.

귀신이 접근해서 영향을 끼치는 경우 가장 먼저 영이 이 사실을 알게 됩니다. 그러나 일반적으로 영에 대한 지식이 부족하고 특히 영이 강하지 못한 사람에게는 이 느낌이 단순한 육체적 또는 정서적인 변화일 것으로 오인하고 대수롭지 않게 여길 수 있습니다. 특히 영적인 것에 거의 경험이나 지식이 없는 일부 목회자들에게 있어서 이런 현상은 정신적인 스트레스나 심리적인 강박감 때문이라고 생각합니다. 이런 사람들은 성경을 따르지 않고 세상이 만들어 놓은 심리학이나 정신분석학의 입장을 따라서 그렇게 생각하는 것입니다. 귀신의 영향을 받으면 우선 자신에게 영향을 주고 있는 귀신의 존재가 지니고 있는 독특한 영적 분위기가 전달되어옵니다. 그렇게 되면 영적 감각이 무디어지기 시작하는데, 귀신은 우리 몸을 점령해서 육신을 파괴하기 위한 목적이기 때문에 몸이 무력해지고 답답해지기 시작합니다.

귀신이 들어오는 것은 특별한 사람에게 일어나는 일이 아닙니다. 질병은 누구나 걸릴 수 있고 예방하기 위해서는 정기적으로 검진을 하고 적당한 운동을 계속해야 하는 것처럼, 영적인 건강을 위해서 성령으로 충만한 예배에 참석하여 영적인 진단을 받아야 하며, 주기적으로 축귀를 해야 합니다. 자기가 자기를 검진하는 기도를 해야 합니다. 이는 12장에서 설명합니다. 귀신은 몰래 들어오는 존재입니다. 병 역시 몰래 우리 몸에 자리를 잡지 않습니까? 그래서 예방이 중요하고 정기적인 검진이 더 없이 필요하지 않습니까? 육신의 건강을 위해서 많은 신경을 쓰면서 영의 건강을 노략질 하려는 무서운 마귀와 귀신에 대해서 우리는 아무런 대비도 하지 않고 있었습니다. 이것은 의료시설이 터무니없이 부족했던 60-70년대 이전처럼, 병이 걸리면 숙명으로 받아들이고 체념했던 그 시절처럼, 지금 우리 교계의 교회들의 영적 건강 상태가 그렇습니다. 수많은 성도가 마귀와 귀신에게 시달리고 있지만, 아무도 이 부분에 대해서 심각하게 받아들이려고 하지 않습니다. 마귀와 귀신의 일을 멸하는 첨단에 서는 사람이 바로 영분별 능력을 지닌 축귀 사역자들입니다. 교회가 이들을 얼마나 많이 세우냐에 따라서 우리의 영적 건강이 제대로 지켜질 수 있습니다. 이들은 영적 의사입니다. 의사가 없는 동내는 낙후된 마을인 것처럼 영적 사역자가 없는 교회는 벽촌이나 마찬가지입니다.

당신의 교회를 60-70년대 이전의 초라한 모습으로 만들겠습니까, 초현대화한 문명의 교회로 만들겠습니까? 건물이 아무리 화려하다고 해도 그것은 별 의미가 없습니다. 저는 우리 교회를 강력한 성령의 권능으로 무장시켜 초현대화한 아름답고 질 높은 성령이 역사하는 영적인 교회로 바꿀 꿈을 가지고 달려가는 사람입니다. 하나님의 군사를 영성하고 있습니다. 상당히 힘이 들고 어려운 사역입니다. 당신이 이 일에 함께 나서야 합니다. 그러면 하나님이 당신을 축복하여 권능 있는 그리스도인이 되도록 하실 것입니다.

7장 귀신의 영향을 받을 때 느끼는 현상

(벧전5:8)"근신하라 깨어라 너희 대적 마귀가 우는 사자 같이
두루 다니며 삼킬 자를 찾나니"

하나님은 크리스천들이 영적존재에 대하여 바르게 알고보고 대처하기를 원하십니다. 많은 그리스도인들이 의외로 마귀나 귀신에 대한 지식이 거의 없다는 사실을 인식하지 못하는 채로 살아가고 있습니다. 마귀와 귀신의 이야기는 남의 나라 이야기쯤으로 여기는 것은 이 부분에 대해서 세상 사람들이 과학이라는 이름으로 무시하기 때문입니다. 목회자나 교회가 영적세계에 대하여 관심이 없기 때문입니다. 세상은 마귀의 영향 속에 있기 때문에 이들이 마귀와 귀신을 기피하는 것은 어쩌면 당연한 일일 것입니다.

그러나 교회는 그런 세상의 속임수를 따라가서는 안 되는 것은 물론이고, 나아가 적극적으로 마귀와 귀신의 정체를 드러내어 그 일들을 멸해야 할 의무가 있습니다. 성경은 "하나님의 아들이 나타남은 마귀의 일을 멸하려 함이라"고 기록하고 있습니다. 그러므로 무엇이 마귀와 귀신의 일인지를 분명하게 밝혀낼 수 있는 곳은 오로지 교회 밖에 없는 것입니다.

그리스도인에게 우선으로 해야 할 일이 마귀와 귀신의 영향을 제대로 인식할 있어야 한다는 사실입니다. 이 장에서는 비교적 단순한 귀신의 영향을 먼저 살펴보고자 합니다. 귀신은 우리의 육체

를 멸하기 위해서 그리스도인이든 불신자이든 상관없이 접근해서 육체를 지배하여 자신들이 하고자 하는 일을 하려고 합니다. 이미 앞 장에서 귀신들림의 잠복기에 대해서 언급했습니다. 이 장에서는 그 전단계이며, 광범위하게 나타나는 귀신의 영향에 대해서 다루고자 합니다. 귀신은 삼킬 자를 찾기 위해서 두루 다니면서 많은 사람들에게 영향을 끼칩니다. 그리고 기회를 엿보면서 종으로 삼을 사람이 어떤 깊은 상처를 받는 사건이 일어나면 그것을 발판으로 들어오게 됩니다. 태중이나 유아시절이나 소년시절이나 청년시절이나 장년시절이나 예수를 믿는 사람이나 상관하지 않고 침입을 합니다. 귀신은 무작위로 사람들에게 영향을 줍니다. 이것은 침투할 가능성을 엿보기 위해서 시험하는 것인데, 마귀의 시험에 대해서는 성경이 여러 부분에서 기록하고 있지만 귀신의 시험에 대해서 다룬 부분이 별로 없습니다. 성경은 이 부분에 대해서 거의 취급을 하지 않으며, 귀신 들리게 되는 배경이나 과정에 대해서도 자세하게 다루고 있지 않습니다.

단순히 하나님의 영광을 위해서 귀신들리게 될 수 있음을 지적하고 있는 정도입니다. 귀신은 우리의 육체를 점령하기 위해서 우리의 육체에 자극을 주기 시작합니다. 귀신은 영적 존재이지만 그 특유의 성향으로 인해서 우리 영과 접촉할 때 그 성격이 드러나게 됩니다. 이것을 귀신의 특성이요, 영향이라고 설명할 수 있습니다.

귀신이 접근해서 영향을 끼치는 경우 가장 먼저 영이 이 사실을 알게 됩니다. 그러나 일반적으로 영에 대한 지식이 부족하고, 특히 영이 강하지 못한 사람에게는 이 느낌이 단순한 육체적 또는 정서적인 변화일 것으로 오인하고 대수롭지 않게 여길 수 있습니다. 특히 영적인 것에 거의 경험이나 지식이 없는 일부 목회자들에게 있어서 이런 현상은 정신적인 스트레스나 심리적인 강박감 때문이라고 생각합니다. 이런 사람들은 성경을 따르지 않고 세상이 만들어놓은 심리학이나 정신분석학의 입장을 따라서 그렇게 생각하는 것입니다. 귀신의 영향을 받으면 우선 자신에게 영향을 주고 있는 귀신의 존재가 지니고 있는 독특한 영적 분위기가 전달되어옵니다. 그렇게 되면 영적 감각이 무디어지기 시작하는데, 귀신은 우리 몸을 점령해서 육신을 파괴하기 위한 목적이기 때문에 몸이 무력해지고 답답해지고 피곤해지기 시작합니다.

귀신의 영향을 받는 사람은 자주 어두운 분위기에 휩싸입니다. 까닭 없이 기분이 가라앉고, 자주 우울해지며 그 강도가 점점 심해집니다. 자주 불안해지고 초조해지며, 식은땀이 나는 전율도 경험하게 됩니다. 알 수 없는 어떤 영적 존재 같아 보이는 검은 물체나 기운이 자신을 향해서 스며들거나 다가오는 것 같이 느껴지기 시작하며, 잠들기 직전에 가위 눌림과 같이 답답함을 느끼며, 심해지면 바람과 같은 차가운 기운이 스며들거나 어두운 물체가 자신의 몸속으로 들어오는 것 같이 느껴집니다.

실제로 귀신이 들어오면 이 감각은 실제가 되어 몸이 마비되고, 악령이 바람처럼 마치 흡입구에 빨려 들어가는 것 같이 자신의 몸이 그 영을 빨아들이는 것을 느낍니다. 침투할 때 마치 공포영화나 전설의 고향에서 듣던 효과음 같은 음산하면서 뱀이 지나가는 것 같은 사악~ 사악~ 하는 소리가 들립니다. 초겨울 황량한 바람소리처럼 그렇게 스산한 분위기를 자아냅니다. 찬바람이 가슴으로 파고들기도 합니다. 때로는 이와 반대로 매우 화려하고 밝은 분위기 속에서 아주 신비한 형상을 한 존재가 다가오는데 그 얼굴은 검고 형체를 알아볼 수 없습니다. 밝은 분위기는 빛으로 인해서 밝은 것이 아니라, 인위적인 조명으로 인해서 밝은 것 같습니다.

주님의 임재나 천사가 등장할 때 나타나는 밝음은 그 조명이 어떤 방향을 지니고 있지 않으며, 밝음 속에 그냥 파묻혀 있는 것 같은데, 귀신이 가장해서 보여주는 밝음은 무대 조명과 같이 느껴지며, 그 밝음은 깊이가 없으며 외부에서 비춰주는 밝음입니다. 주님의 밝음은 방향도 없으며, 주님 자체가 빛이시므로 그 모습에서 퍼져 나오는 밝음은 세상의 빛과 분명히 다르다는 느낌을 받습니다.

귀신은 이와 같이 때로는 빛의 천사를 가장하는데 그 정도가 너무 지나쳐서 오히려 어설프게 보입니다. 우리가 귀신을 경험하게 되면 귀신은 매우 유치하고 치졸하다는 것을 곧 알게 됩니다. 마귀와는 달리 귀신은 무척 어설픕니다. 그 행위가 유치하며, 천박합니다. 고상한 면이 거의 없으며, 마치 삼류 연예인들의 화장술 같아서 품격이 떨어지고 화려하고 원색적이어서 곧 그 위장이 드러나게 됩니다. 주님을 경험하지 못한 사람에게는 이런 화려함이 오히려 눈을 끄는 대단한 경험처럼 여겨질 수 있을 것입니다. 그러나 진짜를 경험하게 되면 얼마나 유치하고 조잡한지를 알게 됩니다.

고귀한 인격을 만나지 못하면 그 삶이 천박해지고 어설퍼지고 본능적이 되는 것과 같습니다. 인격의 담금질이 없는 거친 삶을 사는 하류층처럼 귀신은 그렇게 천박하기 때문에 귀신의 영향을 받게 되면 행동이 천박해지고 본능적이 됩니다.

겉으로 보면 인격적인 사람 같은데 실제의 삶을 들여다 보면 본능적이고 동물적인 삶을 사는 사람들이 많습니다. 귀신의 영향을 받으면 삶의 태도가 거칠어지고 천박해지기 시작합니다. 언어가 거칠고, 행동이 지저분해지며, 가치관이 속물적으로 변하기 시작합니다. 귀신의 영향은 그에게 다가와 있는 영의 존재의 직무가 무엇이냐에 따라서 다르게 나타날 수 있습니다. 더러운 귀신이 영향을 주기 시작하면 씻는 것을 싫어합니다. 주변을 정리하는 일에 게을러지고 주변이 더러워집니다. 치우지 않아도 불편함을 느끼지 못합니다. 서서히 불결해지기 시작하는 것입니다.

속이는 귀신의 영향을 받으면 뻔히 들통이 날 거짓말을 자기도 모르게 불쑥하게 되며, 하고 난 직후 후회하는 일이 거듭됩니다. 그러면서 차츰 거짓말에 익숙해지기 시작하고 양심이 무디어 집니다. 이런 변화를 사람들은 단순한 습관이나 정서적 장애 정도로 보려고 하는 것은 세상이 귀신들 편이기 때문에 하나님은 물론이거니와 영적 존재 전체를 부인함으로써 귀신을 경계하지 못하게 하려는 마귀의 의도입니다.

가정 경제에 문제를 일으키는 귀신은 주변사람들을 동원하여 사기를 당하게 하거나 질병이 번갈아가면서 생기게 하여 물질이 새나가게 합니다. 자동차 사고가 나서 물질이 손해가 나게 하기도 합니다. 전세나 부동산을 매매할 때 순간 속게 하여 사기를 당하게 합니다. 자녀들이 멀쩡하게 놀이터에서 놀다가 넘어져서 다리를 다치기도 합니다. 이해하지 못할 일이 생겨서 물질이 새나가게 합니다. 문제를 해결할 때마다 돈을 빌리니 자꾸 채무가 늘어나게 됩니다.

특히 지식이 많다고 생각하는 사람들에게 귀신의 존재는 잊어진 이야기가 됩니다. 이들은 철저하게 세상(사단)이 만들어놓은 거짓 학문 체계에 속아서 살아갑니다. 그것이 지성인이 취할 태도라고 여기기 때문입니다. 높은 차원의 마귀는 세상의 학문을 장악해서 그들이 의도하는 방향으로 사람들을 몰아갑니다. 철저히 하나님을 부인하고 영의 세계를 부인하도록 하는 것입니다. 이런 사단의 의도에 다수의 목회자들도 휘말려 영의 일에 깊이 관여하는 것을 두려워하게 됩니다.

귀신의 영향을 받는 사람은 자주 거짓 영적 경험들을 하게 됩니다. 그것을 성령께서 주시는 것으로 착각하고 분별하려고 하지 않고 그냥 받아들이게 됩니다. 성령의 나타나심과 악령의 영향을 구분하지 못하기 때문에 모든 영적 경험을 다 받아들이게 됩니다. 분별없이 받아들이니 귀신이 떠나가지 않고 같이 사는 것입니다. 귀신이 거짓으로 보여주는 환상과 영적 감흥을 많이 받게 되며, 방언 역시 귀신으로부터 오는 악령의 소리가 섞여서 나오게 됩니다.

귀신의 영향을 받는 사람은 자신이 그것을 구분하기란 결코 쉽지 않습니다. 초기에는 영적 지식이나 경험이 없기 때문에 구분하지 못하며, 그 후에는 귀신이 이미 자신 속에 잠재되어 있기 때문에 스스로 떨쳐낼 수 없습니다. 귀신들림의 초기 단계인 영향을 받는 단계는 대수롭지 않게 여길 수 있지만, 이것이 위험하며, 그대로 방치하면 귀신들리는 불행한 결과가 오는 것입니다. 귀신의 영향을 받는 사람은 영을 분별하고 성령의 권능이 있는 사람에게 가면 그 증상이 나타나기 시작합니다. 그래서 성령의 역사를 악착같이 거부합니다.

교회 안에는 반드시 성령의 인도를 받는 카리스마가 있는 사람이 있기 마련입니다. 그런데 목회자가 관심이 없는 것이 문제입니다. 일반적인 교회에서는 영적인 분야에 관심조차 없기 때문에 귀신의 영향을 받는 사람뿐만 아니라, 육체의 질병이 들거나 마음에 상처를 지닌 사람들이 찬밥 취급을 당하면서 믿음 생활하는 것입니다. 목회자가 영적 분별력이 없다하더라도 영적인 실상은 인정해야 합니다. 그리고 그런 은사를 받은 사람을 발굴해서 길러내어 이 부분에 대한 치유가 이루어져야 하지만, 많은 목회자들이 이런 사실을 인정하려고 하지 않습니다. 영적인 면에 무지하고 어리석게도 세상의 학문체계로 이해하려고 듭니다. 신경과민이나 스트레스 때문이라고 무시하게 되기 때문에 아주 간단하게 치유할 수 있는 시기를 놓치고 심각하게 귀신들려 일생을 망치는 사람들이 얼마나 많은지 모릅니다. 교회에서 찬밥취급을 당하는 이들에 대한 책임을 누가 질 것인지를 곰곰이 생각해 보아야 합니다. 교회는 살아계신 하나님이 증명되어야 합니다. 살아계신 하나님이 증명되려면 목회자가 관심이 있어야 가능한 일입니다. 영적세계에 대하여 관심을 가집시다.

8장 귀신의 영향으로 발생 가능한 질병

(눅13:11)"열여덟 해 동안이나 귀신 들려 앓으며 꼬부라져 조금도 펴지 못하는 한 여자가 있더라"

성경을 살펴보면, 중풍병자, 손 마른 병, 혈루병, 문둥병(한센씨병), 간질병 등의 불치병이 귀신이 나가면서 즉시 고침을 받는 기록이 있습니다. 질병과 귀신들림은 밀접한 관계가 있음에 분명하며, 귀신들림은 곧 질병을 연상해도 좋을 만큼 깊은 연관을 가지고 있습니다. 모든 질병이 귀신에 의한 것이 아니고, 70-80% 정도는 귀신의 영향으로 질병이 발생할 가능성이 있습니다. 귀신은 우리의 육신에 침투해서 모든 기관을 장악합니다. 오감을 느끼는 모든 감각기관은 물론이거니와 신체 발달에 중요한 장기들에 영향을 주어 질병이 일어나게 하는 것입니다. 귀신이 신체의 어떤 부위를 장악하고 있느냐에 따라서 병증이 나타나게 됩니다. 귀신이 거하는 장소는 주로 배와 머리라는 것에 대해서 이미 설명하였지만 그곳은 거처하는 장소이며, 이들이 그곳을 배경으로 해서 우리의 신체 각각 부분에 영향을 주어서 우리를 괴롭게 하는 것입니다.

정신 즉 마음에 영향을 주면 우리가 흔히 보는 정신질환자의 증상을 나타냅니다. 정신병원에 입원시켜 치료를 해 보아도 전혀 고침을 받지 못하던 환자에게서 그 귀신을 쫓아내면 즉시 제 정신으로 돌아와 건강한 사람으로 회복됩니다. 다리 근육이 무력해져서 걷지도 못하던 사람에게 귀신을 쫓아버리면 그 즉시 근육에 힘이 나면서 바로 걷게 됩니다. 상당수의 질병이 귀신들림과 연관이 있습니다. 우리의 정서는 귀신들림이라고 하면 상당한 피해의식을 갖게 됩니다. 일반적으로 '당신에게 이런 질병이 있습니다.'라고 말하면 거부감이 없지만 '당신에게 이런 귀신이 들려있습니다.'라고 말하면 매우 불쾌해 합니다. 들어내어 거부하지 않더라도 귀신이 들렸다고 하면 속으로 불쾌해합니다. 본인이 인정하게 하는 것이 제일 좋은 방법입니다.

제가 질병을 치유하는 경우에서 보아도 상당수가 귀신으로 인해서 병이 든 것을 알 수 있지만, 환자의 정서적인 면을 고려해서 귀신이 들렸다고 밝히지 않고 단순한 질병을 치유하는 것과 같은 방식으로 기도합니다. 이 경우 성령의 임재를 요청하고 성령님이 치유하시도록 인도하게 되지요. 극단적인 귀신들림이 아닌 경우 명령기도를 하지 않거나 하더라고 짧고 간단하게 하기 때문에 주위의 사람들이 인식하지 못하며, 환자의 몸에 손을 얹고 방언으로 기도하면서 강력하게 축사를 하면 귀신은 나가고 환자의 병은 고침을 받습니다. 육체적 질병을 가진 환자는 분명한 의식을 가지고 있기 때문에 불가피한 경우를 제외하고 귀신의 존재를 밝힐 필요는 없습니다.

예수를 믿으면서도 자녀나 본인이 질병이 있어 고생하는 사람들을 만나 대화해보니 신앙생활을 열심히 잘하는 사람이 병들어 입원하는 경우는 드물었습니다. 70% 이상이 믿음 생활을 잘못했다고 대답했습니다. 어느 날 이런 여자 집사를 만나 기도를 해준 적이 있습니다. 읍 정도의 시골에서 살다가 시화로 올라온 여성도인데 대화를 해보니 이랬습니다. 시골에 있을 때 남편 집사는 남전도 회장을 했고, 여 집사는 여전도 회장을 했답니다. 그런데 가산이 점점 탕진되어 시화까지 올라온 것입니다.

그래서 내가 집사님 그렇게 남편하고 같이 교회 봉사하면서 예수님의 이름으로 했습니까? 아니면 집사님 부부의 얼굴을 드러내면서 했습니까? 하고 질문을 하니 아무런 대답을 하지 못하다가 하는 말이 교만했던 것 같습니다. 겸손하지 못하고…. 그래서 지금 믿음생활은 제대로 하고 있습니까? 질문하니 시골에서 그렇게 열심히 했는데도 아무것도 되는 것이 없어서 남편이 시험이 들어서 지금은 교회를 나가지 않는다는 것입니다. 그래서 무슨 병이 있어서 입원을 했느냐고 질문을 하니 간과 쓸개 그리고 신장에 결석이 생겨서 너무 통증이 심해서 일을 못하고 수술을 해서 치유를 받으러 왔다는 것입니다.

그래서 제가 예수이름으로 기도를 해드릴까요 했더니 기도를 해달라고 해서 머리와 등에 손을 얹고 성령이여 임하소서. 우리 사랑하는 딸이 하나님의 살아 역사하심과 지금도 변함없이 사랑하고 있다는 것을 체험하게 해달라고 하며, 간구한 후 "예수 이름으로 명하노니 쓸개에 있는 결석과 간에 있는 결석과 신장에 있는 결석은 부수어지고 소변으로 나올 지어다" "예수 이름으로 명하노니 쓸개에 있는 결석과 간에 있는 결석과 신장에 있는 결석은 부수어지고 소변으로 나올 지어다" "예수 이름으로 명하노니 쓸개에 있는 결석과 간에 있는 결석과 신장에 있는 결석은 부수어지고 소변으로 나올 지어다" 하고 명령을 했더니 기침을 한동안 사정없이 합니다. 기침이 멈춘 다음에 여 집사가 하는 말이 목사님 구멍이란 구멍으로 귀신이 다 나갑니다. 해서 내가 웃었습니다. 수술을 하려고 검사를 해보니 결석이 하나도 보이지 않아서 삼일 후에 퇴원을 했습니다. 그래서 제가 생계로 살기가 힘이 들어도 가까운 교회를 등록하여 열심히 신앙생활을 잘하라고 조언하니 이제 열심히 믿겠습니다. 하고 퇴원을 했습니다. 많은 질병이 귀신들림에 의한 것임에는 분명하지만 모든 질병이 귀신의 영향 때문은 아닙니다.

그러나 질병과 귀신들림은 아주 면밀한 관계를 가지고 있습니다. 귀신이 들리면 반드시 병증이 나타납니다. 모든 질병은 다 귀신들림과 연관이 있는 것은 아니지만, 모든 귀신들린 사람에게는 질병이 나타납니다. 이것은 피할 수 없는 결과인데 세균성 질환이나 유행성 질환이나 사고에 기인한 손상 등과 같은 경우를 제외하고 대부분의 질병은 귀신과 직접 또는 간접적으로 연관을 가집니다. 성경은 질병 가운데 특히 유전적인 질병이나 고질적으로 반복해서 나타나는 질환들이나 몸을 움직이는데 불편을 주는 지체 장애나 정신장애 등과 같은 장애질환이나, 난치병 또는 불치병과 같은 희귀성 질환 등은 귀신들림과 깊은 연관을 가지고 있음을 보여줍니다.

상당수의 난치병 질환의 배경에는 죄의 문제가 있습니다. 질병은 아니지만 경제적인 파경이나 가난 등과 같은 손상 역시 죄의 문제와 깊은 연관이 있습니다. 처리 되지 않은 죄는 마귀의 발판이 되고, 이것을 틈타서 귀신이 들어오며, 그 증상으로 질병이 나타나게 되는 것입니다. 죄에 기인한 질병은 주로 유전적인 질환들과 기질적인 장애에 근거한 질병으로 나타나게 되며, 따라서 상당수의 유전적 질환의 배경에는 귀신들림이 있다고 볼 수 있을 것입니다. 따라서 이들 질환에 대해서 치유를 하고자 할 때 귀신을 쫓아야 하는 절차가 필요합니다. 중풍병과 같은 기능성 장애를 일으키는 질환에 있어서 귀신들림이 많이 나타납니다. 몸이 기형으로 성장해서 팔 다리의 길이에 차이가 나는 질환에서도 귀신들림을 많이 봅니다. 귀신을 쫓으면 사람들이 보는 앞에서 짧아졌던 부위가 늘어나면서 정상으로 회복되는 놀라운 광경을 목격하게 됩니다.

귀신들림을 치유하는 기도에는 단순하게 명령기도만 있는 것이 아닙니다. 성령으로 충만하여 귀신이 스스로 물러나야 할 때가 되었을 때에는 사역자가 그곳에 온 사실 만으로 귀신은 스스로 떠나게 됩니다. 아무런 거부감이나 저항이 없이 조용하게 떠나는 귀신들을 주위에서는 알아차리지 못하고 환자도 알지 못합니다. 영적 감각이 예민한 사람은 몸에서 무언가가 빠져나가면서 몸이 날아갈 듯이 가벼워지는 느낌을 받았다고 말합니다. 제가 환자의 몸에 손을 가볍게 올려놓는 순간 몸에서 무언가가 쑥 빠져 나가면서 몸이 가벼워지고 날아갈 듯해서 일어나려고 하자 뒤에서 누군가가 일으켜 주어 가볍게 일어날 수 있었다고 말합니다. 짓누르던 것이 빠져 나가고 새 힘이 들어오는 것을 느끼게 됩니다. 반대로 병이 들 때 무언가 알 수 없는 것이 자신을 짓눌러서 지금까지 힘을 쓸 수 없었고 정신을 차릴 수 없었다고 고백합니다. 귀신이 자신에게 들어왔지만 알지 못했던 것입니다.

우리는 귀신이 들리면 정신질환자처럼 정신이 나가고 환청과 환상에 휘말려 폐인이 되는 것으로만 생각하기 쉽지만 이는 극히 일부에서 나타나는 심각한 귀신들림이며, 상당수의 귀신들림은 무기력하고 나약하게 만들며, 오랫동안 특별히 이렇다 할 질병도 없는데 건강하지 못하고 아침에 일어나는 것이 힘들고 쉽게 지치고 피곤하게 합니다. 만성적인 노이로제나 피로감에 쌓여 살아가는 것이 현대인들에게 있어서 과중한 업무로 인해서 오는 누적된 피로라고 여길 수 있습니다. 기도하기가 너무나 힘이 듭니다. 가슴은 답답한데 기도가 되지를 않습니다. 이와 같은 증상이 귀신들림의 일반적인 증상들과 같습니다. 그래서 제대로 인식하지 못하고 귀신을 쫓으려고 생각하지 못합니다. 이런 증상이 있는 분들이 부흥회나 능력 집회에 참석해서 은혜를 받으면 날아갈 듯이 몸이 가벼워지고 아침에 일어나는 일이 힘들지 않으며, 하루 종일 일을 해도 피곤하지 않습니다. 왜 그럴까요. 귀신이 쫓겨 나가고 우리 몸이 회복되었기 때문입니다.

늘 만성적인 두통으로 고생하던 부인에게서 귀신을 소리 없이 쫓아내자 그녀는 당장에 두통이 사라지고 머리가 수정처럼 맑아졌다고 하면서 얼마나 기뻐하는지 모릅니다. 대부분의 만성적 두통 또는 편두통은 귀신들림으로 인해서 일어나는 경우가 많습니다. 만성적인 질환에 있어서 우리는 귀신들림을 의심해 볼 필요가 있습니다. 귀신들림은 특별한 사람에게만 나타나는 일이 아니며, 정신질환자처럼 정신이 나가는 폐인이 되는 것만 귀신들림이 아닙니다. 가벼운 질환에서부터 시작해서 다양한 장애질환이나 만성적 소모적 질환 등과 같은 속칭 '고질병'에서 귀신들림이 많이 나타납니다.

축농증을 치유 받은 분의 간증입니다. 개별 집중기도 치료 받았던 김 집사입니다. 목사님이 어디서 왔냐고 질문하셔서 대전에서 왔다고 했는데 기억하실런지요?

그때 제가 기도가 막히고 축농증 수술후유증으로 목에서 가래가 심하다고 올려서 목사님께서 집중기도 해주셨습니다. 제가 유아 때부터 축농증 때문에 고생하다 어른이 되어서 수술을 받았는데 재발하는 바람에 3번이나 했고, 후유증 때문에 몹시 어렵고 고통을 많이 당했습니다. 좋다는 것 다 먹어보고, 고칠 수 있다는 한의원에 가서 침 치료를 받았지만, 평생 가지고 살아야 한다고 말했는데…. 목사님의 기도로 깨끗이 완치되어 너무 기쁘고 감사해서 이렇게 메일 보내드립니다. 그날 가기 전에 철야 기도도 하고 했는데…. 점점 기도가 힘들어지고 게다가 환경도 막혀 막막했는데…. 아는 지인의 소개로 목사님을 알게 되어 바로 서점가서 목사님의 저서를 읽고 망설일 틈도 없이 바로 서울에 올라갔습니다. 가기 전까지도 마음이 힘들고 이런저런 어려운 마음을 안고 갔는데…. 대전에 올 때는 코와 목도 시원하게 치료받고 마음도 가볍고…. 목사님의 말씀대로 기도도 해보니 전에 느끼지 못한 변화가 느껴집니다. 감사합니다. 이렇게 축농증도 성령을 충만한 상태에서 집중기도하면서 내적치유와 축귀하면 즉석해서 치유가 됩니다.

우리는 건강한 삶을 살기 위해서 정기적으로 검진을 받습니다. 의사들은 이것이 건강을 지키는 절대적인 것이라고 강조합니다. 그러나 이런 조언에 따라서 정기적으로 검진을 받는 사람이 얼마나 되겠습니까? 그래서 병에 걸려 치유시기를 놓친 불행한 사람들이 있는가 하면, 평생 병원 문턱에도 가보지 않았지만 건강하게 사는 사람이 있습니다. 이와 같은 이치로 일상적으로 성령 충만한 생활과 주기적으로 축귀를 하는 것이 중요합니다. 그러나 한 번도 축귀하지 않고도 건강하게 살 수 있을 수도 있습니다. 그러나 우리가 영적으로 육체적으로 건강하게 살고자 한다면 주기적인 자기 축귀가 필수적입니다. 의사가 정기검진을 권하듯이 저는 성령으로 충만한 믿음 생활과 정기적인 축귀를 권합니다. 자기 축귀는 물론이거니와 영의 분별의 은사를 가진 전문가의 검사를 받기를 권합니다. 그들은 우리를 건강하게 살도록 하나님께서 우리 가운데 세워준 사역자입니다. 의사가 별로 없었던 60년대 우리는 질병이 생겨도 웬만하면 참으면서 지내야만 했습니다. 그래서 간단한 질병에도 고통스런 삶을 살아야만 했습니다. 그러나 지금은 많은 병원과 의사가 있습니다. 얼마나 행복한 일입니까?

지금 우리의 영적인 문제를 해결하려면 극소수의 이름이 알려진 치유사역자에게 가야만 합니다. 곁에는 그럴만한 사역자를 찾을 수가 없는 것이 현실입니다. 제대로 된 병원이 없었던 그 시절처럼, 지금 역시 제대로 된 사역자의 도움을 받기란 무척 어렵습니다. 그래서 주치의를 가지고 산다는 것은 꿈도 못 꾸듯이 영적 삶에 도움을 받을 능력 있는 사역자를 만나기가 하늘의 별 따기 같습니다. 자신! 스스로 항상 자신의 영적 상태를 점검하십시오. 자신이 스스로 처리할 수 있는 부분이 있지만 그렇게 할 수 없는 부분이 있습니다. 이는 하나님이 우리 서로에게 빚을 지게 하게 하려는 의도 때문입니다. 모든 그리스도인은 서로 사랑의 빚을 져야 합니다.

저는 스스로 돈을 버는 길이 차단되었기 때문에 하나님에게 의지하며 살아갑니다. 하나님이 성도들의 마음을 감동시켜서 헌금을 하게 해주십니다. 이 헌금으로 제가 살아갑니다. 또, 성도들이 성령의 감동에 순종하니 성도들은 저를 통해서 영적 지식과 권능을 공급 받습니다. 이처럼 서로가 서로에게 주고받을 때 사랑이 우러나오게 되며, 이 사랑이 모든 것을 온전하게 하는 것입니다. 귀신들림은 아주 특별한 사람에게나 있는 일이 아닙니다. 질병이라는 증상으로 우리 곁에 아주 흔하게 나타납니다. 스스로 축귀를 하십시오. 이 방법에 대해서는 이미 여러 곳에 글에 다루었습니다. "대적기도로 문제 해결하는 비밀"을 보시면 됩니다. 건강한 삶을 사는 것이 하나님이 원하시는 바이며, 우리가 소망하는 세계이지요. 경제적으로 어려움을 만나 슬퍼하고 있습니까? 귀신들림의 한 증상이 경제적인 손해를 입는 것이 있습니다. 귀신은 죽이고 멸망시키려고 왔기 때문입니다. 제일 좋은 것은 스스로 권능을 받아 자기 자신이 축귀하는 것입니다. 조금만 관심을 가지고 훈련하면 할 수가 있습니다.

충만한 교회에서는 매주 목요일 밤 19:30- 성령 ,은사, 내적치유 집회를 정기적으로 진행하고 있습니다. 성령체험을 원하시는 많은 분들이 찾아오셔서 성령세례를 받고, 성령은사를 받으며, 질병과 마음의 상처를 치유 받고, 귀신들을 떠나보내고 있습니다. 성령으로 기도하며 성령의 강력한 역사가 일어나서 오시는 분들이 많은 은혜를 받고 있습니다.

9장 사람 속에 있는 귀신의 견고한 진

(고후10:4)"우리의 싸우는 무기는 육신에 속한 것이 아니요 오 직 어떤 견고한 진도 무너뜨리는 하나님의 능력이라"

하나님은 자신 안에 귀신이 처소를 만들지 못하도록 영적인 관리를 잘하기를 소원하십니다. 사람의 몸속에 악귀가 숨어있는 비밀 처소가 있을까요? 얼마 전이 지방에서 올라온 목사님이 상담을 요청했습니다. 내용은 이렇습니다. 내 배속에서 주먹만 한 것이 돌아다닙니다. 그러면서 기도가 잘 안되고 의지가 약해지는 것 같습니다. 분명하게 내 안에 귀신이 있는 것 같습니다. 제가 누우라고 하고 성령의 임재를 요청하고 안수를 했습니다.

그러자 배에서 불룩불룩하는 주먹만 한 것이 드러나는 것입니다. 예수 이름으로 귀신의 견고한 진은 파괴될지어다. 더러운 귀신은 떠나갈지어다. 대장 귀신은 앞서서 나올지어다. 하고 한 삼 십 분간 축귀를 했습니다. 오물을 통하면서 귀신이 떠나갔습니다. 그러자 주먹만 한 덩어리가 없어졌습니다.

지난 6월 초에 내적치유 집회를 하는데 지방에서 사역을 하는 전도사가 치유를 받으러왔습니다. 지방에서 치유를 받겠다고 왔으니 의지가 대단한 것입니다. 집중 치유를 위해 선교 예물을 올렸는데 봉투에다가 자신 안에 있는 상처를 "성령의 불로 태워주시옵소서" 하고 적어서 올렸습니다. 내가 성령의 불로 태워서 없어지는 것이라고 누가 알려주더냐고 물었습니다.

대답을 하지 않습니다. 그래서 앞으로는 "성령의 강한 역사로 상처가 떠나가게 하옵소서"하고 기도를 하라고 했습니다. 상처는 태워서 없어지는 것이 아니고 떠나가야 합니다. 절대로 타서 없어지지 않습니다. 기도 시간에 진단을 하니 가슴과 배에 악한 영이 견고한 진을 단단하게 구축하고 있었습니다. 배가 불룩불룩한다고 본인이 말을 하는 것입니다.

지속적으로 성령의 불을 집어넣어 치유를 했습니다. 이틀이 지난 다음부터 서서히 역사가 일어나기 시작을 했습니다. 3일차 태아상처 치유시간에 완전하게 귀신의 견고한 진이 파괴되었습니다. 기침을 말로 표현하지 못할 정도로 했습니다. 가슴에서 배에서 악한 영들이 토하면서 기침을 하면서 떠나갔습니다. 제가 성령님에게 언제 이것들이 들어와 가슴과 배에 견고한 진을 구축했습니까? 하고 물었더니 축귀사역을 할 때 들어와 진을 구축했다는 것입니다. 본인에게 물었더니 축귀사역을 하다가 보니 환경이 꼬이고 가슴이 답답하고 기도가 되지 않아 5년 동안 고통을 당하다가 치유를 받으러 왔다는 것입니다. 이런 경우는 자신이 성령으로 충만하지 못한 상태에서 사역을 하니 악한 영들이 방해 역사를 하는 것입니다. 제가 앞으로는 관리를 하면서 사역을 하라고 했습니다.

한번은 이런 일이 있었습니다. 지방에서 올라온 성도인데 분명하게 영적인 존재가 장악하고 있어서 상당히 오랫동안 안수를 했는데도 꼼짝을 하지 않습니다. 갑자기 성령께서 배를 만져보아라, 하십니다. 그래서 배에다가 손은 대니 성인 주먹보다 큰 덩어리가 잡힙니다. 살짝 누르니 아프다고 소리를 지릅니다. 필자가 직감적으로 귀신의 집이구나, 하고 손을 대고 "상처와 같이 형성된 귀신의 집은 예수이름을 파괴될지어다." 하니까, 성도가 숨을 몰아쉬기 시작을 합니다. 조금 있으니 기침과 함께 가래가 나오면서 귀신이 떠나가기 시작을 했습니다. 이로보아 귀신의 집이 파괴되지 않으면 귀신은 떠나가지 않는다는 것입니다.

이런 여러 경우를 보아 알 수 있는 것은 사람의 몸속에 귀신의 비밀 처소가 있다는 것입니다. 이것을 인정해야 귀신으로 부터 해방을 받을 수가 있습니다. 이는 정말 이해하기가 힘이 들지만 이해해야 하는 비밀입니다. 영적인 세계는 사람의 이론이나 지식으로는 이해가 불가능하기 때문입니다. 영적인 세계는 참으로 이해하기 힘든 일이 많이 있습니다. 심하게 귀신들리면 정신병자와 같은 증상을 나타냅니다.

성경에 공동묘지에서 생활하는 군대 귀신들린 사람처럼, 아무도 제어할 수 없는 굉장한 힘을 지닙니다. 장정 몇 사람이 다루어야 겨우 제어할 수 있을 정도입니다. 이런 힘이 어디에서 나오는 것일까요? 많은 무리의 귀신이 그 사람을 점령하고 모든 기능을 통제하기 때문입니다. 이렇게 심각하게 귀신들린 사람은 그 사람의 몸속에 귀신의 견고한 진이 있습니다.

"귀신의 견고한 진"이라는 말은 성경에 구체적으로 언급되어 있지 않지만, 귀신들이 사람의 몸에 무리를 지어 한 곳에 모여 있기 때문에 이렇게 표현하는 것입니다.

오해하지 마시기를 바랍니다. 귀신이 무리를 지어 사람의 몸에 머물러 있기 때문에 큰 힘을 내게 되는 것입니다. 귀신들도 무리로 모이면 그 속에 질서가 있어서 무리를 통솔하는 우두머리 귀신이 있습니다. 우두머리 귀신은 여러 졸개들을 거느리고 있습니다. 서열이 낮은 귀신은 서열이 높은 귀신에게 절대로 복종하게 되는 위계질서를 가지고 있습니다. 심각하게 귀신들린 사람에게 단순히 '귀신아 물러가라'라고 명령하면 귀신은 물러가지 않고 다만 잠잠하게 됩니다.

축사의 경험이 없는 사람은 이런 모습을 보고 귀신이 쫓겨나갔다고 생각할 것이지만 이는 귀신이 그 사람을 속이는 행위입니다. 성경에 주님이 귀신을 쫓을 때 명령으로 내어 쫓았기 때문에 우리도 명령만 하면 귀신이 쫓겨나간다고 생각합니다. 귀신을 쫓는 능력은 주님의 것이지 우리의 것이 아니기 때문에 그렇다고 주장합니다. 그러나 이런 주장은 현실을 모르는 사람의 일방적인 말일 뿐입니다. 능력은 주님으로부터 부여 받는 것임에는 이의가 없습니다. 그러나 그 능력이 자신에게 주어진 이후에는 자기에게 고정되게 됩니다. 이 능력을 얼마나 효과적으로 개발하고 사용하여야 하느냐 하는 문제는 전적으로 자신에게 달려 있습니다. 잘 사용하면 상급이 있지만, 잘못 사용하면 고통을 당합니다. 주어진 능력이 효과적으로 적용되어 사람들을 살리기 위해서는 남다른 노력이 필요한 까닭이 여기에 있는 것입니다. 반드시 성령의 인도를 받는 바른 영 분별력을 길러야 한다는 말입니다. 주어진 능력을 지속적인 하나님과 관계를 열고 내면을 정화하며 능력을 개발하고 발전시켜서 자기에게 고정 되도록 하는 노력은 그 사람의 몫입니다. 날마다 성령 충만 해야 하고 기름부음이 끊이지 않도록 해야 합니다. 그렇지 않으면 그 능력은 쉽게 사라집니다.

귀신을 내어 쫓기 위해서 명령해야 합니다. 그러나 이 명령은 단순하지만은 않습니다. 주어진 능력의 한계와 상대방의 능력이 어떠하냐에 따라서 적용이 매우 달라집니다. 즉 상황마다 적용법이 달라진다는 것입니다. 단순히 명령만 하면 모든 귀신이 쫓겨나가는 공식적인 것이 아닙니다. 순간순간 성령님과 교통하며 레마를 듣고 명령하고 행동해야 합니다. 귀신은 사람의 몸에 들어와 그를 점령하면 벌이 벌집을 짓듯이 귀신의 견고한 진을 만들기 시작합니다. 이 기간이 사람에 따라서 귀신의 능력에 따라서 다르겠지만 보통 1년에서 2년 정도 걸립니다. 3년 정도 지나면 귀신의 견고한 진은 달걀 크기 정도로 자랍니다. 귀신이 들어온 수자에 따라 귀신의 견고한 진의 크기가 다릅니다. 수자가 많으면 직경이 20센티 정도의 크기로 지어집니다. 귀신의 수자가 10여개 이하이면 달걀 크기정도가 됩니다. 귀신이 견고한 진을 지으면 그 힘이 강해집니다. 그리고 집이 파괴되지 않는 한 절대로 나가지 않습니다. 귀신을 내어 쫓기 위해서는 이 귀신의 견고한 진을 파괴하는 일부터 해야 합니다. 명령하면 귀신은 이 견고한 진속으로 숨어버립니다. 그러면 외견으로 보아 귀신이 쫓겨나간 것 같습니다. 환자도 귀신으로부터 자유를 얻은 것처럼 느낍니다. 그러나 귀신의 견고한 진이 파괴되지 않은 상태에서 나타나는 모든 현상은 속임수입니다.

귀신의 견고한 진은 주로 배에 있습니다. 명치끝에 많이 뭉쳐있습니다. 손을 대지 못할 정도로 통증을 느낍니다. 어떤 분은 가슴에 또는 갈비 밑에 뭉쳐있는 분들도 계십니다. 특이한 것은 병원에서 CT를 찍어도, MRI 검사를 해도 나타나지 않습니다. 병원에서는 원인을 알지 못합니다. 아프기는 아픈데 나타나지를 않습니다. 나타나지 않고 원인을 찾지 못하니 불치병이라고 합니다. 이 귀신의 견고한 진은 단 기간에 치유되지 않습니다. 덩어리가 뭉쳐 집을 짓기까지 상당한 기간이 흘렀기 때문에 그 만큼 치유에 시간이 걸립니다. 집중적으로 2-3일 성령의 역사를 체험하면서 치유하면 부수어지기 시작을 합니다. 성령의 역사로 귀신의 견고한 진이 파괴 되어도 일정 기간 동안 통증은 남아있는 것이 보통입니다. 지속적으로 성령의 불을 집어넣으면서 집중 치유를 합니다. 어느 분은 육 개월이 지나니까, 통증이 없어지고 완치되었습니다. 가슴이 아파서 바로 눕지도 못하고 엎드리지도 못하여 옆으로 누워서 잠을 자다가 오셔서 완전하게 치유를 받았습니다. 치유가 되니 가족 모두가 좋아했다고 합니다. 병원에서 불치병이라고 했는데 치유되어 자녀들에게 살아계신 하나님을 체험하게 하는 계기가 되었다고 합니다. 귀신의 견고한 진은 성령의 불세례를 체험하고 깊은 영성과 성령의 권능이 함께하는 사역자가 치유할 때 정체를 드러냅니다. 배에 손을 얹고 기도하면 적어도 10-20여분 이내에 귀신의 견고한 진이 표면에 나타나게 됩니다. 달걀 크기만 한 동그란 근육덩어리가 배 속에서 솟아나 안수하는 사람의 손을 피해 이리저리 달아납니다. 배 표면을 이리 저리 굴러다니면서 손길을 피하려고 합니다. 이렇게 되면 환자는 극심한 고통으로 인해서 얼굴을 찡그리고 발버둥을 칩니다. 이렇게 귀신의 견고한 진이 드러나면 축사자는 귀신에게 몸에서 떠날 것을 명령합니다. 성령으로부터 지식의 말씀을 받아가면서 축귀를 합니다. 이때 성령께서 알려준 귀신의 이름을 거명하면서 나갈 것을 명합니다. 호명된 귀신은 그 즉시 떠나게 되지만 대장 귀신은 쉽게 떠나지 않습니다. 졸개들이 나가면서 이제 다 떠났다거나 예들아 나가자 하든가, 이놈은 너무 힘이 강해서 우리가 견딜 수 없다. 자~ 모두 나를 따라 나가자 하면서 나갑니다. 그런데 귀신의 견고한 진이 아직 손에 느껴진다면 이는 거짓말입니다. 그럴 때 귀신아 왜 나를 속이려 하느냐 너를 예수님이 가지고 계시는 상자에 집어 넣어야겠다고 위협하면 속임수가 들켰기 때문에 더 이상 저항하지 못하고 나가게 됩니다. 귀신이 쫓겨 나가면 귀신의 견고한 진은 그 즉시 소멸합니다. 때로는 도무지 참지 못하게 되면 귀신은 적당히 타협하려고 합니다. 이 타협은 절대로 받아들일 수 없습니다. 환자를 죽이겠다고 위협도 합니다. 그래도 타협해서는 안 됩니다. 귀신의 견고한 진이 대부분 배에 있지만, 드물게 머리에 있는 경우가 있습니다. 머리에 있는 귀신의 견고한 진은 손에 잡히지 않습니다. 배에 있는 귀신의 견고한 진은 축사에 참여한 사람이면 누구나 만져볼 수도 있고 눈으로 볼 수도 있습니다. 그러나 머리에 있는 귀신의 견고한 진은 만지거나 볼 수는 없습니다. 이 귀신의 견고한 진은 열기나 냉기로 느낍니다. 손에 열기나 냉기가 느껴지며 이 귀신의 견고한 진이 손 안에서 벗어나려고 이리 저리 옮겨 다니기 때문에 축사자는 계속 그 느낌을 따라 손을 옮겨야 합니다. 귀신의 견고한 진이 축사자의 손에서 벗어나면 안 됩니다. 계속 추적하면서 안수하고 명령하여 귀신을 쫓아야 합니다. 머리에 귀신의 견고한 진이 있는 환자는 귀신이 들린지 얼마 되지 않아 아직 배에 견고한 진을 마련하지 못한 귀신의 경우이거나, 축사자에게 축사를 당해서 일부는 쫓겨나가고, 잔당의 무리가 머리로 도망해서 머무르고 있는 경우입니다. 머리에 있는 귀신은 명령만 하면 쉽게 사라집니다. 그만큼 근거가 약하기 때문입니다.

귀신들린 사람은 눈으로 외부의 귀신을 불러들여 도움을 청하기도 합니다. 그러므로 눈에 손을 얹어 안수해야 합니다. 한 손은 귀신의 견고한 진에 다른 한 손은 눈에 얹고 기도합니다. 간혹 눈을 심하게 압박하여 실명하게 하는 사고를 저지르는 서툰 사역자가 있어 물의를 빚기도 하는데, 절대로 물리적인 힘을 가해서는 안 됩니다. 오직 영적 힘으로만 귀신을 내어 쫓을 수 있다는 사실을 잊지 마십시오. 어떤 물리적인 힘도 필요 없습니다. 다만 발작이 심하여 축귀하가 힘든 경우는 사역자가 판단하여 안정을 취하는 방법(병원입원)들을 안정을 취하게 한 후 사역을 해야 합니다. 환자를 올라타고 강하게 힘을 주어 제압하려는 행동도 역시 잘못된 것입니다. 사역자는 어떤 물리적인 힘도 사용해서는 안 됩니다.

　귀신의 견고한 진이 손 안에서 스스로 사라지면 귀신은 다 쫓겨나간 것입니다. 그러나 완전히 치유된 것이 아닙니다. 상당한 기간 동안 말씀을 듣고 안수를 받으며 자기 자신이 스스로 싸울 수 있는 권능이 있을 때까지 전문적인 사역자의 지도를 받으며 치유를 받아야 합니다. 저는 우리 충만한 교회 같은 곳에서 최하 일 년 동안 집중적인 영성훈련을 받아야 스스로 자립할 수 있다고 믿고 있습니다. 무엇보다 스스로 자립하는 신앙이 중요합니다. 왜냐하면 떠나간 귀신이 신앙이 나태해지면 또다시 침입을 하여 자리를 잡기 때문입니다. 그러므로 천국에 갈 때까지 마음을 놓아서는 안 됩니다.

　귀신들린 지 10여년씩 지난 사람의 경우 귀신의 견고한 진은 직경이 10센티 이상입니다. 그리고 매우 딱딱하고 견고합니다. 심지어는 배 전체를 덮는 큰 귀신의 견고한 진도 있습니다. 이런 경우 귀신의 견고한 진이 환자의 복부 전체를 덮어 배 전체가 딱딱한 콘크리트 같습니다. 굳어진 근육 덩어리가 불룩 솟아올라 몇 시간 씩 전혀 꺼지지 않고 있습니다. 힘을 주어 눌러보아도 꿈쩍을 하지 않습니다. 그런데도 환자의 얼굴은 정상적입니다. 일부러 배에 힘을 주어 근육이 솟구치게 하려면 얼굴이 상기되고 호흡을 멈추고 배에 힘을 주어야 가능합니다. 그런데 귀신의 견고한 진은 그런 환자의 힘이 전혀 들어가지 않은 상태에서 나타나 몇 시간씩 솟아오르며 그 근육 덩이가 이리 저리 굴러다닙니다. 3-5살 먹은 아이에게서도 이런 현상이 일어납니다. 저는 많이 체험을 했습니다.

육체적으로는 전혀 불가능한 현상입니다. 배에 힘을 주고 있는 순간은 호흡을 전혀 할 수 없지요. 호흡을 하는 순간 근육은 주저앉고 맙니다. 그런데 귀신의 견고한 진은 사람이 일부러 만들어내는 것이 전혀 아닌 귀신의 힘에 의해서 만들어진 그들의 근거입니다. 이 근거가 부서지지 않고서는 귀신은 나가지 않습니다. 귀신의 견고한 진을 찾아 그 근원을 철저히 깨는 것이 축사 사역자가 할 일입니다. 이 귀신의 견고한 진은 모든 귀신에게 반드시 있습니다.

적어도 1년 이상 심각한 귀신들림으로 고생하고 있는 사람이라면 반드시 있습니다. 이 귀신의 견고한 진을 찾아내는 것은 간단합니다. 배와 머리에 손을 얹고 기도하면 됩니다. 적어도 10분 이내에 손 밑에 동그란 근육덩이가 마치 공 구르듯이 굴러다니는 것이 느껴지고 그 근육덩이가 배 표면으로 솟아올라 눈으로 확인할 수 있을 정도로 불룩하게 올라옵니다. 주변에 있는 다른 사람들이 손으로 만져볼 수 있습니다. 축사 자는 함께 참여한 사람들에게 손으로 느껴보도록 기회를 주는 것도 좋습니다. 처음 이런 것을 경험한 사람들은 신기해합니다. 자신의 손을 피해 이리 저리로 굴러다니는 귀신의 견고한 진이 신기한 것입니다. 그러므로 축귀 사역자는 부단하게 영성을 개발하여 깊은 차원의 사역을 해야 합니다. 두려워하지 말아야 합니다. 반드시 말씀과 성령으로 치유가 됩니다.

10장 귀신 쫓는 권능을 개발하는 법

(행8:7-8) "많은 사람에게 붙었던 더러운 귀신들이 크게 소리를 지르며 나가고 또 많은 중풍병자와 못 걷는 사람이 나으니, 그 성에 큰 기쁨이 있더라."

하나님은 귀신으로부터 고통을 당하는 성도들을 구원하기를 소원하십니다. 하나님은 성령으로 인도하시면서 귀신을 쫓아내는 권능을 개발하도록 하십니다. 귀신을 쫓아내는 것은 전적으로 성령께서 하시기 때문입니다. 귀신이 떠나가는 것은 자신(환자) 안에 성령으로 가득 채워지면 귀신이 밀려서 나가는 것입니다. 능력있다는 목사가 귀신을 불러서 내보내는 것이 아니고, 자신(환자) 안에 성령으로 채워지니 귀신이 성령의 권능에 의하여 스스로 물러가는 것입니다. 그렇기 때문에 성령으로 세례받고 충만하게 채워지지 않으면 귀신을 떠나가지 않습니다. 아무리 떠나가라. 떠나가라. 열시간 소리를 질러도 떠나가지 않습니다.

그렇기 때문에 귀신을 축귀하는 사역자는 성령의 인도를 받으며 성령의 권능으로 귀신을 축귀하는 다각적인 방법을 터득해야 합니다. 귀신을 축귀하려면 먼저 성령으로 세례를 받아야 합니다. 그리고 내면의 상처를 치유해야 합니다. 내면의 상처를 치유하면서 자신의 혈통에 역사하는 귀신을 축귀하여 사역자 자신을 깨끗하게 해야 합니다. 귀신을 쫓는 권능은 우리가 생각하는 것처럼 화려한 능력은 결코 아닙니다. 대중 집회에서 귀신에게 명령하여 내어 쫓는 모습을 보았을 것입니다. 귀신의 정체가 드러나고 축사하는 사람에게 꼼짝하지 못하다가 명령하면 겁에 질려 쓰러지는 모습을 보면서 축사가 간단하다고 생각하기 쉽습니다. 멀쩡하게 보이는 사람이 갑자가 귀신 들린 모습을 하고, 그 입에서 귀신 소리가 나오면서 얼굴이 일그러집니다. 축사하는 사람을 두려워하다가 명령이 떨어지면 땅에 꼬꾸라지는 모습을 우리는 대중 집회에서 흔히 목격하는 일입니다. 그러나 이런 일은 진정한 축사의 모습은 아닙니다. 이것은 사람들에게 귀신의 정체를 보여주기 위한 것이며, 귀신은 그렇게 간단하게 쫓을 수 있는 대상이 아닙니다. 물론 그런 방법을 통해서 쫓을 수 있는 귀신들도 있습니다. 그러나 대부분의 귀신들은 그런 단순한 방법으로는 쫓아지는 것이 아님을 우선 알아야 합니다.

귀신은 마귀의 낮은 계급에 속하는 무리들입니다. 이들은 천상의 계급 가운데 가장 낮은 계급인 천사들과 같은 부류에 속한 무리들이었습니다. 이들이 타락해서 귀신이 되었습니다. 이 귀신은 지역을 장악하는 '지역 귀신'과 사람의 육체를 장악하는 '육체 귀신'으로 크게 나뉩니다. 축사의 은사를 받은 사람은 이 두 가지 귀신을 다 다룰 수 있는 사람이 있지만, 때로는 어느 한 가지만 다루는 사람도 있습니다. 축사의 은사가 임한 사람이 그 사실을 깨닫게 하는 증거는 크게 두 가지가 있습니다. 영적 감각이 예민해져서 도처에서 귀신의 존재를 인식하게 됩니다. 감각은 신체적인 것과 정신적인 것이 있는데 이 두 가지를 통해서 깨닫게 하십니다. 신체적 감각이란 귀신이 있는 사람을 만나거나 장소에 들어가면 소름이 끼치고 거북하거나 압박감을 느끼는 것입니다. 헛구역질이 나거나 소름이 끼쳐 닭살이 돋고 피부에 전기가 흐르는 느낌을 받습니다.

시궁창 냄새가 나고 역겨워지며, 중압감을 느껴 답답해집니다. 몸으로 느끼기 시작하면서 몸이 괴로워지고 피곤해집니다. 도처에 귀신들이 있으므로 그런 곳에 갈 때마다 몸으로 그런 현상들이 나타나기 때문에 달갑지 않습니다. 초기에는 집중적으로 이런 형태의 느낌이 강하게 나타나는데 이는 자신에게 귀신을 쫓는 권능이 임했음을 깨닫게 하려는 주님의 배려인 것입니다. 소름이 끼치고 닭살이 돋고 심하면 정신이 혼미해지며, 어지러움을 느끼고 전신이 전율하는 진동을 느끼며, 두려운 생각이 들고 공포가 밀려들어옵니다. 이런 일을 처음 경험하는 초보 축사 사역자에게는 달가운 일이 아닙니다. 몸에 벌레가 기어가는 이물감을 느끼고 때로는 쑤시고 아프기도 합니다.

이런 육체적 증상과 더불어 정신적(영적) 증상도 나타납니다. 수시로 검은 물체가 눈에 띄기 시작합니다. 아주 불쾌한 기분과 함께 때로는 섬뜩한 기분이 들면서 자신의 주변에 검은 존재가 접근하는 것을 느낍니다. 귀신 들렸거나 영향을 받고 있는 사람을 만나면 그 주변에 검은 그림자가 드리워져 있는 것을 보거나 느끼게 됩니다. 역겨운 냄새가 나고, 눈에 귀신의 형상이 보입니다. 이런 환상을 보면 절대로 즐겁지 않습니다. 수시로 자신의 주변을 배회하는 악한 영들을 느끼거나 보게 됩니다. 마귀의 시험이 들어있는 사람을 만나면 그들이 받고 있는 악한 영의 영향을 그대로 느끼게 됩니다. 당사자는 모르지만 축사의 은사를 받은 사람은 느끼고 압니다. 그들이 생각하는 생각의 근원이 어디서 온 것인지를 알게 되며, 그 생각이 어떤 것인지도 알게 되어 불쾌해집니다. 마귀의 시험에 들어있는 사람들을 만나면 그들이 겪게 될 문제에 대한 느낌이 전달됩니다. 이런 형태의 영적 느낌은 축사 사역자를 피곤하게 만듭니다. 불쾌한 생각과 냄새들로 인해서 정신적으로 피곤해지고 몸으로 느껴지는 소름으로 인해서 결코 축사가 달가운 권능이 아님을 깨닫게 됩니다. 환상에 귀신의 모습이 나타나고 그들의 위협을 느끼게 됩니다.

그래서 기도하지 않을 수 없습니다. 축사하는 사람은 자신이 감당할 수 있는 영적 능력의 한계를 알게 됩니다. 자신에게 주어진 능력의 한계가 넘어서는 악령의 대상에 대해서는 느낌을 받을 수 없습니다. 이것은 마치 우리의 귀가 들을 수 있는 데시벨의 한계가 있는 것처럼, 초음파는 우리의 청각이 감지하지 못합니다. 이와 같은 이치로 인해서 자신에게 주어진 한계 안에서 귀신의 존재를 느끼게 됩니다.

축사의 능력을 받은 사람은 육체적으로 영적으로 다양한 경험을 하게 되고 신호를 깨닫는 기능을 경험하게 됩니다. 보편적으로 자신 안에서 역사하는 귀신을 축사하면서 여러 가지 영적인 현상을 체험하게 됩니다. 이런 경험은 이후에 축사 사역을 본격적으로 행할 때 유효하게 사용되는 기능들이므로 초보 시절에 거치는 이런 경험을 더욱 풍성해지기를 소망해야 합니다. 필자역시 초기에 귀신으로부터 상당한 기간 동안 고생을 했습니다. 어느 기간이 지나니까 그런 현상이 현격하게 없어졌습니다. 그러면서 영적인 문제가 있는 환자를 만나도 두렵지 않고 담대해졌습니다.

귀신을 쫓는 일은 편하고 쉬운 일이 아닙니다. 모든 은사가 다 그렇습니다. 모르는 사람들은 보기에 화려해 보이지만, 그것을 전문적인 영역에서 감당하게 되는 사역자에게는 엄청난 노력과 헌신이 필요한 일입니다. 축사자는 악한 영과 마주치는 전쟁판에 들어가는 사람들입니다. 악령에 사로잡힌 한 영혼을 구원하는 일을 자신의 몸과 마음을 다해서 감당해야 하는 힘들고 어려운 일입니다. 귀신은 다양하고 복잡한 통로를 통해서 그 사람에게 침투했으므로 쉽게 떠나려고 하지 않습니다. 할 수만 있다면 모든 수단을 다 해서 사역자를 속이려고 합니다. 그 속임수는 교묘해서 익숙하지 않으면 속을 수밖에 없습니다. 쉽게 나가는 귀신은 없습니다. 단 한마디의 명령으로 자신들이 만들어놓은 바탕을 포기하고 쉽게 달아나는 그런 존재가 아닙니다. 그들은 끈질기며 자신들이 쫓겨나면 물 없는 사막과 같은 고통스런 환경이 기다리고 있다는 사실을 잘 알기 때문에 일시적으로 달아나는 것처럼 속여서 잠시 그 위기를 모면하려고 합니다.

축사자가 끈질기게 쫓아내지 않으면 그들은 다시 돌아오게 되고 그 형편은 처음보다 더 심하게 망가지는 것입니다. 대중 집회에서 귀신은 쉽게 달아나는 모습을 보입니다. 그러나 그들은 대부분 다시 돌아옵니다. 반드시 돌아오게 되어 있습니다. 다른 대상을 찾기보다는 이미 만들어놓은 대상에게 다시 돌아오는 일이 더 쉽기 때문입니다. 축사자는 이런 귀신들의 간교하고 끈질긴 속성을 깨달아야 하며, 절대로 쉬운 일이 아님을 알게 하기 위해서 주님은 힘들고 어려운 축사과정을 거치게 하십니다. 복잡하게 얽힌 그들의 침투 경로에 대한 이해를 제대로 하지 않으면 성공적인 축사가 이루어질 수 없습니다.

원망과 상처를 통해서 들어온 귀신들은 그들의 발판이 견고하기 때문에 쉽게 나가지 않습니다. 그들에게 통로가 되어준 쓴 뿌리와 원망과 상처를 회복시키지 않으면 안 됩니다. 이런 통로를 통해서 들어온 귀신에 대한 정보를 얻어내는 일도 쉽지 않습니다. 주님은 축사의 은사를 받은 사람들이 이런 부분에 대한 지식을 얻기를 소망합니다. 그래서 다양하고 폭넓은 영적 경험들을 거치게 하십니다. 육신적으로 영적으로 경험하는 초기의 수단들은 자신이 이후에 다루어야 할 귀신들의 등급과 속성들에 대한 이해를 얻게 하기 위한 주님의 인도하심입니다. 이 경험들은 처음 겪는 사람들에게는 다소 힘들고 두렵고 불쾌한 것들입니다. 하루 종일 귀신들만 보인다면 어떻겠습니까? 세상이 온통 귀신 천지처럼 느껴질 것입니다.

축사 사역자는 바른 분별력을 가져야 합니다. 잘못하면 모든 영육의 문제를 귀신과 결부 시킬 수가 있기 때문입니다. 잘못하면 병도 귀신으로 말미암았고, 인간의 모든 문제는 귀신으로 말미암았다고 단정할 수가 있습니다. 자신에게 오는 모든 환자들은 다 귀신들려서 생긴 결과로 볼 것입니다. 그래서 온통 귀신천지고, 모든 병의 근원이 귀신인 것처럼 느껴질 수가 있는 것입니다. 전문적인 영적 지식이 없기 때문에 많은 실수를 하는 것입니다. 그래서 저는 영적인 사역자는 박식해야 한다고 강조하는 것입니다. 사람의 전인격을 종합적으로 분석하여 원인을 찾는 것입니다. 그렇게 함으로 실수를 하지 않는 것입니다. 우리가 알아야 할 것은 전도자는 말씀을 가지고 전하는 사람이 있는가 하면, 이처럼 성령의 권능을 가지고 성도를 치유하면서 군사를 만드는 사역자가 있는 것입니다. 복음 전하는 자는 단순하고 무지한 것이 특징이기 때문에 복잡하고 깊이 있는 주제를 다룰 수 없는 것입니다. 성도를 치유하는 영적인 사역자는 전문적인 것을 알고 대처하는 것입니다. 성도를 치유하여 영적으로 바꾸어서 하나님의 군사를 만들기 때문입니다. 그래서 조직 신학에도 정통해야 합니다. 그래야 성도들을 바른 길로 안내할 수 있습니다.

불신자에게 복음을 전하는 사람이 복잡한 조직신학이 필요하지 않습니다. 그런 복잡한 조직신학을 따질 필요도 없는 것입니다. 단순하고 명료해야만 불신자들이 이해할 수 있기 때문에 주로 보여주는 능력을 위주로 하는 것이지요. 복음 전하는 자는 그런 역할로 부르심을 받았습니다. 그러나 성도를 치유하여 영적인 군사로 만드는 사역자는 반드시 조직신학을 고려해야 합니다. 이런 영적인 지식이 부족한 사역자가 자기가 알고 체험한 바로 축사사역을 접근하면 결국 씻을 수 없는 오류를 범할 수가 있는 것입니다. 반드시 말씀과 신학적인 교리를 중심으로 하여 축사사역을 해야 합니다. 온통 귀신만 보이는 사역자에게는 귀신을 떠나서는 생각할 수 없는 것은 당연한 결과입니다. 장사를 하게 되면 초보시절에는 자신이 다루는 물건만 눈에 보입니다. 신발장사는 사람들이 신고 다니는 신발만 보이고, 옷 장사는 옷만 보이며, 안경장사는 안경만 보입니다.

이와 같은 이치로 축사 사역자가 모든 문제를 귀신으로 말미암은 것으로 본다면 얼마나 피곤하겠습니까? 그 달갑지 않은 대상이 날마다 눈에 보이니까 스트레스를 많이 받습니다. 이것은 마치 의사들이 눈만 뜨면 환자만 보이고 날마다 피를 보면서 지내니까 참으로 스트레스를 많이 받는 것과 같습니다. 적성에 맞지 않으면 절대로 할 수 없는 일이지요. 이와 같이 축사 사역자는 날마다 귀신들만 만나기 때문에 주님에 대한 헌신하는 마음과 귀신들린 영혼을 불쌍히 여기는 마음이 없으면 절대로 계속할 수 없는 일입니다. 저는 항상 이렇게 말합니다. 성도들을 치유하여 군사를 만드는 사역은 확고한 사명이 없으면 하지 못한다는 것입니다. 아무나 못한다는 뜻도 되지요. 대중 집회에서 귀신을 들어내고 명령하여 쫓는 일은 축사사역의 본질과는 다른 부분입니다. 그 일은 엄격히 말하면 축사사역이 아니라 능력 행하는 일입니다. 이것을 혼동해서는 안 됩니다. 집회에서는 "나가라"라는 말 한 마디에 귀신들린 사람이 쓰러지면서 귀신이 나가는데 자신은 그렇게 하지 못한다고 해서 주눅들 필요는 없습니다.

축사 사역은 전문적인 사역입니다. 귀신의 정체를 알아야 하고 그 침투 경로를 알아야 하며, 어떤 능력을 가진 존재인지를 파악해야 하며, 환자의 상태와 가족력과 과거의 문제들에 대해서도 알아야 합니다. 다양한 경로를 통해서 들어온 귀신의 발판이 되는 죄와 상처와 분노와 쓴 뿌리와 교만 등과 같은 문제의 본질을 다루어야 합니다. 그리고 그것을 치유하지 않으면 귀신은 떠나가지 않습니다. 단순하게 명령했다고 해서 다 달아나는 것이 아닙니다. 귀신은 겁쟁이가 아닙니다. 치유가 제대로 되어 발판이 제거되었을 때 그 명령에 굴복하여 떠나게 되는 것입니다. 결코 쉽지 않은 일이기 때문에 많은 것을 배워야 합니다. 축사의 은사를 처음 받은 사람들은 우선 자신에게 주어진 은사를 발견하고 그 비중을 파악해야 하며, 그 기능들을 하나씩 익히는 오랜 인내의 기간이 필요합니다.

특히 축귀 사역자는 환자를 성령으로 충만하게 하는 비결을 터득해야 합니다. 축귀는 사역자에게 역사하는 성령을 환자에게 전이 시켜서 성령의 역사가 환자의 마음 안에서 일어나야 귀신이 축귀되는 것입니다. 성령께서 장악하는 만큼씩 귀신이 떠나갑니다. 그렇기 때문에 환자를 성령으로 충만하게 하는 다각적인 방법을 터득하고 적용할 줄 알아야 합니다. 축귀는 사역자 자신이 하는 것이 아니고 성령께서 하시는 것이기 때문입니다. 어찌하든지 환자가 스스로 기도하도록 유도를 해야 합니다. 환자가 스스로 기도하여 자신 안에 성령이 충만하게 해야 합니다. 만약에 환자가 성령으로 세례를 받지 않았다면 성령으로 세례 받게 하는 것이 먼저입니다. 절대로 귀신은 환자가 성령으로 장악되지 않으면 떠나가지 않습니다. 환자가 스스로 기도하지 않으면 귀신이 축귀 되더라도 다시 침입을 합니다.

충만한 교회는 말씀과 성령으로 성도들을 치유하여 성령의 인도를 받는 영적인 성도가 되도록 하는 목회를 합니다. 충만한 교회 목회 방향은 성도들을 목회자 그늘에서 믿음 생활을 하는 나약한 성도가 되지 않도록 하는 것입니다. 말씀과 성령으로 치유 받아 영의 통로를 열고 하나님과 직접 관계를 열어 교통하면서 세상 어디를 가더라도 자신 안에 임재하신 하나님께 기도하여 응답을 받으면서 세상을 살아가도록 합니다. 악한 영들을 권능으로 대적하여 환경을 변화시킬 수 있는 성도가 되도록 합니다.

영적인 자립을 하는 것을 목표로 훈련합니다. 하나님께서 부여하신 권능을 사용하여 세상을 장악하게 합니다. 그래서 주일날도 강한 성령의 역사가 일어나는 예배를 드립니다. 예배 시간은 1부 11:00-/ 2부 13:30-입니다. 영적인 눈이 열리고 사고가 영적으로 변하는 말씀을 준비하여 교재로 제공하고 설교를 합니다. 기도를 40분 이상 하면서 담임 목사가 일일이 안수하여 성령으로 충만 받도록 합니다. 필요한 성도는 토요일 날 개별집중치유를 하여 문제를 치유하고 영성을 깊게 합니다. 자신의 영을 자신이 지킬 수 있는 강한 성도가 되게 훈련하고 있습니다.

11장 귀신들이 미혹을 알고 대처하는 비밀

(막 13:5-6)"예수께서 이르시되 너희가 사람의 미혹을 받지 않
도록 주의하라. 많은 사람이 내 이름으로 와서 이르되 내가 그라
하여 많은 사람을 미혹하리라"

하나님은 예수를 믿고 성령으로 거듭난 크리스천들이 영적인 세
계를 알고 악한 영들의 미혹에 속지 않기를 소원하십니다. 악한 영
들을 대적하여 몰아내므로 이 땅에 하나님의 나라가 온전하게 건설
되기를 바라십니다. 하나님의 뜻은 모든 크리스천들이 악한 영들을
알고 대적하여 몰아내는 군사가 되는 것입니다. 군사를 적을 알아
야 합니다. 적을 알고 자신을 알아야 군사로서 사명을 감당할 수가
있는 것입니다.

영적인 세계와 영들을 바르게 알려면 성령으로 성경말씀을 깨달
아야 합니다. 성경 말씀의 주인공은 하나님을 비롯한 천사와 사탄,
그리고 귀신들인 영적존재들이기 때문입니다. 그들의 영적세계를
하나님의 입장에서 상세하게 설명하는 책이 바로 성경말씀입니다.
그런데 이런 영적인 세계를 바르게 알려면 성령으로 영안이 열려야
가능합니다. 우리는 성경말씀을 통하여 하나님이 세상을 지으시고
우주를 다스리시며 인간의 생사화복을 주장하신다고 믿고 있습니
다. 그러나 하나님을 본 사람은 아무도 없습니다. 다만 믿음으로 그
분의 존재와 통치방식을 알고 있을 뿐입니다.

또한 성경말씀은 하나님뿐만 아니라, 사탄이나 귀신들의 이야기가 흘러넘치도록 기록되어 있습니다. 그러나 일부 크리스천들은 사탄이나 귀신들에 대하여는 알고 싶어 하지 않는다는 것입니다. 그냥 성경말씀에 있던 존재로 알고 옛날이야기로 치부하고 있습니다. 사탄이나 귀신들의 존재에 대하여 바르게 알도록 영적인 말씀을 성령으로 전하는 목회자가 드물기 때문입니다. 이런 사탄이나 귀신들에 대하여는 알고 싶어 하는 크리스천은 악한 영에게 고통을 당해보았기 때문입니다. 그래서 기독교는 체험의 종교라고 하는 것입니다.

성경말씀에 보면 분명하게 사탄이나 귀신들에 대하여 말씀하고 있습니다. 영적인 면에 관심과 눈만 열려있으면 얼마든지 악한 영들에 대하여 인지할 수가 있는 것입니다. 성경 에배소서 6장 12절에 보면 "우리의 씨름은 혈과 육을 상대하는 것이 아니요 통치자들과 권세들과 이 어둠의 세상 주관자들과 하늘에 있는 악의 영들을 상대함이라" 하셨고, 야고보서 4장 7절에서는 "그런즉 너희는 하나님께 복종할지어다. 마귀를 대적하라 그리하면 너희를 피하리라" 말씀하셨습니다. 그리고 베드로전서 5장 8절에서는 "근신하라 깨어라 너희 대적 마귀가 우는 사자 같이 두루 다니며 삼킬 자를 찾나니" 라고 하나님은 사탄과 귀신들에 대하여 강조 말씀하고 계십니다.

성경말씀은 우리가 사는 세상이 새 하늘과 새 땅이 될 때까지 한시적이기는 하지만, 하나님이 아니라, 악한 자, 사탄이 지배하고 있다고 분명하게 말씀하고 있습니다. "또 아는 것은 우리는 하나님께 속하고 온 세상은 악한 자 안에 처한 것이며(요일 5:19)" 악한 영들은 지금도 두루 다니며 삼킬 자를 찾고 있다가 적당한 먹잇감이 나타나면 치밀하게 공격하여 불행에 빠뜨리고 고통을 주어서 생명과 영혼을 사냥하여 지옥의 불에 던져지게 하고 있습니다. 그래서 하나님은 날마다 말씀과 성령의 권능으로 악한 영들과 치열하게 맞서 싸워야 한다고 권면하고 있습니다. 그런데 진정으로 우리는 그렇게 싸우고 있는가? 우리는 하나님의 말씀대로 그렇게 싸우고 있는가? 싸우지 않고 있다면 이들의 존재를 알고 있지 못하다는 것입니다. 교회는 예수 이름이 있기 때문에 귀신이 얼씬하지 못한다고 방심하고 있다는 증거입니다. 그렇다면 알게 모르게 이들의 공격에 속수무책으로 당하고 있다는 증거입니다. 이들은 일반적인 크리스천의 눈에 보이고 귀에 들리고, 과학적인 실험으로 증명되는 존재들이 아니기 때문입니다. 삶의 현장에서 악한 영들로부터 고통을 당하면서 열린 영의 눈과 믿음의 눈으로만 보이기 때문입니다.

예수를 믿고 교회에 다니는 크리스천이 분명하게 알아야 할 것은 하나님이 세상을 창조하시고 아담을 지으시기 이전에 이미 그들은 지구에 먼저 와있던 존재들로서, 지구를 덮고 있을 만한 엄청나게 많은 수요로 떼를 지어 다니면서 사람들을 공격하여 생명과 영혼을 사냥하고 있다는 것입니다. 그런데도 일부 크리스천들이 아직 알아채지 못한 것은 이들이 속이는데 선수이기 때문입니다. 사탄과 귀신은 인간의 취약점인 합리를 가지고 활동하기 때문입니다.

하나님은 디모데전서 4장 1절에서 분명하게 "그러나 성령이 밝히 말씀하시기를 후일에 어떤 사람들이 믿음에서 떠나 미혹하는 영과 귀신의 가르침을 따르리라 하셨으니"라고 경고하십니다. 요한계시록 20장 10절에서는 "또 그들을 미혹하는 마귀가 불과 유황 못에 던져지니 거기는 그 짐승과 거짓 선지자도 있어 세세토록 밤낮 괴로움을 받으리라" 말씀하셨습니다.

그리고 요한일서 4장 6절에서는 "우리는 하나님께 속하였으니 하나님을 아는 자는 우리의 말을 듣고 하나님께 속하지 아니한 자는 우리의 말을 듣지 아니하나니 진리의 영과 미혹의 영을 이로써 아느니라"라고 말씀하시고 있습니다.

이렇게 성경은 악한 영들을 특징을 붙여 미혹의 영이라고 부르고 있습니다. 미혹이란 속인다는 뜻입니다. 인간의 속성을 가지고 교묘하게 속인다는 것입니다. 하나님께서 성경에 기록하여 경고하고 계신 것을 보면 악한 영들은 사람들을 속여서 공격하고 있는 것이 분명한 것입니다. 크리스천이면서 악한 영들이 어떻게 속이는지 모른다면 아들에게 당하고 있다는 증거입니다. 악한 영들은 다음과 같은 인간의 속성을 교묘하게 이용하여 속입니다.

첫째, 이성적이고 합리적으로 속인다. 귀신들이 가장 많이 속이는 방식이 이성적이고 합리적인 방식을 따르도록 교묘하게 속입니다. 즉, 아무도 속고 있다는 것을 모르게 속인다는 것입니다. 세상 사람들은 하나님을 믿지 않고, 천사나 귀신들의 영적인 존재들을 믿지도 않고 인정하지도 않으려고 하는 것이 보통입니다. 이는 오랫동안 학교에서 이성적이고 합리적인 사고방식과 과학적인 실험을 통하여 증명된 사실만 믿도록 세뇌되었기 때문입니다. 귀신이 이것을 노린다는 것입니다. 귀신은 누구보다도 사람에 대하여 잘 알기 때문입니다.

그러나 예수님을 믿고 교회에 나온 크리스천들은 육적이면서 영적인 존재들입니다. 당연하게 크리스천은 영적인 존재를 인정하고 영적세계가 있다는 것을 알고 믿고 대처해야 하는 사람들입니다. 그러나 여전하게 예수를 믿고 교회에 나와서도 영적인 세계에 관심이 없고, 이성적이고 합리적인 신앙방식을 따르는데 익숙합니다. 이는 오랫동안 학교에서 이성적이고 합리적인 사고방식과 과학적인 실험을 통하여 증명된 사실만 믿도록 세뇌되었기 때문입니다. 그래서 악한 영들은 목회자들의 머리와 사고에 타고 앉아 이성적이고 합리적인 신앙방식을 가르치도록 역사하고 있습니다.

예를 든다면 인간적인 방법으로 열심히 해야 하나님께서 감동하신다는 것입니다. 이는 세상에서 살아갈 때에 자신이 믿던 신에게 하던 방식입니다. 그래서 목회자들이 하나님을 감동하시게 하려면 교회 예배에 열심 있고 성실하게 참석 잘하고 많은 헌금을 드리며, 열정적으로 봉사하며, 새벽기도나 금식기도, 일천번제기도를 해야 한다고 가르칩니다. 이렇게 보이는 것으로 열심히 해야 하나님께서 감동하신다는 신앙방식은 기복신앙으로서 이성적이고 샤머니즘적인 신앙방식인 것입니다. 이는 귀신에게 철저하게 이용당하고 있는 것입니다. 무당들은 오백만원짜리 굿보다, 천만 원짜리 굿을 해야 귀신이 감동해서 효험이 빠르다고 사면초과에 걸린 사람들을 미혹한다고 합니다.

이런 기복신앙의 방식이 이성적이고 합리적인 방식이라는 것입니다. 이성적이고 합리적인 신앙방식은 철저하게 진리를 깨닫지 못하고 성령의 인도를 받지 못하면 미혹당할 수밖에 없는 것입니다. 사고가 합리적으로 이성적으로 굳어서 분별이 안 되기 때문입니다. 악한 영들은 이렇게 인간의 취약점을 공격하여 미혹하는 것입니다. 그래서 하나님은 물과 성령으로 거듭나지 아니하면 하나님의 나라를 볼 수가 없다고 말씀하고 계시는 것입니다.

그러나 하나님은 사람의 마음이나 생각, 겉으로 드러나지 않은 사정이나 일의 실상인 속내와 동기를 불꽃같은 눈동자로 살피시는 분입니다. "마음을 살피시는 이가 성령의 생각을 아시나니 이는 성령이 하나님의 뜻대로 성도를 위하여 간구하심이니라(롬 8:27)" 하나님은 분명하게 말씀하십니다. "하나님의 성령으로 봉사하며 그리스도 예수로 자랑하고 육체를 신뢰하지 아니하는 우리가 곧 할례파라(빌 3:3)" 그리고 "또 무엇을 하든지 말에나 일에나 다 주 예수의 이름으로 하고 그를 힘입어 하나님 아버지께 감사하라(골 3:17)" 말씀하시는 것입니다. 그래서 희생적인 신앙행위가 아니라, 마음의 중심을 보십니다. 마음 중심이 하나님께 향하기를 원하십니다. 하나님은 마음을 달라고 하시는 것입니다. 그래서 하나님은 순종을 원하시는 것입니다. "사무엘이 이르되 여호와께서 번제와 다른 제사를 그의 목소리를 청종하는 것을 좋아하심 같이 좋아하시겠나이까 순종이 제사보다 낫고 듣는 것이 숫양의 기름보다 나으니(삼상 15:22)" 순종은 마음이 따라야 할 수가 있기 때문입니다. 그러나 여전하게 희생적인 신앙행위가 하나님이 감동하시는 신앙방식이라고 가르치는 무리들은 귀신에게 속고 있는 목회자이고 교회입니다. 행위로서는 하나님을 감동시킬 수가 없습니다. 하나님은 영이시기 때문입니다. 하나님과 같은 영적인 상태에서 하나님의 마음을 알고 순종할 수가 있는 것입니다. 그렇기 때문에 반드시 성령으로 거듭난 영의 상태에서만 하나님과 교통할 수가 있는 것입니다.

둘째, 율법적인 신앙방식으로 속인다. 율법을 지키는 신앙방식은 구약시대의 신앙방식입니다. 신약시대에 들어와 예수님이 십자가 보혈의 공로로 율법조항을 지키는 신앙행위로서 죄를 용서받거나 천국에 들어갈 자격을 얻는 신앙방식이 폐지되었습니다. 물론 율법의 정신은 지금도 살아있으므로 지켜야 하지만, 율법을 지키는 것으로 죄가 용서되거나 구원을 얻어 천국에 들어가지 못합니다. 지금 성령이 역사하시는 교회시대에는 성령의 인도를 받아야 합니다. 성령께서 직접적인 계시로 하나님의 뜻을 알도록 하시고, 하나님의 뜻을 따라 살도록 인도하시기 때문입니다. 그래서 하나님은 "하나님의 성령으로 봉사하며 그리스도 예수로 자랑하고 육체를 신뢰하지 아니하는 우리가 곧 할례파라(빌 3:3)" 말씀하시는 것입니다.

그러나 어찌된 일인지, 성령이 역사하시는 교회시대에도 여전히 율법조항을 지켜야 구원을 받는다는 목회자들이 있고, 이를 따르는 크리스천들이 있다는 것입니다. 게다가 메시아닉 쥬들을 따르는 이들이 유행병처럼 퍼져나가고 있습니다. ('메시아닉 쥬'는 유대교에서 기독교로 개종한 유대인으로서 '(아직도) 메시야를 기다리는 유대인'이라는 뜻), 이들은 구약의 명절과 율법의 조항을 지켜야 한다고 주장하고 있습니다. 그렇다면 예수님이 십자가에서 돌아가실 이유가 없지 않습니까? 이들은 모두 귀신들에게 속는 사람들입니다. 귀신들이 예수님이 십자가에서 흘리신 보혈의 공로를 믿지 못하게 하여 죄를 짓게 하여 생명과 영혼을 사냥질하고 있는 것입니다. 보혈의 공로를 믿으면 구원을 받게 되고 성령의 인도를 받으니까, 귀신들이 율법을 따르도록 미혹하는 것입니다. 율법은 육체와 이성으로 알고 행할 수 있기 때문입니다. 얼마든지 성령의 역사 없이 알고 행할 수가 있기 때문에 귀신들이 교묘하게 속이는 것입니다. 예를 든다면 크리스천이 나는 율법을 지키면서 살기 때문에 구원을 받는다고 믿을 수 있기 때문입니다. 그러나 성령으로 깨닫고 인도를 받아야 합니다. 하나님께서 살아서 크리스천 한 사람 한 사람을 직접적으로 인도하시기 때문입니다. 반드시 영이신 하나님의 뜻을 따르려면 머리로 아는 율법이 아니라, 크리스천 각 개인의 심비에 새겨진 말씀을 성령이 깨닫게 하시고, 알려주시는 계시로 살아야 합니다. 하나님께서 살아서 역사하고 계시기 때문입니다. 성령이 아니고는 하나님과 교통할 수가 없는 것입니다. 귀신들이 이렇게 하는 것은 율법을 지키며 행위로 믿음생활을 하여 크리스천이 육체와 이성이 되면 자신들이 하수인이기 때문입니다.

셋째, 성령의 은사와 하나님의 은혜로 속인다. 또한 귀신들이 잘 사용하는 공격이 은사와 은혜로 속이는 것입니다. 방언, 예언, 귀신 쫓음, 치유 등의 은사를 귀신이 넣어주고 성령의 은사인 것처럼 속이는 것입니다. 또한 기도응답, 회개 등도 성령이 주시는 것처럼 속이는 것이 비일비재하고, 심지어는 기쁨과 평안의 감정조차 속여서 넣어주고 있습니다. 그러므로 현상이나 느낌, 은사만 보고 성령인 것처럼 믿으면 여지없이 속아 넘어가게 되어있습니다. 필자는 충만한 교회에서 훈련받는 목회자와 성도들에게 현상이나 은사에 치우치지 말고, 진리의 말씀 안에서 모든 성령의 은사나 능력이 나타나도록 하라고 권면을 합니다. 즉, 말씀과 성령으로 충만 하라는 것입니다. 성령이 주시는 은혜나 은사는 어디를 가나 아무런 영향을 받지 않지만, 귀신들이 속이는 현상이라면 바른 성령의 역사가 일어나는 곳에 가면 순간적으로 딱 그치는 것이 특징입니다. 정체가 폭로되었기 때문입니다. 예를 든다면 무당의 영의 영향으로 예언하는 목회자나 성도가 우리 충만한 교회에 오면 예언을 하지 못합니다. 성령의 역사가 강하니 무당 귀신이 역사하지 못하는 것입니다. 그렇기 때문에 귀신의 영향을 받는 사역자들은 될 수 있으면 오지 않으려고 하는 것입니다.

이처럼 귀신들은 속이는데 선수입니다. 그러므로 이를 분별하려면 삶에 적용하여 깨달은 박식한 성경말씀과 성령의 역사로 분별하는 권능이 있어야 합니다. 무단하게 자신의 신앙수준을 높여야 귀신에게 속지 않습니다. 절대로 현상만 보지 말고, 말씀 안에서 성령으로 현상이 나타나는지를 분별할 수가 있어야 합니다. 또한 목회자들과 종교지도자들이 하는 학력이나 말이나 지식으로 분별하는 것이 아니라, 그들이 진리의 말씀과 성령으로 변화된 거룩한 성품인가를 분별하고, 하나님을 진정으로 사랑하며 하나님의 영광을 위하여 목회를 하는지 보아야 합니다.

또한 기도의 능력이나 성령의 함께하심으로 거룩한 성령의 역사가 가시적으로 나타나며, 삶에서 풍성한 열매를 맺고 있는지를 살펴보아야 합니다. 귀신들이 일으키는 기적과 이적은 사람들의 호기심을 만족시키고, 놀라게 하거나 금전적인 유익을 주어 혹하게 하지만, 성령의 사역은 오직 영혼을 구원하고, 영혼이 예수님께서 원하는 심령으로 변하며, 하나님의 나라를 확장하는 일에만 기사와 이적을 나타내십니다.

또한 모든 영적인 활동의 속내나 동기, 마음의 변화가 예수님의 성품으로 변하여 하나님의 영광을 나타내기 위한 것이 아니라, 희생적인 신앙행위만을 강조하는 목회자나 교회도 귀신에게 속고 있는 것입니다. 예수님이 '자기 십자가를 지고 나를 따르라고 했으니' 자신과 가정이 희생을 해서라도 보이는 교회를 성장시켜야 한다고 가르치는 목회자는 철저하게 귀신에게 속고 있는 것입니다. 하나님은 보이는 유형교회도 잘되기를 원하시지만, 성도들의 심령에 있는 무형교회가 더 잘되기를 소원하십니다.

만약에 유형교회가 잘되기 위하여 자신과 가정이 희생해야 한다고 말하는 교회가 있다면 뒤로 돌아보지 말고 도망쳐 나와야 합니다. 그렇지 않으면 당신의 생명과 영혼이 위태로울 것입니다. 영적인 일은 반드시 분별을 해야 합니다. 사탄과 마귀와 귀신들은 할 수만 있으면 하나님의 자녀들을 미혹하여 생명과 영혼을 망하게 하려고 혈안이 되어있기 때문입니다. 사탄과 마귀와 귀신들은 하나님의 역사를 모방하여 성령으로 거듭나지 못한 크리스천들을 미혹하여 구렁텅이에 빠뜨리려고 혈안이 되어있습니다.

결론입니다. 사탄과 마귀와 귀신은 크리스천들을 합리적이고, 이성적이고, 육적으로 믿음 생활을 하도록 인도합니다. 육적이 되어야 자신들(마귀와 귀신)의 하수인이 될 수 있기 때문입니다. 그러므로 크리스천들에게 무조건 열심히 예배에 참석하고, 많은 헌금을 드리며, 열심히 봉사하고, 열심히 철야기도하면 하나님께서 감동하신다고 인도하는 목회자는 마귀와 귀신의 하수인인 것입니다.

반대로 예수님을 주인으로 모시고 성령으로 세례를 받아, 성령으로 기도하며, 성령으로 봉사하며, 성령으로 말씀을 깨달으며, 성령으로 하나님의 계시를 받으며, 성령의 인도를 받아야 영적인 크리스천이라고 권면하는 목회자는 진리 속으로 인도하는 하나님의 사람입니다. 그러므로 정확한 분별은 성령으로 믿음생활 하도록 하느냐, 합리적이고 이성적이며 육체적으로 믿음생활하게 하느냐로 분별할 수가 있는 것입니다.

12장 귀신의 잠복을 밝히 알아내는 비결

(마 11:12) "세례 요한의 때부터 지금까지 천국은 침노를 당하나니 침노하는 자는 빼앗느니라."

하나님은 영이시면서 살아계십니다. 살아계신 하나님은 천지 만물들이 하나님의 살아계심을 증명하기를 원하십니다. 필자는 처음 하나님의 부름을 받았을 때 서원한 것이 있습니다. 다름이 아니고 예수님과 같이 권세가 있어서 귀신을 쫓아내고, 예수님의 이름으로 병든자를 고치고, 성령의 감동을 받아 진리의 말씀을 잘 전하는 목사가 되게 해달라고 기도했습니다. 기도가 응답이 되어 지금 성령으로 치유사역을 감당하고 있습니다. 지방에서 많은 분들이 강요셉 목사에게 가면 귀신을 쫓아낼 수가 있다고 소문이 날 정도가 되었습니다. 참으로 감사할 일입니다. 지금의 교회들의 현실을 볼 때 귀신을 쫓아내는 사역은 누구나 기피하는 사역입니다. 귀신에게서 자유 함을 받은 사람들이 간증하기를 꺼려하는 경우는 자신의 힘들었던 과거를 돌아보기 싫은 연고입니다. 그러나 간증하여 다른 사람들이 귀신에게서 자유함을 받도록 안내자 역할을 해야 할 것입니다. 귀신을 축사하는 사역은 인간적으로 보면 외로운 사역임이 틀림없습니다. 그러나 필자는 하나님의 일꾼이기 때문에 성령께서 명령하는 사역에 대한 선택권이 없습니다. 하나님께서 기뻐하시는 사역임으로 감사함으로 감당하고 있습니다.

하나님께서 필자에게 주신 특별한 성업으로 알고 혼신을 다하여 감당하고 있습니다.

얼마 전에 하나님께서 필자에게 살아계신 하나님을 증명하는 목사가 되라고 했을 때 필자는 살아계신 하나님에 대한 책을 쓰라고 하시는 줄 착각을 하였습니다. 그래서 "살아계신 하나님을 증명하라." 는 제목으로 책을 출간하기도 했습니다. 그런데 요즈음 저의 주변에서 일어나는 일들을 종합해보면 살아계신 하나님에 대한 책뿐만이 아니었습니다. 필자에게 실제적으로 살아계신 하나님을 증명하는 성령치유 사역을 하라는 것입니다. 필자는 성령치유 달인이 되려고 노력을 하고 있습니다. 저의 꿈이 성령치유 달인이 되는 것입니다. 지방에서 성령치유를 받으려면 강요셉 목사에게 가야한다고 소문이 났다고 하니 정말 감사할 일입니다.

필자는 하나님께서 영적인 사역을 하라고 사명을 주신 다음에 귀신에 대해 3년 동안 고통을 당하면서 집중적인 훈련을 거쳐 지금에 이르렀습니다. 지금까지 수백명의 사람들에게서 귀신을 쫓아내주었으니까, 이 분야에 대해서 상당한 지식과 경험을 갖고 있는 셈입니다. 필자는 지금도 지속적인 기도와 실제사역의 체험을 하면서 글을 쓰고 있습니다. 이 글도 읽는 분들에게도 필자의 귀신축사에 대한 체험과 지식과 경험을 알려주어서, 스스로 악한 영의 정체를 알아내고 쫓아내는 영적 능력을 갖게 되기를 간절히 바라는 마음에서 하는 일입니다. 또한 이글을 읽는 분들 모두가 귀신에게서 해방을 받고 살아계신 하나님을 증명하는 사역자들이 되기를 소원합니다.

귀신의 정체를 어떻게 알 수 있습니까? 이들의 존재는 영이라 눈에 보이지 않아서 그렇지, 우리 주변에 수도 없이 돌아다니고 있습니다. 성령께서는 이들이 지구를 덮고 있을 정도로 많다고 하셨습니다. 그러나 우리를 돕는 천사보다는 수적 적습니다. 타락한 천사는 1/3이기 때문입니다. 그러므로 밖에서 생각으로 공격하는 일은 누구에게나 100% 귀신역사라고 하여도 과언이 아닙니다.

그러나 몸 안에 들어와 잠복하여 공격하는 것들을 알아내는 것을 전문적인 지식과 체험이 없이는 분별하기가 쉽지 않습니다. 본인이 인정해야 하는 분야이기 때문이기도 합니다. 필자의 경험으로는 크리스천 중에서 2명중 1명이 몸 안에 잠복하고 있다고 보아야 합니다. 그런데 문제가 무엇입니까? 예수를 믿으면 귀신하고는 상관이 없다고 방심하고 있다는 것입니다. 방심하고 지내다가 자신이나 가족에게서 영육의 문제가 발생하면 그때서야 이리 뛰고 저리 뛰면서 해결하려고 하지만, 그리 쉽지가 않은 것이 보통입니다. 참으로 안타까운 현실입니다.

반대로 하나님을 모르는 세상 사람들에서 귀신을 쫓아내준 일이 없으니까, 그들 중에 얼마나 귀신이 들어있는 지는 모릅니다. 그러나 신문 등 매스컴을 듣거나 보면 귀신이 얼마나 출몰하고 있고 고통을 당하고 있는지 가히 짐작이 갈 것입니다. 무엇을 보고 알 수가 있느냐, 무당들을 보면 알 수가 있습니다. 교회에서는 주요 일간지에 광고를 내지 못합니다. 물질이 많이 들기 때문입니다. 그런데 무당들은 주요 일간지에 버젓하게 광고를 합니다. 그만큼 무당들을 찾는 사람들이 많다는 것입니다. 모두 귀신에게 고통을 당하거나 앞일을 귀신에게 묻기 위해서 일 것입니다.

이렇게 많은 귀신들이 판을 치고 있는 세상에서 크리스천들이 살아갑니다. 귀신에 대하여 무관심하고 살아가는 크리스천들에게 얼마나 많은 귀신들이 공격하겠습니까? 그러나 우리네 교회에서는 필자의 주장을 100% 받아들이지 않을 것입니다. 아예 무시하는 목회자도 있을 것입니다. 크리스천에게는 예수이름이 있고 성령의 인도를 받고 있으니 귀신들하고는 관계가 없다고 생각을 하고 있기 때문입니다. 거룩한 하나님의 자녀에게 어떻게 귀신이 접근하고 공격하며 잠복할 수 있냐고 반문할 것입니다. 물론 이론상으로는 100% 맞는 말입니다. 모두 이 말을 철석같이 믿고 살아가는 관념적인 신앙인들이 많습니다. 그러나 귀신들은 성령이 지배하고 장악하지 않는 사람은 전혀 두려워하지 않습니다. 관념적인 크리스천들은 귀신들이 전혀 두려워하지 않습니다. 오히려 가지고 놀고 있는지도 모를 일입니다. 그렇기 때문에 최근 창원에서 목회하시는 60대 목사님이 자매들에게 몹쓸 짓을 한 것과 같은 세상에 지탄받을 일들을 저지르게 하는 것입니다.

그러므로 성령의 증거나 능력, 열매가 없이 왔다가 갔다가 하면서 교회마당을 밟는 사람들이라면 귀신들의 표적에서 예외가 아니라고 해도 과언이 아닙니다. 필자는 실제 현장에서 성령의 역사로 귀신들을 쫓아내는 사역을 하고 있으니까, 관념적이고 탁상공론식의 얘기는 필자에게 더 이상 통하지 않습니다. 실제적으로 체험하고 반론을 제기 하라는 것입니다.

귀신이 몸 안에 잠복해 있는지 어떻게 알아차릴 수 있을까? 가장 쉬운 방법은 강력하게 호흡을 들이쉬고 내쉬면서 전심으로 성령의 역사가 일어나는 기도를 하면 알 수 있습니다. 기도를 어떻게 하느냐 아랫배에다가 힘을 주고 호흡을 들이쉬고 내쉬면서 주여! 호흡을 들이쉬고 내쉬면서 주여! 하면서 강력하게 기도하는 것입니다. 이에 대하여 반론을 제가하실 분은 직접 필자에게 와서 필자가 시키는 대로 기도를 해보라는 것입니다. 귀신이 정체를 폭로하나 안하나 두 눈으로 보게 될 것입니다. 그러나 귀신들은 자신의 정체가 드러나면 위험해진다는 사실을 잘 알고 있으니까, 어떻게 해서든지 자신의 정체를 숨기려고 애를 씁니다. 잡념을 준다든지, 두려움을 준다든지, 가슴이 답답하게 한다든지, 숨을 쉬기가 거북스럽게 한다든지, 약점을 물고 늘어진다든지, 심지어 핸드폰을 이용하여 식구들이 전화하게 한다든지 하면서 성령의 깊은 역사가 일어나지 못하도록 강하게 방해할 것입니다.

그러므로 아랫배에 힘을 주고 호흡을 들이쉬고 내쉬면서 전심으로 하나님을 부르는 기도를 해서, 약한 귀신들이 정체를 폭로하고 드러나서 도망가게 만들어야 합니다. 오로지 하나님을 부르는 소리에만 집중하고 다른 소리나 현상하고는 일체 관계를 끊어야 합니다. 그러면 성령께서 장악하시는 상태에 따라서 약한 귀신들부터 정체를 폭로하기 시작을 합니다. 약한 귀신들이 드러나는 현상은 침, 가래, 기침, 트림, 헛구역질, 구토, 하품, 방귀 등으로 나타납니다. 특히 강한 귀신들이 허다하게 들어있다면 혼자 기도해서는 별 효과가 없을 것입니다. 아니 꿈적도 하지 않을 것입니다. 자신 안에 귀신이 잠복해있다는 의심이 들면, 충만한 교회 집회에 참석하여 말씀 듣고 기도하다가 보면 정체를 숨기지 못하고 드러날 것입니다. 아니면 주변에 성령 치유하는 곳에 가셔서 전문 사역자의 도움을 받아야 합니다. 혼자는 힘들뿐만 아니라 불필요한 시간을 낭비하게 될 것입니다.

자신에게 귀신이 잠복해 있다는 사실을 어떻게 알 수 있을까?

필자가 그동안 성령치유 사역을 하면서 체험한 바로는 이렇습니다. 부모님이 1년 이상 거동을 못하고 집안이나 요양원에서 누워 계시다가 세상을 하직한 경우입니다. 이런 분들이 자신은 예수를 믿었다고 방심하다가 부모님과 동일한 고통을 당하는 것이 보통입니다. 남묘호랭객교나 무속이나 타 종교를 섬기는 조부모나 부모에게서 태어난 분들입니다. 절의 스님이나 무당이 혈통에 있는 경우입니다. 우상(제주)을 심하게 섬겼거나 정신적인 질병이나 우울증이나 치매로 고생하시다가 돌아가신 조부모나 부모에게서 태어난 분들입니다. 태중에서 상처를 많이 받았거나 유아시절에 질병으로 고생을 했던 심신이 허약한 사람들에게 귀신들이 잠복해 있을 가능성이 80%이상입니다. 그러나 이런 경우가 아니더라도 잠복해있는 경우가 적지 않으므로 참고하시길 바랍니다.

귀신들이 몸에 잠복해있는 경우는 자신의 삶과 영혼의 상태를 살펴보면 알 수 있습니다. 귀신들이 몸 안에 들어오는 목적은 죄를 짓게 하여 불행에 빠뜨려서 고통을 주고, 생명과 영혼을 사냥하여 지옥에 던져지게 하는 것입니다. 그러므로 각종 정신질환, 고질병, 알코올 중독, 도박을 비롯한 각종 중독에 빠져 있다면 악한 영이 잠복해 있다고 보면 맞습니다. 또한 가족들이 불행한 사건과 사고가 끊이지 않고, 악성부채, 음란과 불륜, 갈등과 싸움, 이혼, 범죄, 자살 등에 연루된 사람이 적지 않다면, 이 가족들은 귀신들이 잠복해 있다고 보면 틀림없습니다. 이런 사람들은 걱정과 염려, 두려움, 불안, 낙심, 조급함, 집요함 등의 부정적인 생각에 사로잡혀 있으며 분노 조절 등의 감정통제가 되지 않는 것도 특징입니다.

그러나 한 가지 바르게 알아야 할 것은 앞에서 설명한 약한 귀신들이 나가는 증상인 침, 가래, 기침, 트림, 헛구역질, 구토, 하품, 방귀 등은 생리적 현상이라고 오해할 수 있으므로 잘 분별하여야 할 것입니다. 그래서 필자에게 성령치유를 받는 사람 중에서 일상적으로 기도 할 때 이런 생리적인 현상이 두드러지면, 주변에 전문적인 성령 치유하는 곳에 가서 축출기도를 받으라고 권면하는 것입니다. 우리 충만한 교회 집회할 때 필자가 매시간 안수하기 때문에 귀신들이 정체를 폭로합니다. 그래서 축출기도를 받으며 기도하다보면 본격적으로 귀신들이 정체를 드러나기 시작합니다.

중간급의 귀신들은 도망치는 게 아니라, 공격하기 시작합니다. 두통과 가려움증을 유발하거나, 머리를 어지럽게 하고, 정신을 잃게 하고, 온몸에 고통을 주기 시작합니다. 귀신들은 몸 어느 곳이든지 아프게 할 수 있으나, 특히 집을 짓고 있는 배 부위의 고통이 극심합니다. 칼로 째는 것과 같은 아픔이 반복됩니다. 허리가 끊어지게 아프기도 합니다. 심장이 터지는 것과 같은 통증을 유발하기도 합니다. 그러나 조금만 인내하면 소멸되는 것이 보통이므로 그렇게 두려워할 필요가 없습니다. 이외도 소리를 지르고, 발작을 하고, 얼굴을 찌그러뜨리고, 자신도 모르게 욕과 저주를 내뱉고, 몸을 좌우로 뒤틀기도 합니다. 이런 증상은 중간급 놈들이 공격하는 증상입니다. 강한 놈은 겉으로 드러나는 공격을 하지 않고, 생각으로 속여서 공격하는 게 특징입니다. 강한 놈들을 버티고 버티다가 떠나가는 것이 보통이니 의지를 가지고 인내하면서 기다려야 합니다. 평안하고 잠잠해졌다고 섣불리 축귀가 끝났다고 믿으면 안 되는 이유가 여기 있는 것입니다.

　강한 놈이 많이 들어 있는 사람들은 평소에 이들의 존재를 느끼는 것은 그리 어렵지 않아 조금만 관심을 가지면 쉽게 알아낼 수가 있습니다. 환청이 들리거나, 자주 가위에 눌리거나, 우울하거나 부정적인 생각에 사로잡히기 일쑤이거나, 자신 안에 어떤 인격체가 느껴지거나, 폭력을 유발하거나 각종 중독에 빠졌거나 정신질환을 비롯한 고질병으로 고통 받고 있는 경우 등입니다. 이런 사람들은 자신의 문제를 해결하려고 기도원 등을 전전하였지만 해결하지 못한 경우가 대부분입니다. 절대로 안수한번에 해결되지 않습니다. 이는 1장에서 자세하게 설명했으니 여기에서는 생략합니다.

그래서 이곳저곳을 헤매다가 치유의 시기를 놓친 다음에 필자에게 찾아와 문제해결을 호소하는 크리스천들이 많이 있다는 것입니다. 그러나 강한 놈이 많이 들어있는, 소위 귀신에게 오랫동안 눌려서 사는 사람들에게서 귀신을 쫓아내는 일은 쉬운 일이 아닙니다. 충만한 교회 성령치유 집회에 참석하여 훈련하는 사람조차도 강력하게 의지를 다해서 집중해야 귀신에게서 해방을 받을 수가 있습니다. 어떤 분들은 1년 이상을 다니면서 해방을 받는 분들도 있습니다. 그래서 충만한 교회 성령치유 기도시간에는 울고 불고 악을 쓰고 발작을 하고 난장판이 따로 없을 정도로 요란합니다. 이렇게 강력하게 기도하면 대부분 귀신들로부터 자유롭게 되는 것이 보통입니다. 충만한 교회 집회 기도시간에 귀신들이 나가면서 소리를 지르는 소리와 악을 쓰고, 주여! 하면서 기도하고, 울고불고 하는 소리가 합창하면서 격렬한 분위기를 연출하고 있습니다. 오셔서 강력한 성령의 역사를 체험해보시기를 바랍니다.

강한 귀신이 축사되는데 시간이 많이 소요됩니다. 충만한 교회에서 매주 토요일 예약하여 진행하는 개별 집중치유 할 때 보면 어떤 귀신은 2시간 20분 만에 정체를 폭로하고 떠나가는 놈들도 있습니다. 어떤 놈은 집중치유를 2번 3번해야 정체를 폭로하기도 합니다. 이런 귀신들은 일반적인 집회 때에 하는 50분 기도로서는 정체가 폭로되지 않을뿐더러 축사할 수도 없습니다. 영육으로 고통을 당하는 분들은 인내하면서 자신이 성령으로 장악이 되는 것이 집중해야 합니다. 그러나 너무 낙심할 필요는 없습니다. 성령께서 자신을 장악하여 하나님의 전이 견고해지면 귀신은 기침 한번으로 떠나갑니다. 귀신은 그림자이기 때문입니다. 자신이 하나님의 자녀로 완전하게 변하면 귀신을 더 이상 같이 살지 못하고 떠나가야 합니다.

그런데 귀신이 잠복해 있는 사실을 알았는 데도 방치하고 있다면 반드시 어느 시기가 되면 귀신으로 인하여 고통을 당합니다. 귀신들이 좋은 일을 하려고 잠복하고 있지 않기 때문입니다. 결정적 시기가 되면 잠재의식에서 현재의식으로 올라와 영육의 고통을 가하면서 환자를 장악해 버립니다. 이렇게 되면 완전하게 해방되는데 상당한 기간이 소요됩니다. 이리 예방하는 것이 상책입니다. 특별하게 부모님이 1년 이상 거동을 못하시면서 가정이나 요양원에 계시다가 세상을 떠난 분들의 자녀들은 자신들의 관리에 특별하게 관심을 가져야 합니다. 이에 대하여는 "백세시대 예수 안에서 장수하는 법"을 참고하세요. 예수님은 성령으로 다시 태어난 성령의 사람이라야 천국에 들어갈 수가 있다고 하셨습니다. "예수께서 대답하시되 진실로 진실로 네게 이르노니 사람이 물과 성령으로 나지 아니하면 하나님의 나라에 들어갈 수 없느니라(요 3:5)." 자신 안에 귀신이 집짓고 살고 있다면 믿음생활을 바르게 할 수가 없을 것입니다. 자신 안에 잠복한 귀신이 공격하니 영혼의 만족을 누리지를 못합니다. 예배 시간에 졸기 일 수입니다. 기도역시 깊게 할 수가 없습니다. 진리의 말씀이 귀에 들리지 않습니다. 이는 필자가 집필하여 앞으로 출간할 "카리스마의 극대화와 탈진의 극복"을 보시면 자세하게 설명되어 있으니 참고하시기를 바랍니다. 귀신들의 목적은 죄를 짓게 하여 영혼과 생명을 사냥하여 자기들이 사는 지옥 불에 던져지게 하는 것이기 때문입니다. 정말로 관심을 많이 가져서 나이가 한 살이라도 적게 먹었을 때 생명의 말씀과 성령으로 귀신들을 몰아내야 합니다. 이렇게 귀신에게 괴롭힘을 당하는 사람들은 세상 사람뿐 아니라, 버젓하게 예수를 믿고 교회에 다니는 크리스천들도 많이 있다는 것입니다. 정말 안타깝고 두려운 일입니다.

그러나 걱정하지 않아도 됩니다. 성령으로 장악되고 성령의 지배를 받으면 귀신들은 떠나갑니다. 문제는 자신은 예수를 믿었으니 상관없다고 방심하는 것이고 귀신이 잠복해 있어도 방치하는 것입니다. 미리 알고 대처하면 모두 정상적인 삶을 살면서 하나님께 영광을 돌리게 됩니다. 우리가 바르게 알아야 할 것은 하나님은 자녀들이 귀신의 영향에서 완전하게 해방을 받기를 원하십니다. 그리하여 이 땅에서 천국과 아브라함의 복을 받아 누리면서 군사로 살아가다가 주님이 오라고 부르시면 영원한 천국에 입성하는 것입니다. 이 책을 읽는 모든 분들은 다윗과 같이 늙도록 부하며 존귀하고 건강하게 살아가다가 주님이 오라고 부르시면 영원한 천국에 입성하시기를 바랍니다.

13장 귀신을 속전속결 쫓아내는 보편적인 방법

(막16:17)"믿는 자들에게는 이런 표적이 따르리니 곧 그들이
내 이름으로 귀신을 쫓아내며 새 방언을 말하며"

하나님은 성령으로 귀신을 축귀하기를 원하십니다. 귀신을 축사
하는 성경적인 원리는 사람이 하는 것이 아니라, 성령님이 하시기
때문입니다. 많은 축귀사역자들이 자신의 완력으로 축귀를 하려고
합니다. 또, 자신의 능력으로 귀신을 축귀하는 것으로 착각하는 경
향이 있습니다. 성도들도 능력 있는 사역자가 축귀하는 것으로 알
고 있는 경향이 있습니다. 축귀는 전적으로 성령의 일입니다. 사람
이 어떻게 귀신을 몰아낼 수가 있습니까? 성경적인 방법은 성령을
힘입어 축사해야 하기 때문에 성령을 힘입는 방법을 알아야 합니
다. 성령을 힘입으려면 먼저 예수를 영접해야 합니다. 누가 무슨 능
력을 행하더라도 예수를 영접하여 예수 십자가를 통과하지 않은 능
력은 마귀로부터 말미암은 것입니다. 분별력을 길러야합니다.

성령을 힘입어 귀신을 축사하려면 귀신의 정체만 알아서는 근본
적인 축사 방법을 알지 못합니다. 귀신의 실체를 잘 알아야 합니다.
축귀 사역할 때 성령을 힘입어야 하기 때문에 이 역시 성령의 정체
만 이론적으로 신학적으로만 알아서는 안 됩니다. 성령의 실체를
알아서 성령을 힘입는 방법을 알아야 하는 것입니다. 성령의 실체
역시, 영의 형태로 우리 안에 성전 삼고, 임하고 있기 때문에 영의

실체를 알아야 하며, 임재 하신 성령님이 나를 통하여 나타나는 상태와 조건을 잘 알아야 하는 것입니다.

먼저 환자를 성령으로 장악되게 해야 합니다. 이는 축귀사역자에게 임재 하여 역사하시는 성령을 환자에게 전이 시켜서 환자의 마음 안에서 성령의 역사가 나타나도록 해야 합니다. 환자가 성령의 세례를 받지 않았다면 먼저 성령으로 세례가 임하도록 해야 합니다. 절대로 환자가 성령으로 장악되지 않은 축귀는 하지 않는 것이 좋습니다. 왜냐하면 축귀가 되더라도 다시 침입을 하기 때문입니다.

그래서 귀신이 떠나 갈 수 있도록 하는 영적 상태가 되어야 하는 것입니다. 그러므로 말씀을 받아드리는 사람이나 전하는 사람이나 충분한 말씀이 있어야 하는 것입니다. 귀신의 종류에 따라서 쉽게 축사되는 귀신과 그렇지 않은 귀신이 있습니다. 쉽게 축사되지 않는 귀신은 우상을 섬긴 집안의 귀신임으로 완전한 번제가 드려져야 하는 것입니다. 예수의 보혈로 드려지는 번제가 완전한 번제이기에 온전한 믿음의 영적 상태를 요구합니다. 말씀으로 양육하여 충분한 영적 상태가 되도록 기다릴 필요가 있는 것입니다. 말씀을 잘 알아듣고 말씀으로 자신을 들여다볼 수 있는 수준이 되어야 합니다.

번제는 무엇인가? 자신을 태워드리는 것입니다. 즉, 나의 이전 것(육적이고 세상적인 것)을 성령으로 죽이는 것입니다. 성령으로 장악 당하여 구습이 없어지고 새로운 영의 사람으로 태어나는 것입니다. 전인격이 하나님에게 완전히 장악당한 것입니다.

성령이 역사 할 수 있는 혼적(마음) 상태와 조건은 오직 마음과 생각이 주님에게로 집중 된 상태가 되어야 합니다. 잡념이 없고 오직 성령의 역사에 집중된 상태가 되어야합니다. 성령의 임재가 깊어져서 성령으로 장악 당해야, 성령의 초자연적인 역사로 질병이 치유됩니다. 잡념이나 산만한 상태에서는 치유가 일어나지 않습니다. 그러므로 환자나 사역자는 무엇보다 치유에 집중할 수 있는 혼(마음)적인 상태가 되어야 합니다. 성령으로 깊은 영적인 상태로 몰입하는 훈련을 많이 하여야 합니다.

영적으로 깊은 사람은 영적인 지식을 많이 아는 사람이 아니고, 영적인 원리들을 실제로 자신에게 적용을 잘 시키는 성도입니다. 말씀과 성령의 역사는 살아있는 역사이기 때문입니다.

성령의 역사가 전인격을 장악한 다음에 축귀가 되는 것입니다. 성령이 육을 장악할 때까지 기다려야 합니다. 절대로 성령으로 장악이 되지 않았는데 축귀하려고 하지 마십시오. 축귀는 성령의 일입니다. 육신의 체력도 허약하면 안 됩니다. 육신의 기력이 회복되어야할 상태가 되었다면 육신의 체력을 회복시켜주면 축사가 쉬워집니다. 세상에서 나와야 합니다. 마음이 세상의 부귀공명을 가지고 하나님의 역사나 목사를 이용하려는 생각에서 나와야 합니다.

첫째, 환자 스스로 귀신을 축사하도록 영적 조건을 준비하는 방법은 이렇습니다. ① 귀신은 대개 초기에는 잠복되어 있으므로 귀신에게 침입된 자신의 상태를 환자가 인정하도록 함으로써 귀신의 정체를 노출시킵니다. 그래서 생명의 말씀을 들어야 합니다. 환자가 마음을 열어야 합니다. 환자가 숨을 들이쉬고 내쉬면서 주여! 숨을 들이쉬고 내쉬면서 주여! 하면서 소리를 내면 쉽게 마음이 열립니다. 환자가 성령으로 세례를 받도록 해야 합니다. 보편적으로 환자가 성령으로 세례를 받은 후부터 귀신이 정체를 폭로하기 때문입니다. 성령으로 장악이 되는 만큼씩 귀신의 힘이 약해집니다. 그러니까, 성령으로 장악이 되는 만큼씩 귀신이 떠나간다는 뜻도 됩니다. 성령의 역사가 환자를 장악하지 않으면 절대로 귀신은 떠나가지 않습니다. 예수님의 이름으로 명하노니 귀신이 떠나가라. 해도 꼼작도 하지 않는 것이 보통입니다. 좌우지간 환자가 성령으로 장악이 되게 해야 합니다. ② 귀신의 충동이나 말과 변덕스러운 행동을 거부하세요. 충동적인 성격과 충동적인 말로 남의 심령을 괴롭히고 변덕 적인 행동으로 일들을 망치게 합니다. ③ 귀신을 축사하려는 환자 자신의 의지를 발동시키는 것입니다. 자신의 의지가 발동되지 않으면 성령은 역사하지 않습니다. 영의 생각과 육신의 생각을 분리하고 성령의 소욕과 악령의 소욕을 분리하며 자신의 의지와 귀신의 의지를 분리하세요. ④ 잠재의식에서 표면의식으로 노출시키는 것입니다. 그러므로 귀신의 행동을 억제시키는 약(藥)은 절대 금물입니다. 약을 금지하고 축사할 수 있으면 제일 좋습니다. 이 때에는 축사를 위하여 약물의 중독성이 제거되기까지 기다려야 합니다. 물론 약물의 효력이 떨어지면 귀신의 세력이 나타나고 발동되지만 이를 극복하고 이길 수 있어야 합니다. 이를 극복하지 못하고 귀신을 두려워하면 귀신은 이길 수 없으므로 담대한 믿음이 필요합니다.

만약 환자가 약을 먹지 않아 약물의 효력이 떨어지면 악한 영의 역사가 강하여, 발작이나 흥분이 지나쳐서 감당 할 수 없는 상태가 되는 경우가 되어 약을 정 끊기 두려우면, 약을 투약해 가면서 영적, 혼적, 육신 적인 상태를 호전 시켜서 해야 합니다. 믿음이 생기게 해야 합니다. 치유에 집중할 수 있도록 환자가 숨을 들이쉬고 내쉬면서 주여! 숨을 들이쉬고 내쉬면서 주여! 하는 부르짖는 기도에 몰입되게 해야 합니다. 의지와 시간을 가지고 계속 하면 말씀에 집중이 됩니다. ⑤ 귀신이 좋아하는 것을 하지 않는다. 반대 행동 만 합니다. 음행과 더러운 것과 호색 우상숭배. 술수, 원수 맺는 것과, 시기와 분 냄과 당 짓는 것과, 분리함과, 이단과 투기와 술취함과 방탕함과, 그와 같은 것들입니다. 또 능력을 얻기 위한 욕심으로 하는 기도, 말씀에서 벗어난 신비주의적 신앙관에서 탈피해야합니다. 무조건 기도 많이 하여 귀신을 축사하려는 마음은 버려야합니다. 영의 말씀을 들어서 영을 깨우고 성령의 역사를 받아가면서 축사해야 합니다. 영적인 자립 능력을 개발해야합니다.

⑥ 귀신이 싫어하고 성령이 원하는 것을 합니다. 찬양과 감사는 원망하는 마음, 불평하는 마음, 억압된 심령을 풀어버리고 성령이 역사하기 쉬운 상태와 조건이 됩니다. 사랑은 곧 하나님입니다. 헌금은 세상 욕심으로 인색해진 마음에 붙어있는 귀신들의 세력을 약화시킵니다. 믿음으로 속죄 제물을 드리게 하는 것도 좋습니다. 또 성령 충만한 교회에 상주하며 계속하는 봉사는 신앙의 여러 방면에

서 많은 유익을 얻게 됩니다. 악한 영의 역사로 고통당하는 성도의 기도는 묵상 기도는 피하고 환자가 숨을 들이쉬고 내쉬면서 주여! 숨을 들이쉬고 내쉬면서 주여! 하는 부르짖는 기도를 하며, 말씀을 통하여 회개하는 기도를 많이 하세요. 마음의 기도는 속에서 나오는 방언을 많이 하는 것이 좋습니다. 예배는 자주 드리고 되도록이면 작정하여 정한 기간 정한 시각에 드려야 합니다. 세상 적인 욕심을 모두 버려야 합니다(명예욕, 출세욕, 물욕 등등). 전도는 성령이 기뻐하며 심령에 양식을 제공받습니다. ⑦ 귀신이 가져온 병(귀신의 집)을 먼저 치유하는 방법은 약물을 사용하지 않고 실시합니다. 그러나 상태가 중하면 일정기간 겸해도 됩니다. ⑧ 귀신은 성령 충만을 싫어합니다. 성령이 충만하면 순환기 계통이 활성화되어 피를 맑게 하는 역할을 하기 때문입니다. 사람은 피를 맑게 해야 건강합니다. 피를 깨끗하게 하려면 성령으로 충만한 믿음 생활을 해야 합니다. 우리는 항상 피를 깨끗하게 하려고 노력을 해야 합니다.

육체의 생명은 피에 있고 귀신은 피가 탁하고 더러우면 침입합니다. 왜냐하면 피를 더 탁하게 하여 성인병이 들어 죽게 하기 위해서입니다. 그렇기 때문에 마귀는 사람들에게 스트레스를 주어서 혈액을 탁하게 하는 것입니다. ⑨ 몸을 흔들고 손뼉을 치면, 몸의 기력이 순환되고 귀신의 세력은 약화됩니다. 귀신은 혈액이나 체액이나 호르몬이나 기(氣)의 흐름을 막고 있기 때문에 몸을 흔들고 손뼉을 치면 몸의 굳어진 어혈이 풀리고, 혈액 순환이 원활해지며, 굳어진 마음과 육신이 풀어지면서 몸이 뜨거워지고, 마음에 열정이 생기기 때문에 차가운 신앙이 뜨거워지고, 갈급함을 느끼게 되고, 성령을 적극적으로 구하고 찾고 두드리는 자세로 바꾸어져서 성령이 임하게 됩니다. ⑩ 기타, 영과 혼과 육신의 여러 가지 원인을 관찰하여, 그 원인을 하나하나 제거하여 그 세력을 약화시킨 후 축사합니다. 축귀는 영, 혼, 육의 조건이 되어야합니다.

둘째, 귀신을 축사하는 실제적인 방법은 이렇습니다.

첫째 단계: 자기 속에 있는 귀신이 있다는 것을 인정하게 해야 합니다. 본인이 인정하지 않으면 축귀하지 못합니다. 그래서 말씀을 듣고 스스로 기도하게 해야 합니다. 기도할 때 성령이 임재 하도록 안수를 해야 합니다. 환자가 스스로 기도하여 성령께서 임재하시면 환자에게서 어떤 특정한 현상이 일어납니다. 이때 환자에게 내부에서 괴롭히고 있는 힘은 귀신의 존재임을 인식시킵니다. 귀신은 자기 정체를 노출시키는 자를 미워하고 부인하게 만듭니다. 자신에게 귀신이 역사하고 있다는 것을 인식하게 합니다.

둘째 단계: 투쟁의 필요성을 인식시키는 단계입니다. 귀신이 틈타게 된 자신의 죄를 인식시키고 자신의 의지를 발동하여 사단과의 투쟁을 결심하는 단계입니다. 호흡으로 기도하여 성령의 역사가 장악하게 하도록 해야 합니다. 환자가 주여! 주여! 하면서 기도하여 성령께서 자신을 장악하게 해야 합니다. 마술이나 신비술을 단절하는 고백과 회개를 하게하고 예수님께 신앙을 고백하게 하거나 십자가의 보혈의 능력을 고백하게 합니다(약4:7).

셋째 단계: 성령께서 완전하게 장악을 하면 명령이나 성령의 임재, 안수 등으로 사단을 공격하는 단계입니다. 환자에게 호흡을 들이쉬고 내쉬면서 성령의 역사를 돕게 합니다.

넷째 단계: 성령의 역사가 심령에서 일어나 환자의 무의식에 잠복된 상태에서 표면화되어 나타나는 단계입니다. 자신의 정체를 드러내는 여러 가지 현상이 나타나기 시작합니다. 이때 성령이 알려주는 레마의 말씀으로 "네 정체를 밝혀라" 하며 정체를 알아내도 됩니다. 반드시 성령께서 물어보라고 감동할 때만 대화하는 것입니다.

그러나 대화는 신중을 기해야 합니다. 왜냐하면 귀신과 대화를 통해서 시간을 많이 낭비하고 귀신에게 속을 수도 있으니 대화는 하지 않는 편이 좋습니다. 필자는 안합니다. 그냥 "입 다물고 나와라," 하고 예수 이름으로 명령합니다. 거짓말쟁이 귀신과 대화할 시간이 없습니다. 그리고 환자에게 숨을 들이쉬고 내쉬어서 성령의 역사를 돕게 합니다.

다섯째 단계: 성령의 역사가 강하여 더 크게 발작하며 저항하는 격돌의 단계입니다. 감정을 자극하며 꾸짖기도 하고, 모욕을 주기도 하면 귀신은 증오를 나타내거나 비웃거나 덤비기도 합니다. 사역자는 성령의 역사가 완전하게 장악을 하도록 환자에게 호흡을 들이쉬고 내쉬면서 기도하도록 도와야 합니다. 성령의 역사가 장악하지 않으면 귀신은 절대로 떠나가지 않기 때문입니다.

여섯째 단계: 떠나갈 준비를 위한 단계입니다. 발작이 어느 정도 진정 되면서 하소연하기도 하며, 울기도 하며, 한숨을 쉬기도 하며, 토하기도 하며, 저주하기도 하며, 가래와 침을 뱉기도 합니다. 속이는 여러 가지 수법을 사용하기도 합니다. 여러 가지 말을 하기도 합니다. 경련을 강하게 하기도 합니다. 사지가 틀리고 몸을 앞뒤로 흔

들기도 합니다. 얼굴이 흉측해지기도 합니다. 팔과 다리를 심하게 떨기도 합니다. 이때는 눈 가장자리를 엄지와 중지의 손가락으로 가볍게 누르고 축사의 여러 가지 수단을 다 동원합니다.

귀신에 따라서 축사하는 방법이 수백 종류가 될 수가 있습니다. 눈 가장 자리를 누르는 것은 다시 속으로 잠복하지 않도록 하는 것입니다. 그 때 그 때 상황을 잘 보면서 성령의 인도에 따라 이런 방법 저런 방법을 동원하여 축귀합니다. 이 단계에서 쉽사리 떠나는 귀신이 있는가하면 오랫동안 버티는 귀신이 있습니다.

시간이 많이 걸리는 귀신은 떠날 때가 되지 않았으며, 이것은 아직 하나님의 때가 덜 되었기에 기도의 때가 차야 되고, 본인이 하나님께 마음을 더 드려야 합니다. 이 때 사역자는 결단을 필요로 합니다. 사역을 계속 할 상황이 되느냐 환자의 준비가 전혀 되지 않았느냐 등을 판단해야 될 중대한 시기입니다. "예수님의 이름으로 내가 네게 명하노니 더러운 귀신은 ○○에게서 나오라"고 권세 있게 명령합니다(눅4:36). 환자에게는 숨을 들이쉬고 내쉬면서 성령의 역사를 도우라고 합니다.

일곱째 단계: 귀신이 떠나면서 치유의 단계입니다. 갑자기 기침이나 토함이나 악을 쓰는 행동 등의 모든 동작이 멈추거나 정신이 돌아옵니다(막5;15). 기쁨이나 평안이 옵니다(행8:9). 초능력이 없어집니다(행16:18-19). 질병이 고침 받습니다(마17:18).

그러나 축사하다가 모든 동작이 멈추었다고 귀신이 완전히 떠난 것이 아니고 속이는 경우도 있으니 분별해야 합니다. 고로 축사는 한번으로 끝나는 것이 아니고 지속적인 영적인 싸움입니다. 환자가 영적으로 성숙해지는 만큼씩 귀신이 떠나갑니다. 영안이 열리고 하나님의 말씀의 비밀을 많이 깨달으면 깨달을수록 심령은 깨끗해지는 것입니다.

만일 사역이 충분치 못하여 덜 끝났으면 이렇게 하기를 바랍니다. 악한 영들에게 이렇게 명령하기를 바랍니다. "내가 다음에 예수님의 이름으로 대적하여 부를 때까지 입다물고 있고, 이 사람을 해치지 말라."고 명령한 후에 일단 사역을 끝내기 바랍니다. 사람이 하나님의 권능아래 있을 때에 하나님께서는 치유, 축귀 혹은 죄 씻음과 같은 놀라운 역사를 행하십니다. 성령 안에서 성령의 권능아래 쓰러질 때, 하나님의 임재 하심을 은밀하게 체험할 때 많은 경우에 치유와 축사가 일어나는 것을 체험합니다. 마음에 평안이 일어납니다.

악한 영을 축사할 때 주의 사항은 이렇습니다. 귀신축사를 할 때에 한 사람이 명령하세요. 악한 것이 헛갈릴 수가 있습니다. 그리고 치유는 부부가 함께 치유 받는 것이 유익합니다. 왜냐하면 문제가 있는 사람은 이상이 없을 수가 있습니다. 그런데 반대로 문제가 없다고 생각하는 사람의 영적인 문제로 상대편에 문제가 발생할 수가 있다는 것입니다. 예를 든다면 부인에게 여러 문제가 있는데 부인에게는 영적인 문제가 없고, 오히려 남편에게 문제가 있어 부인이 고통을 당할 수가 있다는 것입니다.

그리고 공동으로 동일하게 들려있을 수도 있습니다. 지금 세상에는 알게 모르게 악한 영에게 고통을 당하는 사람이 많습니다. 우리 악한 영에게 고통을 당하는 사람들을 축사하여 해방 받게 합시다.

14장 귀신이 떠나갈 때 일어나는 현상

(막9:20)"이에 데리고 오니 귀신이 예수를 보고 곧 그 아이로 심히 경련을 일으키게 하는지라 그가 땅에 엎드러져 구르며 거품을 흘리더라"

귀신은 영체지만 살아있는 존재입니다. 떠나가면서 눈으로 볼 수 있는 어떤 현상을 일으키면서 나갑니다. 누가복음 9장은 이런 말씀으로 시작합니다. "예수께서 열두 제자를 불러 모으사 모든 귀신을 제어하며 병을 고치는 능력과 권위를 주시고" 이 말씀을 보면 예수께서 12제자들에게 주신 능력 가운데 우선 귀신을 쫓는 능력부터 언급하고 있다는 점에 주목할 필요가 있습니다. 그리고 능력이라는 단어 하나만 사용하지 않고 "능력과 권위"라는 두 가지 단어를 사용하고 있음도 주목할 필요가 있습니다.

제가 여러 차례 강조해서 설명한 것인데, 우리가 흔히 언급하고 있는 '은사'라는 단어는 바울적 표현이라는 이론으로 알고 있을 것입니다. '은사'라고 하면 우리는 일반적으로 아무런 노력도 하지 않았음에도 불구하고 은혜로(공짜로) 주시는 것이라는 점에 강조를 두기 쉽습니다. 그래서 우리로 하여금 수동적인 사람이 되게 하기 쉬운 것입니다. 그러나 이것은 바울 자신이 너무도 큰 은혜를 받은 사람이기에 이 점을 강조했음을 알아야 할 것입니다. 바울을 제외한 그 누구도 은사라는 말을 즐겨 사용하지 않았고, 은사라는 말 대신에 권세 또는 권능 그리고 권위라는 말을 사용했습니다. 누가복음 9장의 권위라는 단어를 우리말 성경은 '권세'라고 번역했습니다. 이 권세는 하나님의 아들이 된 그리스도인에게 주어지는 신적 권능을 의미하는 것입니다. 따라서 귀신을 쫓아내는 능력은 누가의 입장에서는 권세인 것입니다. 이는 그리스도께서 가지신 그 권세와 전혀 다르지 않음을 지적하고 있습니다.

주님께서 믿는 자에게 주신 이 권세를 우리가 사용할 수 있기 위해서는 많은 것들을 알고 있어야 합니다. 누가가 귀신을 쫓는 권세부터 언급한 까닭은 그 권세가 복음 확장에 있어서 가장 핵심적인 사항이기 때문입니다. 즉 마귀의 나라를 멸하고 하나님의 나라를 세우기 위해서는 반드시 귀신을 쫓아야 하기 때문입니다. 도적을 몰아내는 일은 하나님 나라의 회복에 있어서 필수적이기에 우선 귀신을 쫓는 일부터 언급하고 있는 것입니다. 따라서 모든 권능이 다 소중하지만 그 가운데 귀신을 쫓는 권세는 더욱 중요하다고 할 것입니다.

그런데 우리가 귀신을 쫓아낼 때 과연 귀신이 나갔는지를 어떻게 알 수 있겠는가 하는 문제가 있습니다. 성경에서 귀신을 쫓아낼 때 나가는 모습을 아주 구체적으로 기술한 부분이 있습니다. 그 장면을 여기에 옮겨보면 아래와 같습니다.

"귀신이 그를 잡아 갑자기 부르짖게 하고 경련을 일으켜 거품을 흘리게 하며 몹시 상하게 하고야 겨우 떠나가나이다."(눅 9:39).
"많은 사람에게 붙었던 더러운 귀신들이 크게 소리를 지르며 나가고"(행 8:7). "귀신이 소리 지르며 아이로 심히 경련을 일으키게 하고 나가니 그 아이가 죽은 것 같이 되어 많은 사람이 말하기를 죽었다 하니" (막 9:26). "더러운 귀신이 그 사람으로 경련을 일으키게 하고 큰 소리를 지르며 나오는지라."(막 1:16)

"여러 사람에게서 귀신들이 나가며 소리 질러 이르되 당신은 하나님의 아들이니이다."(눅 4:11)

귀신이 쫓겨나가는 장면을 우리의 눈으로 확인이 되어야만 사역을 종결할 수 있는 것입니다. 위의 예를 보면 '갑자기 부르짖다' '경련을 일으키다' '거품을 흘리다' '몹시 상하다' '크게 소리 지르다' '죽은 것 같이 되다' 등이 기록되어 있습니다. 성경은 귀신이 쫓겨나가는 현상을 이와 같이 묘사하고 있지만, 현실적으로 이를 알아차리는 일이 간단하지 않습니다. 우리가 운동을 할 때 처음에는 실력이 좋은 사람의 시범을 보고 따라 하게 됩니다. 능숙한 솜씨로 시범을 보이는 선수의 모습을 보면서 할 수 있을 것 같은 자신감이 생기지만 막상 하려고 하면 맘대로 되지 않습니다.

보면 쉽게 할 수 있을 것 같은데 막상 하려고 하면 제대로 되지 않는 것처럼, 성경에 이렇게 기록되어 있으니, 이런 현상을 보면 귀신이 쫓겨나간 것으로 확인할 수 있겠다고 생각하게 되지만, 실제 축사의 현장에서는 도무지 감을 잡을 수 없을 정도로 혼란스럽기 마련입니다. 성령으로 장악된 귀신은 여유를 주지 말고 쫓아내야 합니다. 귀신에게 틈을 주면 자신들이 방어할 구실을 찾아내어 교묘하게 사역자를 속이게 됩니다. 그러면 축사에 실패할 수밖에 없습니다. 그리고 다시 귀신을 축귀하려면 성령으로 장악을 하는 데 시간이 소요되기 때문입니다.

귀신은 축사하려고 오는 사역자의 능력이 어느 정도인지 알지 못하며, 축사자도 역시 귀신의 능력이 어느 정도 강한지 알지 못합니다. 그래서 서로의 탐색전이 시작되고, 그렇게 십여 분이 지나면 본격적인 영적 싸움이 시작됩니다. 귀신이 약하다면 그 때부터 위장술을 펴면서 어떻게 해서든지 이 순간을 모면하고 살아남으려고 갖은 수단을 다 사용합니다. 그 중에 거짓으로 나간 척 하는 것이 일반적으로 많이 사용하는 귀신들의 위계입니다. 필자는 귀신이 이렇게 속이는 것을 미연에 방지하기 위하여 환자에게 기도하도록 하는 것입니다. 사역자에게 역사하는 성령을 환자에게 전이시켜서 환자를 성령께서 장악하게 하는 것입니다. 환자가 스스로 기도하여 성령으로 장악이 되면 귀신은 속이는 행동을 더 이상하지 못하고 정체를 폭로하며 떠나가기 때문입니다.

소리도 지르고 경련도 하고, 부르짖고, 거품도 뿜어냅니다. 지독한 냄새도 풍깁니다. 이런 모습을 보고 귀신이 나갔다고 판단하고 섣불리 축사를 마무리하게 되면 사역자가 떠난 다음에 다시 들어와 괴롭히게 되며, 이렇게 위장술로 모면한 귀신은 더 강한 귀신들을 불러들려, 그 환자의 사정이 전보다 더 나빠지게 되는 것입니다. 그 다음 다시 쫓으려고 하면 쉽게 나가지 않고 결국 실패하게 되는 결과가 됩니다.

귀신은 더 이상 견딜 수 없게 되면 소리를 지르는데, 경험이 없는 사람은 도대체 어떤 소리를 어떻게 지르는지 알지 못합니다. 큰 소리로 "아악……."하고 지르기도 하고, "나 죽네……." 하기도 하고, "욕설을 하기도 하고" "떠나갔다 하기도 하고" "알았어! 떠나갈게 하기도 하고" "내가 예하고 몇 년을 살았는데 떠나가, 못 간다고 하기도 하고" "악!"하고 단발마적으로 지르기도 합니다. 때로는 "끄응!"하고 신음하듯 하기도 하고, "제발 이러지 말아!"라면서 애원하듯 하기도 합니다. 어떤 경우에는 입을 악물고 얼굴이 일그러지면서 아무 소리도 내지 않는 경우도 있습니다. 이런 모든 형태를 다 포함하여 성경은 "소리 지르며 나간다"라고 서술하고 있습니다.

경련을 일으키는 경우, 온몸을 부르르 떨듯이 진동합니다. 억울한 일이 있으면 사람들은 몸을 떨고, 흉악한 일을 목격하면 분노해서 사지를 떨지 않습니까? 그처럼 부르르 떱니다. 여러 차례 몸을 떨 때 얼굴은 몹시 일그러지고 괴로워합니다. 상체만 떨기도 하고 온 몸을 떨기도 합니다. 때로는 그 떠는 힘이 강해서 잡고 있던 사람들이 튀겨 나가기도 합니다. 몸을 떨 때 강력한 영적 진동이 일어나 곁에 있던 사람들이 혼절하여 쓰러지거나 넘어지기도 합니다. 또 다른 진동하며 떠는 이유는 성령의 권능이 두려워서 떨기도 합니다.

거품을 흘리는 경우, 입이 찢어지도록 하품을 하기도 하고, 위속에 있는 음식물을 토하기도 하며, 거품이 일어나면서 썩은 냄새를 뿜어내기도 합니다. 입에 게거품을 품듯이 부글거리기도 하지만 기침을 할 때 가래를 토해내듯이 하는 경우도 있습니다. 이런 경우 역시 얼굴이 일그러지고 몸은 요동하며, 경련을 일으키고 소리 지르면서 토해냅니다. 이 모든 행위가 복합적으로 그리고 동시에 일어나기도 하고 분리되어 일어나기도 합니다.

몹시 몸을 상하게 하는 경우, 축사자는 조심하지 않으면 안 됩니다. 머리를 바닥에 찧고 손으로 할퀴고 갖은 자해행위를 하면서 눈동자는 희게 뒤집어지고, 물건을 내던지기도 합니다. 무릎을 갑자기 강렬하게 꿇어 쿵 소리가 날 지경입니다. 흉기를 들고 설치며 위협하기도 합니다. 식식거리면서 분난 사람이 이성을 잃고 나다니는 것 같아서 무척 위험합니다. 성경은 '몹시'라는 단어로 이를 강조하고 있습니다. 귀신은 쫓겨나가지 않기 위해서 사역자를 이와 같은 자해 행위를 하면서 위협하는 것입니다. 이런 귀신의 상하게 하는 행위에 주눅이 들면 축사는 실패하게 됩니다. 이런 경우를 예방하기 위하여 환자를 성령으로 장악되게 하는 것입니다. 성령으로 장악이 되면 얌전하게 떠나는 것이 보통입니다. 축귀 사역자는 환자를 성령으로 장악되게 하는 다각적인 방법을 알고 적용해야 합니다. 그래야 축귀가 쉽습니다.

죽은 것 같이 되는 경우, 역시 사역자는 크게 놀라지 않을 수 없을 것입니다. 간혹 어설픈 축사자들이 축사를 흉내 내다가 사람을 죽이는 경우가 있지 않습니까? 이런 사례 때문에 축사자는 환자가 죽은 것처럼 되어버리면 덜컥 겁을 먹게 됩니다. 축사 사역에서 가장 위험한 것이 겁을 먹는 일입니다. 축사자가 겁을 먹으면 귀신은 절대로 나가지 않습니다. 그래서 축사자로 하여금 겁을 먹고 위축되게 하려고 몹시 상하게 하거나 갑자기 죽은 자처럼 되는 속임수를 사용하는 것입니다.

죽은 것처럼 되어버린 모양을 보고 겁먹고 축사를 더 이상 진행하지 않으면 실패할 수 있습니다. 축사는 마무리가 고비입니다. 99% 귀신이 항복할 때 나타나는 증상이 이와 같은 현상들인데 이를 완전히 축사가 되었다거나 겁을 먹었다거나 해서 축사를 서둘러 마무리하게 되면 다 죽어가던 귀신이 기사회생하게 되어버리고 그렇게 되면 쫓아내는 일이 무척 어려워집니다.

축사는 마무리가 중요합니다. 귀신이 모두 쫓겨나갔는지를 확인해야 하는데, 우선 환자의 눈을 살펴야 합니다. 귀신이 충만했을 때는 눈동자가 미친 사람 눈 같지만 귀신이 쫓겨나가면 눈동자가 맑아집니다. 초점이 흐리던 눈동자에 선명한 초점이 생기고 맑아집니다. 그런데 어느 정도가 맑은 눈인지는 설명할 수 없고 실제로 경험해야만 알 수 있는 것입니다. 따라서 여러 차례 경험을 하게 되면 분별력이 생기기 마련입니다.

일그러진 얼굴에 평안이 깃들게 되고 피부가 밝아집니다. 그러나 이런 차이는 미묘하기 때문에 많은 경험이 필요합니다. 이 단계에서도 귀신은 위장을 할 수 있기 때문에 역시 면밀한 주의가 필요합니다. 따라서 초보 축사자는 반드시 경험이 많은 노련한 축사자 곁에서 배울 필요가 있습니다. 섣불리 다루면 귀신은 더욱 강해져 쫓아내기가 점점 어려워질 뿐입니다. 돌팔이 의사가 사람을 상하게 하듯이 경험이 미천한 사역자는 귀신을 더욱 강하게 만들어 치유할 수 있는 소중한 기회를 잃게 할 수 있습니다.

제가 도움을 청하는 귀신들린 환자들의 경우, 여러 차례 축사를 경험한 환자들이 많습니다. 그래서 다루기가 더욱 어렵고 힘이 듭니다. 그러나 경험 앞에서는 귀신도 어쩔 수 없습니다. 강력한 성령의 도우심과 경험으로 무장되면 귀신은 쫓겨 나가기 마련입니다. 그러나 너무 오랫동안 귀신이 들렸던 사람은 회복하는데 많은 시간과 노력이 필요합니다. 귀신을 쫓겨나갔지만 그 후유증이 오래 갑니다. 후유증은 귀신들린 상태와 별로 다를 바가 없기 때문에 가족들은 귀신이 쫓겨나가지 않았다고 생각합니다.

귀신이 없어도 상당기간 동일한 행동을 하게 됩니다. 귀신이 들렸던 기간에 비례해서 그 후유 장애가 남기 마련이며, 이를 치유하기 위한 회복 치유는 축사와는 전혀 다른 관점에서 다루어야 합니다. 이것이 귀신들림이 오래 진행된 환자의 경우 완쾌를 방해는 요인이 됩니다. 정신과 치유를 받는 것이 좋습니다. 이는 마치 격렬한 사건 현장에서 충격을 받은 사람들이 겪는 '외상후장애'처럼 '후유장애'가 귀신들림에도 나타날 수 있습니다. 그리고 진리의 말씀과 성령으로 충만한 집회에 참석하게 하여 영육의 균형을 유지하도록 지도해야 합니다. 어쩌면 귀신의 축귀보다 관리 유지가 더욱 중요합니다.

보편적으로 귀신이 떠나갈 때 나타나는 현상은 이렇습니다. 콧구멍이 벌름거리거나 입술이 오므라들며 목구멍이 확장됩니다. 몸이 부어오르기도 하고 부르르 떨기도하며 뱀처럼 쉿 소리를 내기도 합니다. 동물 소리로 울부짖기도 하며, 심한 악취를 풍기기도 합니다. 더러운 가래를 뱉거나 거품을 뿜어내기도 합니다. 흰 자위만 보이거나 눈동자만 크게 확장되거나 두 눈이 각각 따로 움직이기도 합니다. 귀신들린 사람이 쓰러져서 발작을 하면서 기침을 할 때는 귀신이 축출되는 경우가 많습니다. 몸이 뒤틀리면서 발작하기 시작합니다. 조금 지나면 기침을 사정없이 하면서 떠나갑니다. 코를 골면서 자는 척하는 귀신도 있습니다. 깜박깜박 혼수상태에 빠져 버리는 경우도 많습니다. 이외에도 여러 가지 크고 적은 여러 가지 특이한 육체적 현상들이 나타납니다.

이러한 현상은 축귀되면서 서서히 약해지다가 나중에는 온전하게 됩니다. 그러므로 축귀사역자나 환자는 이러한 현상이 나타났다고 절대로 두려워하면 안 됩니다. 보편적으로 나타나는 현상이며 성령께서 환자를 장악하시면 더 이상 나타나지 않습니다. 축귀사역자는 많은 경험을 해야 합니다. 부족한 경험을 보충하기 위하여 선배 사역자들로부터 배워야 하며, 이들이 경험을 다룬 책을 많이 읽는 것이 좋습니다.

15장 성령세례 받는 자는 누구나 축귀할 수 있다.

(마12:28)"그러나 내가 하나님의 성령을 힘입어 귀신을 쫓아
내는 것이면 하나님의 나라가 이미 너희에게 임하였느니라"

크리스천들의 문제는 귀신을 쫓아내는 사역자를 우상화하는 것입니다. 그런데 알고 보면 성령세례 받은 크리스천을 누구나 축귀할 수 있다는 것입니다. 축귀는 절대로 툭정한 사람의 전용물이 아닙니다. 우리는 하나님의 군사입니다. 군사는 적을 두려워해서는 안 됩니다. 즉, 우리의 대적인 귀신을 두려워하지 말라는 것입니다. 성령의 권능 앞에서는 아무것도 아니 것이 귀신입니다. 담대해야 귀신을 축사할 수가 있습니다. 잊을 만하면 다시 일어나 우리를 안타깝게 하는 일이 있습니다. 최근에 귀신을 쫓다가 환자를 사망하게 한 사건이 일어났는데, 함께 도왔던 사람들은 구속되고 축사를 주도한 사람은 달아났다고 합니다. 귀신들린 청년을 구하기 위해서 축사를 하는 과정에서 환자가 너무 심하게 반항하기 때문에 여러 사람이 물리력으로 압박하고 입에 수건을 묶어 소리를 지르지 못하게 한 것이 화근이 되어 청년이 질식하여 숨졌다고 합니다.

이런 불행한 일이 종종 일어나는 것은 축사를 행하는 사람이 축사에 대한 지식이 부족했기 때문입니다. 영 분별력을 얻게 되면 귀신을 쫓을 수 있습니다. 귀신을 쫓는 은사를 성경에서는 '영들을 분별하는 은사'와 '능력 행함의 은사'로 소개하고 있습니다. 영은 단

수가 아니라 복수이므로 여기에는 천사와 마귀와 귀신이 있습니다. 이들을 분별할 수 있는 능력을 받을 때 귀신을 쫓을 수 있습니다.

그러나 모든 은사가 다 그렇듯이 받았다고 해서 자동적으로 작동하는 것이 아닙니다. 예언의 은사를 받았으면 예언이 무엇인지 어떻게 사용해야 하는지, 그리고 무엇 때문에 예언을 해야 하는지를 배워야 합니다. 성숙한 예언자를 통해서 기능뿐만 아니라, 그 인격도 본받는 노력이 필요합니다. 신유의 은사를 받았으면 어떤 절차를 통해서 병을 다루어야 하며, 병을 통해서 환자가 지니고 있는 영적 문제도 다루어 주어야 합니다.

육체가 병들어 어떤 가르침이라도 따르지 않으면 안 되는 상황에 이른 사람에게 그 기회를 통해서 인격을 다루고 쓴 뿌리를 다루어주어야 합니다. 하나님이 병을 주신 이유와 그에 따라서 해결할 문제의 본질에 대해서도 알아야 하기 때문에 많은 공부가 필요합니다. 단순히 병을 고치기만 하면 그만이라는 생각으로 신유를 대하기에는 너무도 많은 과정들이 있음을 제대로 알아야 합니다. 이와 같이 축사도 역시 마찬가지입니다. 마귀와 귀신을 다루는 일이 단순하지 않기 때문에 경험이 많은 사역자를 도우면서 배워야 합니다. 멘토를 정하여 일정기간 훈련하면서 배우고 터득해야 합니다.

훌륭한 장인(meister)이 되려면 훌륭한 스승을 통해서 기술을 익혀야 하듯이 영의 일에서도 역시 마찬가지입니다. 인격적으로나 기능적으로 본받을 수 있는 스승을 만나는 일은 사역을 행하는 은사를 받는 일 못지않게 중요합니다. 은사는 성령으로부터 값없이 받은 것이지만 스승을 찾는 일은 많은 노력이 필요합니다. 디모데는 바울을 만나기 이전에 이미 많은 은사를 받았지만 그것이 제대로 작동하지 못했습니다. 그러던 중에 바울을 만나게 되었고, 그로부터 안수를 받자 은사가 불 일 듯이 일어났습니다.

안수는 자신에게 주어진 은사가 작동할 수 있도록 일으키는 수단이 될 뿐만 아니라 안수하는 사람이 그런 능력을 가진 사람이라면 자신의 은사의 성향을 결정하는 중요한 수단이 되기도 합니다. 안수는 영적 유대(soul-tie)를 형성하는 수단이 되기 때문입니다. 영적 능력이 구체적으로 어떤 형태를 띠기 위해서는 지도자의 도움이 필요합니다. 그렇지 못하면 많은 시간이 필요하고 은사를 제대로 개발하는데 시간도 많이 걸립니다. 그러나 지도자를 만나면 짧은 시간에 은사가 힘을 얻게 되며, 성향도 결정이 되는 것입니다. 은사를 받은 사람은 은사를 받은 다른 사람으로부터 안수를 받는 것은 그 사람의 영적 성형을 물려받는 것을 의미하기도 합니다. 그렇기 때문에 안수를 받는 것은 신중하게 해야 합니다. 즉 안수는 안수하는 사람과 영적 유대를 이루겠다는 선언이 될 수도 있기 때문입니다. 본인은 모르고 안수를 받았고, 안수하는 사람도 모르고 했다고 하더라도 영적 유대는 일어나는 것입니다. 그렇게 되면 안수를 받은 사람은 안수한 사람과 거의 비슷하게 사역을 행하게 됩니다.

후에 이런 사실을 깨닫고 그 영향에서 벗어나고자 한다면 많은 노력이 필요합니다. 한 번 주어진 안수로서의 약속을 파기하고자 한다면 힘든 노력이 필요하며, 그 보다 더 큰 능력을 가진 사역자의 안수가 필요합니다. 영적 유대는 형성하는 데는 쉽지만 그것을 파기하는 데는 무척 힘이 듭니다. 이런 과정을 통과하지 않고 혼자 사역을 행하면 여러 가지 어려움이 생깁니다. 특히 축사 사역에서는 자칫하면 불행한 일을 당할 수 있는 것입니다.

이미 설명한 내용이지만 귀신을 쫓으려고 안수했다가 귀신이 들려 고생하는 경우라든가, 안수를 받다가 사역자 속에 들어있는 귀신을 받게 되어 귀신들린 경우라든가, 때로는 환자가 죽는 불행한 일들이 일어나는 것입니다. 귀신을 쫓는 방법도 제대로 모르는 서툰 사역자로 말미암아 다치기도 하고, 죽기도 하며, 귀신이 들리기도 합니다.

얼마 전에 서울에 있는 병원에서 소독을 제대로 하지 않아서 병을 고치려고 찾아간 병원에서 세균에 감염되어 사망하는 병원 감염사고가 문제가 되고 있습니다. 이는 의사와 간호사들이 위생에 대한 철저한 의식이 부족하기 때문에 의료기를 제대로 소독하지 않고 사용하는 까닭입니다. 사람의 생명을 귀하게 생각하기 보다는 자신의 몸을 먼저 생각하기 때문에 힘들고 귀찮은 소독을 대충하려는 안일한 생각을 가지고 있어 불행한 사고를 일으키는 것입니다.

과중한 업무로 피곤하고, 소독으로 인해서 장비의 수명이 단축되니까 경제적으로 손해라는 것입니다. 그래서 제대로 소독하지 않고 사용합니다. 이렇듯이 축사와 신유와 예언 사역은 영적으로 문제가 많은 사람을 다루는 일이기 때문에 그들로부터 사역자가 여러 형태의 피해를 입거나 악한 영을 옮길 수 있는 위치에 있음도 알아야 합니다. 그러므로 무엇보다 자신을 철저하게 점검해야 합니다.

귀신을 쫓는 일은 의외의 일이 일어날 가능성이 항상 있습니다. 마귀와 귀신은 우리를 멸망시키는 것이 목적입니다. 그러므로 우리와 원수이므로 항상 경계를 소홀히 할 수 없습니다. 정신을 차리고 사소한 변화도 놓치지 않도록 해야 합니다. 영적 분별을 얻기 위해서 잠시 눈을 감고 집중할 수는 있지만 축사를 본격적으로 행하는 동안에는 눈을 똑바로 뜨고 환자의 상태를 면밀하게 살펴야 합니다. 인위적인 힘이나 도구를 사용하는 것은 피해야 합니다. 오직 하나님이 주신 권세를 가지고 환자를 다루어야 합니다. 이 과정에서 불필요한 행동을 억제하기 위해서 보조 사역자들이 환자의 손과 발을 적당히 억압할 수 있습니다. 자해하거나 발작하지 못하도록 하여 축사를 제대로 진행할 수 있도록 도울 수 있어야 합니다. 이 과정에서 무리하게 힘을 가한다거나 배를 누르거나 목을 조이거나 팔과 다리를 꺾는다든가 하는 행위는 위험할 수 있습니다.

앞에서 소개한 사건은 심야에 축사를 했다고 합니다. 수시로 발작하고 환자가 달아나기 때문에 아마도 심야에 할 수밖에 없었던 까닭이 있었을 것입니다. 환자가 소리를 지르기 때문에 이웃에서 항의도 있었다고 합니다. 그래서 소리를 지르지 못하도록 수건으로 입을 막은 것인데, 결국 그 수건이 기도를 막아 숨을 쉬지 못해 사망하고 만 어처구니없는 사건입니다.

이것은 축사자의 실수라고 할 수 있을 것입니다. 그러나 축사는 이런 사소한 빌미도 귀신에게 주어서는 안 되는 위험한 사역임을 알아야 합니다. 귀신은 우리의 약점을 이용하여 자신의 위기에서 벗어나려고 갖은 계략을 다 사용한다는 사실을 알아야 합니다. 우리의 약점은 귀신에게는 기회가 되는 것입니다. 그래서 사역자는 약점을 제거해야 합니다. 철저한 준비가 그래서 필요한 것입니다.

귀신의 속임수에 말려들지 않기 위해서는 경험이 많아야 합니다. 이런 일들은 성숙한 사역자를 통해서 배워야 하는 것들입니다. 경험이 많을수록 위험이 줄어듭니다. 그렇기 때문에 의사들도 경험이 많은 전문의 밑에서 수련의 과정을 가치는 것이 아닙니까? 한 순간의 실수가 환자에게는 치명적일 수 있기 때문입니다. 영적 사역자는 자신의 사소한 실수가 환자들에게는 치유할 수 있는 기회를 잃게 하는 절대적인 위험이 될 수도 있음을 알아야 합니다. 그렇기에 확실한 사역자에게 배워야 합니다.

저는 항상 이렇게 말합니다. 영적치유 사역에 십년이상 종사한 사역자에게 배우라는 것입니다. 세상에서 전문인이 되려면 그 분야에 십년을 종사해야 전문인이 됩니다. 영적인 사역도 십년이상을 해야 전문인이 됩니다. 이는 제가 십년 이상을 이 사역을 하다가 보니까, 깨닫게 된 사실입니다. 전문가가 되어야 합니다. 그래야 귀중한 영혼을 살리면서 하나님의 군사를 양성할 수가 있습니다. 성령세례 받은 크리스천은 누구나 귀신을 축사 할 수가 있습니다. 귀신 축사는 특정한 사람 만이 하는 사역이 절대로 아닙니다.

16장 마귀가 미혹하는 속임수에 대처하라

(마24:4)"예수께서 대답하여 이르시되 너희가 사람의 미혹을
받지 않도록 주의하라"

하나님은 마귀의 미혹을 바르게 알고 속지 않기를 원하십니다. 마귀가 우리의 생각 속에 자기들의 생각을 끼워 넣는다는 사실은 잘 알고 있을 것입니다. 그러나 어떤 것이 마귀의 생각이고, 어떤 것이 내 생각이며, 어떤 것이 성령의 뜻인지를 구분하기란 결코 쉬운 일이 아닐 것입니다. 마태복음에 주님이 광야에서 40일 동안 금식하며 기도할 때 마귀로부터 시험을 당했습니다. 이 사실을 성경은 이렇게 기록하고 있습니다. "예수께서 성령에 이끌려 광야로 가셔서 악마에게 시험을 받으셨다."(마 4:1) 성령께서 주님을 이끌어 광야로 데리고 가신 것입니다. 그리고 시험하는 주체로 마귀가 채택된 것으로 볼 수 있습니다.

마귀는 본래 시험하는 것이 주특기이니까요. 이 때 마귀가 시험한 재료는 바로 성경 말씀이었습니다. 마귀가 인용한 성경구절은 시편 91편 11~12절입니다. 세 번의 시험에 마귀는 식생활의 문제, 하나님을 시험하는 문제, 탐욕의 문제 등을 다루었습니다. 이 세 가지 시험에 대해서 주님은 기록된 성경말씀으로 물리치셨습니다. 이것이 사단이 우리들의 생각 속에 끼워 넣는 그릇된 생각을 구분하는 원칙입니다.

그러나 실제로는 이렇게 자로 긋듯이 선명한 문제를 다루지 않습니다. 우리의 삶에는 이른바 '회색지대'라는 것이 있습니다. 명과 암이 뒤 섞이는 여명과 같은 것입니다. 그래서 밤인지 낮인지 잘 구분이 되지 않습니다. 밤이라고 보면 밤 같고, 낮이라고 보면 낮같은 그런 아리송한 경우가 너무도 많기 때문에 마귀의 생각을 지워버리기가 여간 어려운 것이 아닙니다.

이런 회색지대가 있음을 주님은 먼저 알고 있으며, 그 때문에 우리가 많은 갈등과 혼란에 휘말리고 있다는 사실도 잘 알고 계시는 것입니다. 그러므로 우리 각 사람이 이 회색지대를 어떻게 대처해야 할 것인가에 대해서 성령은 가르침을 제공합니다.

자연에서 보면 동물이 태어나면 제일 먼저 보는 것이 어미입니다. 갓 태어난 어린 새끼는 어미의 모습과 냄새를 기억합니다. 그리고 그 모습과 냄새를 따라 다니면서 성장하게 됩니다. 이때 의도적으로 어미를 격리시키고 사람이 간섭하면 그 새끼는 사람이 어미인줄 알고 따라다닙니다.

이렇게 자란 동물은 주인을 평생 어미로 여기며 살아가게 되듯이 우리 영이 살아나게 되면 성령의 음성에 길들여지게 됩니다. 성령의 음성은 다양한 신호로 우리들에게 전달되지만 그것을 이성적으로 인식하기까지는 많은 어려움이 있습니다. 그러나 우리가 의식적으로 그 신호를 자각하지 못한다고 해도 우리의 영은 성령의 음성을 본능적으로 알게 되는 것입니다. 이는 앞에서 비유로 설명한 것처럼 태어나면서 처음 인식한 그 신호를 영의 아버지로 인식하기 때문입니다.

　마귀에게 속지 않으려면 하나님의 음성을 직접 듣고 행하고 따라야 합니다. 창세기 11-12장에 보면 갈대아인의 우르를 떠나 두 사람이 나왔습니다. 한 사람은 하나님의 부름에 순종한 아브람입니다. 한 사람은 아브람을 따라 나온 롯입니다. 그런데 하나님의 부름에 순종하고 나온 아브라함은 하나님의 축복으로 믿음의 조상이 되었습니다. 롯은 소돔과 고모라 땅에 갔다가 부인은 소금기둥이 되어 죽고, 딸들과 이곳에 기록하기 부끄러운 일을 행했습니다. 하나님께서는 하나님의 말씀이나 부르심을 직접 듣고 행한 사람만 책임을 지십니다. 예수님은 "예수께서 이르시되 너희가 사람의 미혹을 받지 않도록 주의하라(막 13:5)" 말씀하십니다. 이는 마귀가 사람을 통하여 미혹하기 때문입니다. 우리는 알아야 합니다. 마귀가 집안에서 직접 미혹하지 않습니다. 집안 식구들을 통하여 자신을 미혹하는 것입니다. 마귀의 미혹을 받지 않으려면 하나님의 말씀을 정확하게 알고 적용해야 합니다. 대충알고 적용하면 영락없이 마귀에게 미혹을 당합니다.

　우리 성도들이 성령으로 거듭나면 우리의 영은 아버지이신 성령의 음성을 자각하게 됩니다. 이 음성은 우리들에게 평안을 가져다주는 것입니다. 우리에게 전인적인 변화를 가져다줍니다. 마치 새끼 동물이 어미의 음성을 들으면 평안해지는 것과 같습니다. 그러나 어미의 음성이 아니면 새끼는 겁에 질려 두려워합니다. 이것은 학습에 의해서 생긴 본능적인 작용이지요. 우리의 영 역시 성령의 음성이 아닌

다른 신호를 접하게 되면 본능적으로 두려워하게 됩니다.

그렇기 때문에 마귀의 음성을 듣게 되면 우리 영은 먼저 두려워하게 됩니다. 이 영의 반응이 육신에 전달될 때 우리는 '두려움' '떨림' '소름' '불쾌감' 등의 불안한 분위기를 느끼게 되는 것입니다. 어딘가 모르게 편안하지 못하고 불안한 마음이 우러나는 것은 악한 영과 접촉이 일어나고 있거나 그런 영의 신호를 받고 있기 때문이지만 이런 것에 대한 지식이 없기 때문에 까닭 모를 불안함을 경험하면서도 그 이유를 알지 못합니다.

마귀로부터 오는 어떤 생각이 스며들면 이런 불안함이 생기고 거부감이 우러나지만 우리들은 대수롭지 않게 생각하고 넘기려고 합니다. 들어온 생각이 무슨 의미를 가지고 있고, 그 출처가 어딘지를 알려고 하지 않기 때문에 그 생각을 가져다 준 악한 영을 대적하지 못하는 것입니다. 믿음이 부족한 크리스천들이 강단에서 목회자가 말씀을 전하면 무조건 의심 없이 받아들이는 것입니다. 마귀는 이렇게 지도자들을 통하여 슬그머니 우리 생각 속에 자기들의 생각을 끼워 넣었는데도 불구하고 아무런 반응이 없으면 마귀는 계속 더 많은 생각들을 보내기 시작하는 것입니다.

이렇게 해서 우리 영은 차츰 마귀의 생각에 대한 거부감이 사라지게 되고 익숙해지게 됩니다. 이런 과정이 거듭되면서 아주 당연한 자기 생각으로 인식하게 되며, 그 생각을 기회가 되면 행동에 옮기게 됩니다. 쉬운 예를 들면 '비판하는 영'이 자신에게 비판하는 생각을 끼워 넣기 시작했습니다. 비판하는 것에 대해서 별로 심각하게 생각하지 않고 그런 생각을 받아들이면 더욱 강해지기 시작하고 매사를 비판하는 눈으로만 보게 됩니다. 이렇게 되면 주변의 사람들이 그 사람을 불편하게 생각하게 되며 거리를 두려고 합니다. 사람들이 자신을 마음이 꼬인 사람으로 판단하여 가까이 하려고 하지 않습니다. 그럼에도 불구하고 자신은 정의로워서 불의를 가만히 보아 넘기지 못한다고 자랑스러워하게 됩니다.

비판하는 영의 지배를 받게 되면 매사를 부정적인 시각으로만 보려고 합니다. 긍정적인 면이나 그럴 수밖에 없는 상황에 대해서 고려하려고 하지 않습니다. 비록 비판을 받을 만한 일을 하는 사람이라고 할지라도 그 사람에 대해서 그렇게 할 수밖에 없는 배경에 대해서 관심을 가지고 그 모순을 치유하고 싸매려고 하기 보다는 정죄하고 배척하려고 하는 생각이 더 강해집니다. 그래서 이런 사람에게는 사랑을 거의 찾아볼 수 없게 됩니다. 사랑은 마귀에게는 없기 때문입니다.

요즘 심각한 사회 문제로 대두되는 성폭행이나 성추행 등은 그런 행동을 하기까지 오랜 시간동안 마귀로부터 양심이 무디어지는 과정을 거칩니다. 처음부터 양심의 가책이 없이 성폭행을 하는 사람은 없을 것입니다. 성적 충동이 생겨도 양심의 가책으로 말미암아 행동하지 못합니다. 그러나 그런 생각을 자꾸 하게 되면 서서히 양심이 무디어져서 마침내는 행동을 하게 되며, 반복적으로 하게 되는 것입니다. 귀신이 하라는 대로 행동하는 것입니다.

마귀는 성령과는 반대되는 속성을 가지고 있기 때문에 마귀의 생각을 알아차리려면 성령과 많은 교제를 나누어야 합니다. 성령과의 교제는 대화기도입니다. 매사를 성령님께 질문하는 것입니다. 그래야만 성령의 음성에 익숙해질 수 있기 때문입니다. 성령과 깊은 교제를 위해서는 오랜 시간 말씀을 묵상하는 습관을 길러야 합니다. 말씀을 가까이하고 그 말씀을 통해서 가져다주는 지식과 지혜를 얻어야 합니다. 그런데 마귀는 이런 우리들의 성령과의 친밀함을 누리려는 행위를 가만히 보고만 있지 않습니다. 어떻게 해서든지 방해해서 성령의 음성을 잘 듣지 못하도록 훼방을 놓는 것입니다. 그것이 끼어들기입니다. 집중하지 못하고 잡념에 빠지게 하는 것입니다. 우리가 기도할 때 여러 차례 마귀는 끼어들기를 시도합니다. 특히 방언으로 기도할 때 더욱 심하게 훼방을 놓으려고 합니다. 기도할 때 여러 차례 영적 분위기가 바뀝니다. 대부분의 성도들은 이런 부분에 관해서 배운 바가 없기 때문에 그냥 기도합니다. 기도하면 성령이 역사한다는 막연한 생각을 가지고 기도합니다. 막연하게 주님이 지켜주실 것이라고 믿습니다.

그러나 이런 믿음은 어리석을 뿐만 아니라 마귀에게 자리를 내어주는 결과를 만듭니다. 기도는 영의 활동이기 때문입니다. 교회에서 무당과 같이 기도하면 어떤 영이 침입을 하겠습니까? 그래서 하나님은 성령으로 기도하라고 하시는 것입니다.

사단은 주님 곁에서도 배회하면서 기회가 되면 주님도 속이려고 시도하였습니다. 잘 알고 있는 베드로의 충언이 바로 그것이 아닙니까? 베드로가 주님을 붙잡고 이렇게 말합니다. "주님 안 됩니다.

절대로 이런 일이 주님께 일어나서는 안 됩니다."(마 16: 22)라고 아주 인간적인 당부를 하지 않습니까? 이 일이 있기 전에 베드로에는 놀라운 일이 있었습니다. 주님이 제자들에게 나를 누구라고 생각하느냐고 질문했습니다. 제자들은 자신들의 생각을 말하지 않고 사람들이 세례자 요한으로, 엘리야로, 예레미야 같은 예언자로 생각하고 있다고 말합니다.

그러자 주님은 사람들의 생각을 말하지 말고 자신들의 생각을 말해보라고 합니다. 그때 시몬 베드로가 "선생님은 살아계신 하나님의 아들 그리스도이십니다."라고 대답하였습니다. 이 대답은 베드로의 생각이 아니라 성령의 가르침이었다는 사실을 지적하면서 베드로를 칭찬하였습니다. 다른 제자들을 제치고 혼자 칭찬을 받은 베드로의 생각 속에는 우쭐하는 마음이 일어났을 것입니다. 마귀는 바로 이 기회를 놓치지 않고 베드로로 하여금 더 우쭐댈 수 있는 생각을 끼워 넣었습니다. 그것이 바로 22절의 베드로의 간청입니다. 이것은 베드로의 생각이 아니라, 마귀가 끼워 넣은 마귀의 생각이었고, 주님을 시험하려는 엄청난 음모가 숨겨진 사단의 노림수였습니다. 주님은 이런 사실을 정확하게 꿰뚫어보고 즉시 "사단아 내 뒤로 물러가라!"라고 호통을 치는 것입니다.

이 기록에서 보듯이 성령의 음성이 먼저요. 사단의 음성이 그 다음입니다. 베드로는 두 가지 생각이 다 자신의 생각이라고 믿었습니다. 그러나 이 두 가지 생각은 전혀 출처가 다른 성령과 악령의 생각이었습니다. 우리들의 생각 속에는 이처럼 두 가지 차원의 근원이 다른 생각들이 스며듭니다. 이것을 구분하는 것이 분별입니다. 이 분별을 바르게 하지 못하면 영적 분위기의 변화를 동반하고 있다는 사실을 알고 대처해야 합니다.

성도는 기도할 때 변화하는 영적 분위기에 대해서 민감해야 합니다. 먼저 기도를 시작할 때 그 분위기는 자신의 육신적인 생각이 지배하는 분위기입니다. 이런 육신적 분위기에서 찬양을 부르면서 영적 분위기가 바뀌도록 인위적인 작용을 하는 것입니다. 마음에서 올라오는 소리로 찬양을 부르면서 서서히 성령이 주도하는 분위기로 바뀌는 것을 인식할 수 있어야 합니다. 이 사실을 영적 주체의 변환이라고 하는데, 영적 주체가 자신의 기도를 주장함에 따라서 그 분위기가 바뀌는 것입니다.

이런 영적 기류의 변화를 읽어낼 수 있어야 하는데, 그리 어려운 것이 아닙니다. 성령의 분위기는 평안함과 뜨스함과 위로와 긍정적이고 적극적입니다. 그러면서 차분하고 아늑합니다. 그러나 마귀는 두렵고 음산하고, 어둡고 충동적이고 비판적이고, 조급하고 불안합니다. 이런 구분은 처음에 경험하는 것이고 차츰 이런 분위기에 익숙해지면 마귀도 전략을 바꾸어 회색지대로 들어갑니다.

이때가 어려워집니다. 바울은 이런 시기를 거치는 우리들에게 다음과 같이 경고했습니다. "만일 누구든지 무엇을 아는 줄로 생각하면 아직도 마땅히 알 것을 알지 못하는 것이요."(고전 8:2) 베드로가 마귀의 도구가 된 것이 바로 이 경우입니다. 마귀는 새로운 전략으로 우리를 쓰러지게 하려고 끊임없이 시도합니다. 그렇기 때문에 우리는 늘 근신하면서 더욱 새로워지지 않으면 안 됩니다.

방언으로 기도할 때 마귀가 끼워 넣는 방언을 구분할 수 있어야 합니다. 거칠고 짐승소리 같으며 주술을 외는 것과 같은 분위기가 일어난다면 즉시 방언을 멈추고 축사를 해야 합니다. 그리고 마음에서 나오는 소리로 찬양을 불러 성령의 분위기로 바꾸도록 해야 합니다. 마귀가 자신을 가지고 놀지 못하도록 하는 방법은 진리의 말씀과 성령으로 심령을 치유하는 것입니다. 치유하여 성령으로 심령을 정화하면 마귀가 장난을 하지 못합니다. 그러나 마귀는 자신의 정체가 탄로 나면 한 동안 물러납니다. 그리고 다음 전략을 세우지요. 그러나 매번 마귀의 전략은 그 본성을 버릴 수 없습니다.

우리는 하나님의 속성을 잘 알아야 합니다. 영적지도자는 각 사람에게 개별적으로 역사하시는 영들의 작용을 이해할 수 있어야 합니다. 항상 성령의 역사가 성도들을 장악하도록 영적인 권위를 활용해야 합니다. 하나님께서 목회자에 부여한 영적권위는 말씀 증거와 안수사역입니다. 영적권위를 적절하게 사용하여 성도들이 맑은 영성을 유지하도록 도와야 합니다.

기도 공동체를 만들어서 함께 성령으로 기도하면서 서로의 영적 상태를 점검하고 보살펴주어야 합니다. 앞 선 사람은 처진 사람을 이끌어주면서 서로 세워야 합니다. 구역, 속회, 순, 셀 등과 같은 이름으로 불리는 소규모 공동체가 이 일을 감당해야 할 것입니다. 공동체를 이끌어가는 인도자는 각 사람에게 흐르는 영들의 활동을 분별할 수 있어야 합니다. 그래야 자신에게 맡겨진 성도들을 성령으로 인도할 수가 있습니다. 명심해야 할 것은 마귀는 지금도 삼킬 자를 찾아다닙니다.

17장 마음의 상처가 귀신을 불러들인다.

(고전3:3)"너희는 아직도 육신에 속한 자로다 너희 가운데 시기와 분쟁이 있으니 어찌 육신에 속하여 사람을 따라 행함이 아니리요"

하나님은 깊은 영성을 유지하기 위하여 상한 마음을 치유하기를 원하십니다. 우리가 세상을 살아가다 보면 원치 않는 불행한 일을 만날 수도 있습니다. 생각하지 못한 충격적인 일을 당할 수도 있습니다. 그 가운데 귀신들림은 불행한 일 중에도 불행한 일입니다. 왜 그런가 하면, 일반적인 사람들은 귀신들림을 정신질환으로 보기 때문에 문제를 해결하지 못하고 처리해야 할 귀중한 시간을 헛되이 버리게 되기 때문입니다. 모든 일에는 오해가 따르기 마련이지만 특히 귀신들림에 대한 오해는 치유시기를 놓칠 위험이 크기 때문에 심각하고 당사자에게는 불행한 일이 되는 것입니다.

귀신들림과 단순한 정신질환을 구분하지 못하는 정신과 의사들로 인해서 더욱더 문제가 심각해지는 것입니다. 기독교 신앙을 가진 정신과 의사마저도 귀신들림에 대해서 부정적이기 때문에 문제를 해결하는데 큰 걸림돌이 됩니다. 지금은 많이 이해되고 있지만 아직도 대부분의 의사들은 영적인 일에 강한 거부감을 가지고 있습니다. 자신들이 학교에서 배운 학문을 절대로 여기는 집단적 수구와 이기심으로 인해서 귀신들림이 인정을 받지 못할 뿐만 아니라, 축사를 무속의 한 부분으로 오해합니다.

귀신들림이 우리에게 일어나는 데에는 몇 가지 과정과 절차가 있습니다. 우리는 이 부분을 정확하게 이해해야 이런 불행한 일을 방지할 수 있습니다. 귀신은 우리 몸에 들어와 우리의 정신세계뿐만 아니라, 우리의 육체를 점령합니다. 마귀는 주로 정신(마음)을 지배하려고 하지만 귀신은 우리의 몸을 점령하려고 합니다. 거라사 광인에게서 나간 귀신이 돼지 떼의 몸속으로 들어갔습니다. 마귀는 공중에 머무는 영적 존재이지만, 귀신은 지역과 우리 몸을 거처로 삼습니다. 지역 보다는 우리 사람의 몸을 가장 좋아합니다.

그런데 우리 몸에 들어오기가 쉽지 않습니다. 우리가 받아들이지 않으면 절대로 들어올 수 없습니다. 한번 들어온 귀신이 나가지 않으려고 온갖 속임수를 다 사용하는 까닭이 다시 들어갈 몸을 얻지 못하고 떠돌아다녀야 할 고통 때문입니다. 귀신은 몸이 아니면 쉼을 얻을 수 없기 때문에 무척 피곤하고 괴롭습니다. 타락한 영적 존재인 마귀와 귀신은 타락하는 순간에 하나님으로부터 받은 특권을 대부분 상실하였습니다. 이것은 우리가 타락함으로써 에덴의 특권을 상실하고 수고하여 일해야 하는 고통스런 삶을 살아야 하는 것과 같습니다.

귀신은 쉼을 얻기 위해서 우리의 몸을 점령하려고 온갖 노력을 다 합니다. 그런데 우리의 속사람이 귀신의 침투를 허락하지 않습니다. 그러므로 귀신은 두루 다니면서 속사람이 상한 사람을 찾습니다. 귀신이 침투하기 쉬운 상태에 놓여있는 사람에게 접근하여 지속적으로 공격하기 시작합니다. 귀신의 공격을 받은 사람은 속사람이 매우 심각하게 손상을 입은 사람입니다. 우리의 속사람이 손상을 입는 원인은 주로 죄와 상처입니다. 심각한 범죄들 예를 들면 살인, 강간, 절도 등과 같은 중범죄를 행하면 우리의 속사람은 위축되고 깊은 상처를 입게 됩니다. 죄는 능동적으로 자신이 행하는 행위입니다. 그런데 상처는 수동적으로 타인으로 말미암아 입게 되는 것입니다. 죄의 피해자인 것입니다.

심각한 상처는 실연, 사망으로 인한 이별, 성폭행 당하기, 중대한 사고, 시험에서 낙방하기, 괴롭히기를 당하기, 갑작스런 실업, 과중한 채무, 사업의 실패, 과중한 스트레스 등등 자신이 감당하기에 어려운 일을 갑자기 당하는 경우 우리의 속사람은 깊은 상처를 받습니다. 이런 경우 귀신은 그 사람을 집중적으로 공격하게 됩니다. 이런 죄와 상처를 받은 사람에게 귀신은 침투를 시작합니다. 죄를 짓는 능동적 범죄는 주로 마귀가 침투하는 경우가 대부분이고, 수동적인 상처는 귀신이 침투하는 대상이 됩니다.

마음의 상처가 풀리지 않고 계속 자신의 속사람을 괴롭히게 되면 속사람은 굉장히 위축되고 그 기능이 현저하게 약하게 됩니다. 그런 증상이 우울증으로 나타납니다. 무기력해지고 우울해지며 삶의 의미를 잃어간다면 이런 사람은 귀신들릴 절대적인 자리에 놓여 있는 것입니다. 귀신은 이런 사람을 발견하면 즉시 공격을 시작합니다. 속사람이 깊은 상처를 입어 무기력해지면 모든 것에 힘을 잃습니다. 귀신이 그런 사람에게 먼저 상태를 알아보기 위해서 여러 가지로 유혹하기 시작합니다. 때로는 겁을 주기도 합니다. 이런 저런 시도를 하면서 접근합니다. 대체로 하이에나처럼 귀신들은 무리를 지어 떠돕니다. 졸개 귀신이 먹이가 되는 사람을 발견하면 대장 귀신을 비롯한 일단의 무리들이 몰려와서 그 사람을 집중적으로 공격합니다.

귀신들은 무리마다 특성을 가지고 있습니다. 더러운 귀신은 더럽습니다. 음란한 귀신은 음란합니다. 이처럼 특성이 있기 때문에 자신들의 특성을 가지고 접근하는 것입니다. 여러 가지 환상을 보여주고 환청을 들려줍니다. 검은 그림자가 자신에게 접근해오는 것을 속사람이 인식하고 거부하게 됩니다. 그러나 속사람은 심각한 상처를 입었기 때문에 이들 귀신의 무리에 대항할 힘이 없이 결국에는 무너지고 맙니다.

우리 주변에 이런 상처를 입은 사람이 있다면, 우리는 그 사람에게 귀신이 들어오지 못하도록 그 상처를 치료해 주어야 합니다. 진리의 말씀과 성령의 역사로 잠재의식과 무의식에 형성되어 있는 상처를 치유해야 합니다. 시간이 걸리는 일입니다. 귀신은 속사람을 속이고 위협하면서 항복을 받아냅니다. 속사람이 귀신을 거부하지 않고 반항하지 않으면 귀신은 그 사람의 몸속으로 들어옵니다. 그리고 정신을 장악하려고 합니다. 정신을 장악하지 않으면 그 사람이 다시 반항하기 때문입니다.

정신을 장악하기 위해서 주로 사용하는 방법이 공포입니다. 두려워서 반항할 용기를 내지 못하도록 심각하게 위협합니다. 이런 위협과 공포로 인해서 귀신이 시키는 대로 행동하게 됩니다. 웃으라면 웃고 울라면 울고, 무릎을 꿇으라면 즉각 꿇습니다. 옷을 벗으라면 벗고, 가자면 가고 누우라면 눕습니다.

철저히 행동을 통제함으로써 귀신이 그 사람을 자기들 마음대로 다루게 되는 것입니다. 그러면서 귀신들은 그 사람의 몸에 자신들의 집을 견고하게 만들기 시작합니다. 이것이 귀신의 집입니다. 속사람은 끊임없이 반항하지만 귀신들의 공격으로 인해서 그들을 물리치지 못합니다. 귀신들린 사람이라 할지라도 속사람이 죽은 것이 아니므로 간헐적으로 구조 신호를 보냅니다. 우리는 이 신호를 알아차리지 못하고 넘겨버립니다. 다행이 이 신호를 알아차리고 축사를 하거나 적절한 도움을 줌으로써 귀신들의 공격에서 풀려나오는 경우가 있습니다. 심각한 사건을 경험한 후 3년 이내에 적절한 조치를 하지 않은 채로 방치한다면 심각한 귀신들림에 걸릴 수 있습니다.

상처는 귀신들림을 일으키는 통로입니다. 상처를 치유하지 않은 채로 둔다면, 귀신이 이 사실을 발견하게 될 것이고 하이에나처럼 집중적으로 공격을 받게 되고 마침내는 그 먹이가 되고 맙니다. 주변에 아픈 상처로 인해서 어려워하는 사람이 있다면 하나님의 말씀으로 상처를 치료하고 속사람을 강건하게 해 주어야 합니다. 상처를 입은 사람은 스스로 자신의 상처를 감당할 수 있는 능력이 없습니다. 그러므로 주변에서 도와주어야 합니다. 육신의 상처에는 세균이 몰려오지만 마음의 상처에는 귀신이 몰려옵니다.

그렇기 때문에 상처가 무의식에 심기지 못하도록 해야 합니다. 예를 든다면 길을 가다가 차 소리나 기타 등등으로 깜작 놀랄 경우가 있습니다. 필자의 경험으로 보아 이런 일이 있은 후 며칠이 지나면 가슴이 답답해지고 기도가 잘 되지 않는 경우가 있습니다. 이는 놀랄 때 악한 영이 침입을 한 것입니다.

이를 예방하기 위하여 이렇게 하세요. 호흡을 깊게 들이쉬고 내쉬면서 성령의 임재를 요청하세요. 성령의 임재가 충만해지면 마음으로 명령을 하세요. "내가 놀랄 때 들어온 악한 영은 예수 이름으로 명하노니 떠나갈지어다." "내가 놀랄 때 들어온 악한 영은 예수 이름으로 명하노니 떠나갈지어다." 이렇게 기도하여 마음에 평안이 찾아오면 떠나간 것입니다.

불안이나 두려움이 엄습할 경우가 있습니다. 이는 마음에 상처나 영적인 침입이 있다는 증거입니다. 우리에게 성령이 역사하면 평안합니다. 자신이 이유 없이 불안하고 두려움이 엄습할 경우는 악한 기운이 나에게 역사하고 있는 것을 성령께서 자신에게 알려주는 것입니다. 이때에는 호흡을 들이쉬고 내쉬면서 성령의 임재를 요청합니다. 성령의 임재가 충만해지면 마음으로 명령을 하라. "나를 불안하게 하는 악한 영은 예수 이름으로 명하노니 떠나갈지어다." "나를 불안하게 하는 악한 영은 예수 이름으로 명하노니 떠나갈지어다." 자꾸 호흡을 하면서 대적기도를 합니다. 이때 중요한 것은 성령의 임재 하에 부드럽고 가벼운 소리로 명령을 합니다. "악을 쓰면서 떠나라. 떠나라." 하는 기도는 육성이 강하므로 귀신이 떠나가지 않습니다. 성령의 임재 하에 부드러운 영의 소리로 가볍게 명령하면 떠나갑니다.

축귀를 하려면 먼저 성령으로 세례를 받아야 합니다. 성령으로 세례를 받은 다음부터 성령의 역사로 잠재의식의 상처들이 현재의 식으로 드러나서 치유가 되기 시작을 합니다. 잠재의식을 상처가 치유되지 않으면 귀신축사를 했어도 다시 들어옵니다. 그러므로 축귀사역은 내적인 상처를 먼저 치유하고 귀신을 축사해야 합니다. 귀신의 축사보다 자신의 내면에 성전이 견고하게 지어지는 일에 집중해야 합니다. 자신 안에 성전이 지어지지 않으면 떠나갔던 귀신이 다시 침입을 하기 때문입니다. 축귀를 한 다음에도 성령님이 자신을 장악하는 믿음생활을 지속해야 합니다.

충만한 교회는 지방에 계시는 분들을 위하여 성령치유 집회 CD와 교재를 33종류를 비치하고 있습니다. 과목별 CD는 12시간을 녹음하여 12개입니다. 가격은 2만원입니다. 교재는 과목당 만원입니다. 필요하시면 주문하여 영성을 깊게 하실 수가 있습니다. 교재를 보며 CD를 들으면 현장에서 집회를 참석한 것과 같은 효과가 있습니다. 전화는 02-3474-0675. 신청은 번호를 알려주시면 됩니다. 메일주소는 kangms113@hanmail.net 를 이용하여 신청이 가능합니다(필요CD/교재번호. 주소. 전화전호. 우편번호).

*과목별 상세한 내용은 홈페이지 www. ka0675.com 에 들어오셔서 확인 바랍니다. 홈피에 보시면 계좌번호와 과목별 상세목록을 확인하실 수 있습니다.

18장 악령들의 접근을 방어하는 비법

(벧전5:8)"근신하라 깨어라 너희 대적 마귀가 우는 사자 같이 두루 다니며 삼킬 자를 찾나니"

마귀가 우리에게 접근하는 까닭은 소극적으로는 우리로 하여금 하나님의 일을 하지 못하게 할 뿐만 아니라, 적극적으로는 하나님의 일을 방해하고 많은 그리스도인을 실족하게 만들기 위함입니다. 이것은 우리로 하여금 망하게 하기 위함인데, 마귀는 주로 우리의 영을 공격목표로 삼으며, 귀신은 우리의 육신을 포로로 잡아서 자신들이 하고자 하는 뜻을 드러냅니다.

사람은 영과 육을 지닌 존재인데 마귀는 영을 지배하여 우리를 영적으로 이용하려고 하며, 귀신은 우리의 육체를 점령하여 귀신의 행위를 하게 하는 것입니다. 영과 육이 마귀와 귀신에게 사로잡히게 되면 그는 망하게 되는 것입니다. 마귀는 두루 다니면서 삼킬 대상을 찾아다니며, 모든 그리스도인은 예외 없이 마귀의 공격 대상이 되는 것입니다.

마귀와 귀신은 영적 존재인데 특히 마귀는 차원이 높고 강력한 능력을 가진 존재입니다. 적어도 3단계의 천사 그룹 중 2단계에 속하는 존재들이 마귀이며, 하위 3단계가 귀신들입니다. 1단계에 속하는 그룹, 스랍, 권세 등에 속하는 무리들은 사단이라고 부릅니다. 이들은 공중의 권세를 장악하고 우리가 살고 있는 이 땅을 발판으로 모든 것을 지배하는 막강한 세력입니다. 이들의 우두머리 루시퍼를 정점으로 마귀는 우두머리의 명령에 따라서 우리를 괴롭히고 있는 것입니다. 마귀는 거짓말을 우리 영속에 흘러 보내며, 이 신호를 우리 지각이 받아들여 행동하면 마귀의 행동이 나타나는 것입니다. 마귀는 거짓과 간계의 아비이므로 우리 마음속에 들어오는 생각 가운데 이런 특징을 지닌 내용들을 걸러내야 합니다.

마귀는 끊임없이 우리의 생각 속에 하나님과 어긋나는 생각들 즉 이기적이고 탐욕적인 생각들을 불어넣습니다. 그런데 이것이 교묘하게 위장될 뿐만 아니라 타당한 근거를 지닌 내용처럼 보이기 때문에 속기 쉬운 것입니다. 베드로가 주님이 십자가에 죽으시고 다시 살아나야 한다고 말씀하실 때, 그러시면 안 된다고 만류한 것은 제자로서 당연한 자세 같아 보입니다.

스승이 죽는다는데 그것을 찬성할 제자가 누가 있겠습니까? 이처럼 우리 마음속에 우러나오는 생각이 이런 타당하게 여겨지는 근거를 지니고 있습니다. 마귀는 항상 합리성을 가지고 사람에게 접근하기 때문에 사고가 영적으로 바꾸지 않으면 속을 수밖에 없는 것입니다. 성령으로 충만한 가운데 하나님의 말씀으로 판단의 기초를 제대로 갖추지 못하면 마귀의 유혹에 휘말리게 됩니다. 우리의 그릇된 분별과 판단을 이용하여 마귀는 자신들이 하고자 하는 일을 하게 됩니다. 마귀는 각 그룹마다 자신들의 독특한 특징을 지닙니다. '종교의 영'은 거짓 종교체계를 따르도록 우리를 유혹하며, '발람의 영'은 권세와 물질을 더 좋아하게 만들며, '이세벨의 영'은 우상을 숭배하게 만듭니다.

그 밖에 '게으른 영'은 모든 것을 내일로 미루도록 만들며, '분리의 영'은 항상 부정적으로 비판하게 만들어 분리하게 합니다. '다툼의 영'은 사소한 일도 크게 만들어 다툼이 일어나며, 이런 영을 가진 사람이 모임에 들어오면 반드시 싸움이 생깁니다. 수많은 영적 기능들이 있는데 이 마귀들이 접근함에 따라서 우리의 생각이 그 특성을 드러내기 시작하는 것입니다. 마귀는 우리 영속에 자신들의 특성적인 신호를 보내면 우리의 지각은 이것을 분석하여 받아들이게 됩니다. 말씀에 미약한 사람은 이 신호를 분별하지 못하고 자신의 생각인 것으로 여겨 그대로 행동하게 되는 것입니다. 마귀의 생각을 따라서 행동하게 되는 이유는 합리적이기 때문입니다.

떠오르는 생각 가운데 우리 영의 생각, 성령의 생각, 천사의 생각, 마귀의 생각이 있습니다. 이처럼 우리의 생각은 온갖 영의 생각들이 복잡하게 드러나는 싸움터입니다. 이런 생각들의 출처를 확실하게 구분할 줄 아는 것이 영적 분별력이며, 기술이기 때문에 배워서 익혀야 합니다. 우리의 생각을 멋대로 내버려 두어서는 안 됩니다. 성령으로 기도하여 영을 강하게 해야 합니다. 그리고 하나님의 말씀으로 무장하고 분별력을 높여 하나님의 음성을 더 잘 듣도록 노력합시다. 귀신은 우리의 육체를 점령하여 그 가운데 거처를 삼고자 기회를 엿봅니다. 마음의 상처나, 고통스런 사건을 경험하여 심령이 극심하게 허약해져 있어 분별력이 없을 때 침투하게 됩니다. 극심한 사건이 없다 하더라도 영이 강건하지 못한 경우, 귀신은 접근을 시도합니다.

우리가 영적인 일에 무지하고 믿음이 약할 때 역시 공격을 시도하는데 귀신의 공격목표는 우리의 육신입니다. 그러므로 귀신이 접근하면 먼저 우리의 영이 이 사실을 깨닫게 되며, 그 신호를 육체에게 보냅니다. 육체가 느끼는 다양한 신호 가운데 가장 많이 나타나는 것이 소름끼치는 것입니다. 가슴이 조여들고 현기증이 나고, 불쾌한 생각이나 두려운 생각, 썩은 냄새, 머리카락이 서는 강한 공포 등의 신호를 우리 감각기관에 보냅니다. 검은 물체가 보이거나, 어두운 분위기와 짓누르는 것 같은 압박감 등도 나타나며, 어둡고 불쾌하며 두려운 생각이 짓누르고 가위눌려 몸을 움직이지 못하게 되며, 악몽에 시달리며, 짐승들의 울부짖는 것과 같은 소리가 날카롭게 들립니다.

방언이 거칠고 날카롭게 나오며, 짐승소리 비슷하게 변합니다. 공중에서 급하게 바람이 휘몰아 가는 것 같은 느낌이 들며, 날카로운 바람 소리가 들립니다. 무당들이 점을 칠 때 내는 독특한 휘파람 소리 같은 소리가 스쳐지나 가며, 뱀이 낙엽 위로 사삭거리면서 지나가는 듯한 소리와 느낌이 듭니다. 때로는 발자국 소리가 들리기도 하고 문이 열려 있어서 냉기가 스며드는 것 같아 누가 문을 열어두었나 하고 살피게 됩니다. 귀신은 공포를 동반하는데 이 모든 것이 일차적으로는 우리의 영이 우리 자신에게 알려주는 신호입니다. 귀신은 자신의 존재를 나타내려고 하지 않지만 우리의 영은 이 사실을 알기 때문에 이런 다양한 신호를 우리에게 보냅니다. 귀신이 자신에게 접근해 오면 우리의 영이 이를 알고 느끼기 시작하며, 때로는 성령께서 이 사실을 우리에게 알게 해 주십니다.

영을 분별하는 은사가 있는 경우에는 성령께서 구체적으로 이런 신호를 보내주어 세부적으로 구분할 수 있게 하며, 악령의 능력이 어느 정도인지도 알게 됩니다. 일반적인 성도들에게 귀신의 접근은 일상적인 일입니다. 이는 마치 우리의 몸이 피곤하면 감기 바이러스가 활동을 강하게 하여 몸살기운이 나타나기 시작합니다. 이런 증상을 느끼면 피로를 풀어주어야 하고 몸을 쉬게 해서 다시 기운을 차려야 하듯이, 귀신이 접근하면 우리의 영적 삶의 어느 부분인가 자신도 모르는 사이에 틈이 생겼다고 보고 살펴야 할 것입니다. 귀신의 통로는 죄와 상한 심령인데 귀신을 불러들이는 바탕이 되는 죄를 회개해야 하며, 심령을 하나님의 말씀으로 강하게 해주어야 합니다. 때로는 금식하면서 기도하고 은혜로운 집회에 참석하거나 말씀을 깊이 묵상하여 주님의 은혜로 심령에 채워야 합니다.

마귀와 귀신의 접근은 마치 감기처럼 누구에게나 오는 것입니다. 우리의 몸과 영은 이 두 차원의 악한 존재들로 인해서 항상 싸움터가 되며, 이 영적 전쟁에서 이기기 위해서는 깨어 기도해야 합니다. 마귀는 우리가 하나님의 사랑을 더 많이 받을 수 있는 길목을 지키다가 적당한 때가 이르면 모조품을 먼저 우리 앞에 내어놓습니다. 마귀는 우리의 약점을 너무도 잘 압니다. 성령께서는 자신의 약점이 무엇인지를 알기 원하십니다. 누구든지 한 가지 이상의 약점을 지니고 있으며, 그 약점은 우리가 하나님 앞에서 겸손하게 하기 위한 은혜의 수단이기도 합니다.

우리를 겸손하게 하고 성령의 도우심을 의지하게 하기 위한 부분인 약점을 제대로 이해하고 늘 그 부분을 경계하면서 살아가야 하지만 때로는 이 점을 잊고 살아갈 때가 있습니다. 그런 상황이 되면 마귀는 바로 이 약점을 이용하여 우리를 장악하려고 시도합니다. 마귀의 유혹에 휘말려 실수를 범하게 되면, 죄책감에 빠지게 만들고, 스스로를 정죄하여 무기력하게 만들거나 그 실수를 위장하고 감추게 하려는 마음을 불어넣어 위선적인 사람으로 살아가게 만듭니다. 이런 마귀의 유혹에 휘말리면 자신을 더욱더 비하하고 죄책감에 시달리면서 괴로워하게 됩니다. 마귀는 하나님은 벌하시는 분이라는 생각을 불어넣어 회개하는 것조차 두려워하게 하거나 거듭 반복해서 같은 죄를 지었으니 무슨 염치로 회개하려고 하는가, 회개한들 소용이 없을 것이라는 생각을 불어넣어 줍니다.

마귀의 끈질긴 방해로 인해서 하나님과 점점 멀어지게 되는 것입니다. 마귀는 우리의 약점을 이용해서 우리를 사로잡으려고 하는 것입니다. 귀신은 육체가 약할 때 우리 몸으로 스며듭니다. 귀신이 침투를 시도하면 우리 몸은 컨디션이 나빠집니다. 깊은 잠을 자지 못하고 잠을 설치며, 어두운 분위기로 인해서 짜증이 나며 신경이 쇠약해져서 하고 싶은 생각이 나지 않고 무력해지기 시작합니다. 삶의 의미를 모르겠고 의욕도 생기지 않으며, 모든 것이 부질없는 일 같이 보입니다. 이것이 우울증 초기 현상인데 귀신이 접근하면 이런 현상이 나타나기 시작하는 것입니다.

귀신과 마귀는 같은 편이기 때문에 귀신이 접근하면 마귀 역시 이들을 도와서 우리 생각 속에 죄책감이 들도록 자극하기 시작합니다. 육신은 피곤하고 생각은 우울해집니다. 잠을 깊이 잘 수 없어서 악몽에 시달리며, 짜증이 나서 의욕이 사라지기 시작하며, 모든 것이 싫고 미워집니다. 이런 괴로움으로 인해서 육신과 영이 피곤해집니다. 피곤하면 모든 것이 싫어지지 않습니까? 그래서 말씀도 귀에 들어오지 않고 기도하거나 성경을 읽고 싶은 생각이 들지 않게 됩니다. 몸이 피곤하면 만사가 다 귀찮아지는 법입니다. 귀신은 우리 몸을 점점 더 피곤하게 만듭니다. 귀신은 우리 몸을 점령하려고 하는 의도를 가지고 있기 때문에 몸이 피곤해지고 잠을 제대로 못 자게 되는 공격을 받는다면 우리 몸의 컨디션을 향상시켜야 합니다.

성령으로 기도하며 찬송을 듣고 부르면서 귀신을 물리치고 주변에 경건한 사람들의 도움을 받아서 귀신을 물리치는 기도를 해야 합니다. 악령이 접근한 발판이 되는 죄를 회개하고 성령 충만을 위해서 성령으로 기도해야 하며, 특히 영의 찬양을 많이 불러 자신의 영에 힘을 넣어주어야 합니다. 경배와 찬양으로 주님을 높이고 말씀을 묵상하여 분별력을 높이며, 성령의 임재가운데 예수의 이름으로 악한 영을 물리쳐야 합니다. 적당한 운동으로 몸의 컨디션을 높이고 잠을 깊이 잘 수 있도록 잠들기 한 시간 전에 30분정도

가벼운 운동을 하는 것이 좋습니다. 잠에서 깨면 바로 자리에서 일어나 기도하면서 경건의 훈련을 해야 합니다. 잠이 깨었는데도 불구하고 잠자리에서 미적거리거나 공상을 하면 악령에게 사로잡힐 위험이 더 커집니다. 마귀는 우리의 생각을 지배하려고 하기 때문에 잠이 깨어 의식이 돌아오면 주님을 바라보아야 합니다. 성령의 임재하에 말씀을 묵상함으로 머리와 마음속을 채워 잡다한 생각이 들어오지 못하게 해야 합니다.

우리 몸과 영은 항상 건강한 상태를 유지하도록 돌봐야 합니다. 몸이 건강하려면 규칙적인 생활 습관과 적당한 양의 운동을 계속하는 것입니다. 알맞은 양의 식사와 치우치지 않은 건강한 식습관이 있어야 하듯이 영의 일에도 일정한 시간의 기도와 말씀을 읽는 일을 게을리 하지 말아야 하며, 분별력을 기르기 위해서 영적 지도를 받아야 하며, 영이 강건해지기 위해서 뱃속에서 올라오는 방언기도를 많이 해야 하며, 깊은 묵상과 영의기도를 할 수 있어야 합니다. 방언을 하지 못하는 사람은 반드시 말씀의 묵상과 영의기도를 해야 합니다. 이 깊은 기도는 영의 기도이기 때문입니다. 방언기도, 묵상기도, 영의기도는 우리 의지로 하는 기도의 차원을 넘어서 주님과 연합하여 기도하는 기도방법입니다. 평소에 육신과 영을 늘 건강하게 유지하는 것이 중요하지만 우리의 삶은 날마다 최선의 상태를 유지할 수 없듯이 때로는 과로하게 되고 영적으로 탈진하거나 침체에 빠질 수 있습니다. 그러므로 기도공동체에 속해서 서로 서로 도울 필요가 있는 것입니다. 건강을 위해서 동호회에 가입해서 함께 좋아하는 운동으로 건강을 유지하듯이 영적인 건강을 위해서 서로 비슷한 영적 성향을 가지 소그룹에 가입해서 영적 지도를 받고 주는 관계를 갖는 것이 무척 중요합니다.

이 책의 글을 꼼꼼히 정독했다면 아마도 영의 흐름이나 범위에 대해서 구체적인 파악이 어느 정도는 되었을 것입니다. 그리고 자신감도 생겼을 것입니다. 그렇다면 성령으로 충만한 영적인 교회에 가서 함께 기도하면서 영을 강화시키시기 바랍니다. 사고를 영적으로 바꾸시기를 바랍니다. 하나님의 눈으로 세상을 바라보는 성도가 되시기를 바랍니다. 성령으로 충만한 생활을 하면서 서로 받은 은혜를 나누고 성령님의 계시가 임하기를 간구한다면 머지 않아 많은 영적 변화를 서로 경험하게 될 것입니다. 혼자 기도하는 것보다 연합할 때 성령의 역사는 더 강하게 일어납니다. 서로 마음이 통하는 가까운 분들과 함께 영성을 개발하고 은혜를 경험함으로써 더 나은 신앙과 고품격의 영적 삶을 일구어내기 소망합니다. 육신의 삶을 고급화하려고 노력하는 것 이상으로 우리의 영적 삶의 질도 고급이 되어야 합니다. '젖과 꿀이 흐르는 땅'이 바로 우리가 들어가야 할 높은 차원의 영적 삶의 지경인 것입니다. 영은 자꾸 자라야 합니다.

19장 악령을 수시로 쫓아내는 습관이 중요

(눅 4:35)"예수께서 꾸짖어 이르시되 잠잠하고 그 사람에게서 나오라 하시니 귀신이 그 사람을 무리 중에 넘어뜨리고 나오되 그 사람은 상하지 아니한지라"

하나님은 성도들이 성령으로 충만하여 악령을 수시로 축귀하는 습관을 들이기를 원하십니다. 악한 영은 우리 몸과 정신에 계속 영향을 주며, 이를 우리가 거부하거나 부정하고 쫓아내지 않게 되면 서서히 자리를 잡아가게 되기 때문입니다.

이런 악한 영의 지배를 받게 되면 그것이 주는 영향 즉 죄의 권세가 우리의 품성이나 인격처럼 여겨져 그 사람의 삶 전체를 지배하게 되는 것입니다. 예를 들면, 조그만 일에도 화가 나고 신경질을 부리는 사람의 경우, 다른 사람들과 잘 어울리지 못하기 때문에 사회적인 도움을 받을 수 없게 됩니다. 온전한 인격을 갖춘 사람들과 교제가 힘들게 되기 때문에 자연적으로 그런 사람들이 모이는 공동체에서 배제되고 하류 사회에 속할 수밖에 없게 되는 것입니다.

화를 잘 내고 조급한 성격은 타고난 기질도 있을 수 있지만 후천적으로 형성되는 경우 많은 경우 이는 악한 영의 영향을 받았고, 그 후 그 영으로부터 지배를 받게 됨으로써 자신의 인격처럼 되어버리는 것입니다. 우리는 그리스도를 믿고 성령을 받아서 성령과 항상 사귀면서 말씀을 묵상하고 실천해 가는 과정에서 서서히 주님의 인격을 닮아가게 되어 빛이 나게 되는 것입니다. 그러나 악한 영의 지배를 받는 사람은 차츰 자신을 주장하는 악한 영의 인격을 닮아가게 되는 것입니다.

거친 말이나 욕설이나 외설스런 말을 하는 사람은 그 속에 그런 악한 영이 있는 것입니다. 이런 작용이 계속되어 악령의 속박에 말리게 되면 그 영향에서 좀처럼 벗어나기가 쉽지 않습니다. 이런 경우, 의학적으로는 '틱장애'(tig disorders)나 '뚜렛 장애'(tourette disorders)라고 부르는데, 상당 부분은 악한 영에 의해서 일어나는 것으로 볼 수 있습니다. 단순한 심리적 육신적 장애가 있는데, 어릴 적 스트레스를 받거나 환경이 바뀔 때 일시적으로 불안해서 생기는 '틱'이 있습니다. 이런 경우 진리의 말씀과 성령의 역사로 치유하면 곧 증상은 사라집니다.

그러나 시간이 지나도 증상이 호전되지 않는다면 이는 악령의 영향을 받고 있다고 판단하고 적절한 축사를 해야 할 것입니다. 마음속에서 의심이 일어난다든가, 부정적인 생각이 계속 솟아난다든가, 욕설이 자꾸 나온다든가, 미워하는 생각이 든다든가 하는 등의 생각이 지속적으로 간헐적으로 계속 일어난다면 악령의 영향을 의심해야 할 것입니다. 자신은 그렇게 하려고 하지 않아도 자신 안에서 무언가 작용하는 힘을 느낍니다. 이 힘은 억제할 수 없기 때문에 자신의 의지와는 상관없는 행동이나 말을 하게 되는 것입니다.

이런 장애는 초기에 적절한 축사를 해야 합니다. 부정적이고 건전하지 못한 생각이 든다든가, 욕설이 나온다든가, 단조로운 행동을 반복하게 될 때 스스로 그 악령을 꾸짖고 쫓아내야 합니다. 자신의 내면에서 자신의 의지와는 상관없이 떠오르는 바람직하지 못한 생각이 일어날 때 이를 방치해서는 안 됩니다. 왜 자신이 이런 생각을 하는 걸까 하고 의아해 하기만 해서는 안 됩니다. 그 즉시 그 생각을 쫓아내야 합니다. 즉 그 생각을 만들어낸 악한 영의 세력을 쫓아내야 하는 것입니다.

나쁜 생각이나 말이 떠오르는 즉시 마음으로 기도하여 성령이 충만한 상태에서 '악한 영아! 예수의 이름으로 명하노니 내 안에서 떠나가라!'라고 명령하고 쫓아내야 합니다. 소리는 영에서 나오는 마음으로 하면 됩니다. 이런 축사를 그런 생각이나 말이나 행동을 할 때마다 해야 합니다. 그렇게 하고 그 생각과 말과 행동이 자신으로부터 나온 것이 아니라 악한 영으로부터 나오는 것이며, 그런 현상이 나타나게 하는 악한 영이 자신의 내면에 들어와 있다는 사실을 인정하고 그 영을 몰아내는 것입니다.

이런 악한 영은 우리의 죄를 틈타서 들어온 경우가 많기 때문에 그 발판이 되는 죄를 회개해야 합니다. 어린 아이의 경우에는 스스로 할 수 없으므로 대신 축사해 주어야 합니다. 정신적 스트레스나 나쁜 환경에 노출되어 있어서 생긴 '틱 장애'의 경우에는 치유를 위한 안수 기도를 해 줄 필요가 있는 것입니다. 정서적으로 불안해지는 아동 후기인 7~8세에 생기는 일시적인 틱 장애는 불안한 환경에 익숙해지게 되면 자연적으로 사라지지만 그렇지 않은 경우에는 악한 영의 작용을 의심해야 합니다.

성인에게 있어서 나쁜 생각이나 욕설이 나오는 것은 악한 영으로 말미암은 것이므로 반드시 축사해야 합니다. 악한 영은 수시로 우리들을 미혹하고 교묘한 방법으로 들어오기 때문에 그런 생각이나 행동이 나타나면 즉시 축사하여 만성화되는 것을 피해야 할 것입니다. 적절한 조치가 없이 시간이 지나면 이런 행위는 자신의 인격이나 기질처럼 자리를 잡게 되기 때문에 치유가 더욱 어려워지는 것입니다.

다수의 그리스도인이 예수를 닮아가는 대신에 악한 영을 닮아가는 모습을 볼 수 있습니다. 분리하고, 다투고, 시기하고, 의심하고, 욕심을 내는 등 악한 영의 열매들을 지니고 있습니다. 성령을 따르려고 하지만 우리 안에는 여전히 죄의 열매들이 있습니다. 그럼에도 불구하고 그런 결과를 가져다주는 죄의 회개와 악령의 추방은 제대로 충분히 하지 않은 채로 살아가기 때문에 우리 안에 아름답지 못한 일들이 일어나는 것입니다. 우리 안에 들어와 있는 악한 영을 성령의 임재 하에 추방하는 일은 마치 몸을 청결하게 하여 병이 들지 않게 하려는 행위와 다를 바가 없습니다.

매일 몸을 깨끗하게 유지하려고 씻는 일을 하듯이 우리 영의 몸도 정결해야 하기 때문에 적절한 축사는 항상 이루어져야 합니다.

부정적인 생각이 들면 그 즉시 물리쳐야 하며, 이상한 행동을 하는 사람은 그 행동의 배후에 있는 악령을 추방해야 합니다. 거친 행동과 말버릇을 단순히 성격으로만 생각해서는 안 됩니다. 이는 악한 영에게 속는 것입니다. 부정적인 생각을 추방하고 부인하며 긍정적인 생각으로 전환하는 노력이 필요합니다. 이런 조치를 전혀 하지 않았다면 이를 제거하는 일이 처음에는 쉽지 않을 것입니다. 그러나 계속 축사하게 되면 차츰 그런 생각들은 힘을 잃게 되고 긍정적이고 밝은 생각들이 들어옵니다.

악한 영은 우리가 심리적으로 위축되었거나 심한 압박을 받는 등의 상황을 이용해서 교묘하게 스며듭니다. 그래서 사람들은 그런 생각이나 행동이 그런 외적 자극 때문에 생기는 자연적인 현상으로 받아들이는 것입니다. 예를 들자면, 스트레스를 받았기 때문에 화가 나고 욕도 나온다고 생각합니다. 그래서 대수롭지 않게 생각하는 것입니다. 자꾸 스트레스를 받게 되면 계속 화가 나고 욕설이 나오게 되며, 그러면 자신도 모르는 사이에 버릇이 되어 무의식 중에 욕이 나온다고 생각하는 것입니다.

성령 충만하고 항상 축사가 이루어진 사람은 스트레스를 받더라고 그런 행동을 좀처럼 하지 않습니다. 오히려 긍정적으로 해석하게 되고 그 상황을 밝게 극복하게 되는 것은 자신이 악한 영으로부터 영향을 받지 않기 때문인 것입니다. 자신도 모르는 사이에 교묘하게 스며들어온 악한 영으로 인해서 일어나는 잘못된 행위 때문에 괴로워하는 사람이 있습니다. 의지와는 전혀 상관없이 그런 행동을 한 자신이 한없이 밉지만 벗어날 수 없어서 괴로워합니다. 그 때문에 사회 활동이 제대로 되지 않고 사람들이 피합니다.

지하철에서 성추행을 하는 사람들 가운데는 지식수준이 높은 사람도 상당수 있다고 합니다. 최근에는 일본 외교관이 현행범으로 잡혔지만 면책특권 때문에 처벌할 수 없었다고 합니다. 심지어 변호사, 검사, 의사, 목사까지도 추행행위를 하여 단속되었습니다. 이런 경우 그들은 스스로 그 행위를 억제할 수 없게 되었습니다. 악한 영의 강한 영향을 받게 되면 이성적으로는 하지 말아야 한다는 사실을 알면서도 억제하거나 통제할 수 없기 때문에 범죄행위를 하게 되는 것입니다.

상습적으로 행하는 일들 가운데 도벽, 성추행, 폭행, 언어폭력, 의심, 소란, 탐욕, 집중 등의 행위들은 다른 사람들을 괴롭게 할 뿐만 아니라 자신도 괴롭게 합니다. 그런 행동을 하고 나면 심한 죄책감에 시달리는 것이 악한 영에게 사로잡힌 사람들의 특징입니다. 자신이 미워지고 그런 행동을 속수무책으로 반복할 수밖에 없는 현실이 안타까울 뿐입니다. 하지 말아야 한다는 사실은 알면서도 하지 않을 수 없는 강한 외적 힘은 악한 영으로부터 오는 것입니다. 이런 악령으로부터 자유로울 수 있는 길은 수시로 축사하여 건강을 지키는 것입니다. 그리고 그런 영을 불러들이는 통로가 되는 죄에서 떠난 삶을 사는 것입니다.

성도는 교회를 잘 찾아가야 합니다. 그리고 주일을 효과적으로 보내야 합니다. 주일날 예배를 드리면서 축귀를 하는 것입니다. 그러므로 주일날 성령으로 충만한 예배를 드리는 교회에 가서 예배를 드리면서 자신의 영성관리를 하는 것입니다.

충만한 교회는 말씀과 성령으로 성도들을 치유하여 성령의 인도를 받는 영적인 성도가 되도록 하는 목회를 합니다. 충만한 교회 목회 방향은 성도들을 목회자 그늘에서 믿음 생활을 하는 나약한 성도가 되지 않도록 하는 것입니다. 말씀과 성령으로 치유 받아 영의 통로를 열고 하나님과 직접 관계를 열어 교통하면서 세상 어디를 가더라도 자신 안에 임재하신 하나님께 기도하여 응답을 받으면서 세상을 살아가도록 합니다. 악한 영들을 권능으로 대적하여 환경을 변화시킬 수 있는 성도가 되도록 합니다.

영적인 자립을 하는 것을 목표로 훈련합니다. 하나님께서 부여하신 권능을 사용하여 세상을 장악하게 합니다. 그래서 주일날도 강한 성령의 역사가 일어나는 예배를 드립니다. 예배 시간은 1부 11:00-/ 2부 13:30-입니다. 영적인 눈이 열리고 사고가 영적으로 변하는 말씀을 준비하여 교재로 제공하고 설교를 합니다. 기도를 40분 이상 하면서 담임 목사가 일일이 안수하여 성령으로 충만 받도록 합니다. 자신의 영을 자신이 지킬 수 있는 강한 성도가 되게 훈련하고 있습니다.

20장 영적 싸움과 축귀는 전문성이 필요하다.

> (엡 6:12)"우리의 씨름은 혈과 육을 상대하는 것이 아니요, 통
> 치자들과 권세들과 이 어둠의 세상 주관자들과 하늘에 있는 악
> 의 영들을 상대함이라"

하나님은 성도들이 악한 영과 싸울 수 있는 권능을 주셨습니다. 하나님께서 주신 권능을 사용하여 영적인 싸움을 할 수 있는 성도가 되어야 합니다. 악한 영들과 영적인 싸움을 하다가 보면 그렇게 단순하지 않다는 것을 느끼게 됩니다. 영적인 면에 지식과 권능이 있어야 된다는 것을 실감하게 됩니다. 학문의 경우에 이론과 실제가 상당히 다른 것들이 많이 있습니다. 무조건 떠나라고 해서 악귀가 떠나지 않기 때문입니다. 실험실에서는 반응이 일어나지만 현실에서는 전혀 반응하지 않는 경우가 있고, 인위적 조작에 의해서는 가능하지만 자연 상태에서는 절대로 일어나지 않는 것들이 많습니다. 신물질을 만들어내고 종자를 개량하는 일들에서 이런 경우가 많이 있습니다. 아주 쉬운 예로 씨 없는 수박의 경우가 대표적입니다. 실험실에서 인위적 조작으로 길러낸 수박에서 씨앗이 사라지지만 자연 재배에서는 다시 씨앗이 생깁니다. 그래서 오늘날까지 우리는 씨 없는 수박을 먹지 못하고 있습니다.

종자 개량의 경우 역시 마찬가지입니다. 인위적인 수분시기와 온도조절에 의해서 만들어진 우량 씨앗을 자연에서 인위적인 간

섭을 배제하고 재배하여 그 씨앗을 받아 계속 파종하면 더욱 우량한 종자가 생기는 것이 아니라 조잡종(粗雜種)이 생기며 횟수를 거듭할수록 원래의 상태로 돌아가 버립니다. 이것이 멘델이 만든 유전의 법칙의 맹점이기도 합니다. 멘델의 유전법칙은 실험실에서만 증명될 수 있는 것이며, 자연 상태에서는 거의 불가능한 것입니다.

진화론자들의 주장 역시 이론적으로는 그럴듯하지만 이 또한 이론적일뿐 실제로는 거짓된 것입니다. 가설에 맞추기 위해서 샘플을 인위적으로 선택했으며, 광범위한 데이터를 추출하지 않고 일부만 선택하여 주장하는 것입니다. 자연계에는 돌연변이(mutants)가 있습니다. 이 돌연변이는 그야말로 돌발적으로 나타나는 우연입니다. 정상적인 자연현상이 아님에도 불구하고 진화론자들은 이 돌발적인 현상을 자연적인 현상과 구별하지 않습니다. 학설을 뒷받침하기 위해서는 광범위한 시료가 있어야 합니다. 단 하나의 샘플만으로 가설을 진실이라고 주장할 수는 없습니다. 그런데도 진화론자들은 네안데르탈인이라고 주장하는 두개골 하나를 가지고 원숭이에서 진화한 최초의 인간이라고 우깁니다. 그리고 그것을 비판 없이 진실인양 교과서는 가르치고 있습니다.

이와 같은 일이 영적인 분야에서도 예외가 아닙니다. 귀신이 사람에게 침입하여 역사하는 것은 여러 가지 이유가 있다는 것입니다. 그래서 다양한 귀신 역사에 대하여 알고 사역을 해야 하는 것입니다. 사람의 내면의 세계에 대하여 바르게 알고 체험해야 합니다. 귀신이 사람에게 영향을 미치는 것은 여러 경로가 있습니다.

상처에 의하여 귀신이 침입하여 고통을 가할 수도 있습니다. 자아 형성에 의하여 귀신이 침입할 수도 있습니다. 이것이 무슨 말 인가하면 자신이 생각하고 추구하는 일상적인 것을 통하여 귀신이 침입할 수도 있다는 것입니다. 그리고 혈통으로 역사하는 귀신이 어머니 뱃속에 잉태할 때부터 침입을 하는 경우입니다. 이 모든 경우들을 진단하여 처리해야 귀신이 떠나가는 것입니다. 무조건 떠나가라! 떠나가라! 한다고 귀신이 떠나가는 것이 아닙니다. 정확하게 진단하고 사역을 실행해야 보다 쉽게 귀신들을 축귀할 수가 있습니다.

그리고 우리나라 일반 교회는 악한 영들과 영적 싸움에 관련된 많은 가르침에서 심각한 오류가 있습니다. 대표적인 예를 몇 가지 들어보면 '믿는 자에게는 귀신이 들리지 않는다.'는 주장을 비롯해서 '예수의 이름으로 모든 귀신은 떠나간다. 그러므로 귀신은 예수의 이름으로 하는 명령에 떠나가야 한다. 담대하게 명령하라'라는 가르침과 '교회에는 예수 이름이 있기 때문에 귀신이 얼씬도 못한다.'는 주장과 '사단은 십자가에서 이미 패배했으므로 전혀 두려울 것이 없다'라든가, '믿는 자에게는 사단의 저주가 임하지 않으며, 특히 부모의 죄로 인한 어떤 해도 입지 않는다.'는 주장 등입니다.

과연 그럴까요? 교리적으로는 예수 그리스도가 이미 사단을 이겼기 때문에 그리스도를 믿는 신자는 누구나 사단을 이길 수 있다고 가르칩니다. 그래서 성도들은 사단을 두려워하지 않고 당당하게 살아갑니다. 그러나 우리가 눈을 돌려 주변을 꼼꼼히 살펴보기만 하면 이런 가르침에 무언가 이해되지 않는 부분이 있다는 사실을 깨닫게 될 것입니다. 제가 지방에 부흥회를 가보면 실로 많은 성도들이 귀신에 의하여 고통을 당하고, 눌려있는 성도가 많습니다. 그들 가운데는 초신 자뿐만이 아니라, 적지 않게 예수를 30년 이상 믿는 장로, 권사, 안수집사들이 있습니다. 아니 목사님들도 있습니다. 토요일 집중치유 할 때 지방에서 올라온 권사, 장로님들은 5-60년간 믿음생활을 했는데 귀신이 떠나가지 않았다고 같이 지냈다는 것입니다.

겉으로는 멀쩡하던 사람이 제가 다가가자 소리를 지르면서 땅에 쓰러져 나뒹굴거나 얼굴이 험악하게 일그러지면서 괴성을 지릅니다. 조금 전까지만 해도 아주 정상적인 사람이었는데 갑자기 돌변해서 발작하는 모습을 보고 당신은 어떤 생각이 듭니까? 귀신들림에는 심각한 중증이 있는가 하면 가벼운 증상에 지나지 않는 경우가 있습니다. 어떤 교회는 너무나 많은 성도들이 발작을 하여 필자가 어떻게 제압을 해야 할지 난감해지는 경우도 있습니다. 그런데 필자의 고민을 성령께서 역사하시어 모두 제압을 하도록 인도하십니다. 이런 사실은 감기를 생각해보면 쉽게 이해가 될 것입니다.

감기란 건강한 사람에게는 크게 위협이 되지 않는 가벼운 질병입니다. 일시적으로 과로하거나 환절기에 온도 변화에 몸이 적응하기 못해서 생기는 일시적인 질환입니다. 그러나 이 감기가 어떤 사람에게는 치명적인 질환이 됩니다. 면역력이 약한 사람이나 노약자에게는 감기는 생명을 위태롭게 하는 무서운 질병입니다. 이처럼 귀신은 어떤 사람에게는 문제가 되지 않지만 어떤 사람에게는 인생 전체를 망치게 하는 무서운 존재입니다. 여기에는 믿음이나 직분은 별로 도움이 되지 않습니다.

성도는 절대로 귀신이 들리지 않는다고 일방적으로 주장하는 사람들은 그 주장을 증명하기 위해서 성경구절을 인용합니다. 그리고 믿는 사람이 귀신이 들렸다면 그 믿음은 문제가 있는 믿음이라고 말합니다. 정말 그럴까요. 그러나 부흥회 가서 교회를 보면 목사를 비롯해서 사모, 장로, 권사, 집사 등이 귀신들려 고통을 당하는 것이 현실입니다. 말대로라면 그 목사는 거짓 목사며, 믿음이 없는 사람이라는 말이 되는데, 정상적인 신앙생활과 목회를 해온 아주 평범한 목사가 믿음에 문제가 있어서 귀신이 들렸다면 다른 많은 목사들의 믿음은 과연 온전한 믿음일까요?

이런 주장은 억지에 가깝습니다. 정확한 대답이 되지 못하는 것입니다. 상식을 거슬리지 않습니까? 실제로 저에게 축사를 의뢰하는 사람들 가운데는 정말로 순수한 믿음과 마음을 가지고 있는 사람들이 많습니다. 이런 경우를 볼 때마다 왜 이렇게 아주 보편적이고 평범한 사람이 험악한 귀신이 들려서 삶이 일그러지고 그 때문에 가족들이 고통을 당해야 하는가 하는 안타까운 마음을 떨칠 수 없습니다.

마귀의 저주로 인해서 불행한 일을 당합니다. 어머니가 이혼을 하고 어렵게 자녀를 길렀는데, 시집 간 딸이 자신이 이혼을 당하던 그 나이에 같은 이유로 이혼을 하게 될 때 그 눈에서 눈물이 납니다. 자신은 교회의 권사입니다. 스스로 믿음이 부족하다고 겸손해 할 줄도 압니다. 그리고 딸도 집사입니다. 그런데 불행한 일을 대를 이어서 당합니다. 이런 경우를 세대적 악령에 의한 불행이라고 설명합니다.

가계 혈통의 대물림을 반대하는 사람들은 이런 사실을 받아들이지 않습니다. 딸이 당하는 불행한 일은 어머니와 아무런 상관이 없다고 주장합니다. 그러나 믿는 자에게도 조상의 죄가 3대에 미치는 세대적 악령의 역사에서 결코 안전하지 못한 경우가 너무도 많습니다. 그리고 어떤 경우에는 전혀 해를 입지 않습니다. 이런 모습을 볼 때 가계 대물림은 부분적으로 타당성을 지닙니다. 필자는 예수를 믿고 교회에 들어오면 성령으로 세례를 받고 성령의 인도에 따라 상처와 자아와 혈통에 역사하는 귀신을 축귀하여 심령을 옥토로 만들어야 하나님께서 예비한 축복을 받을 수 있다고 강조합니다.

귀신들림에는 우리가 막연하게 생각하는 것이나 일방적인 이론적 가르침과는 달리 아주 복잡하고 미묘한 영적 원리들이 깃들어 있습니다. 복잡한 영의 지배원리들을 하나씩 밝혀내는 것이 지도자들의 의무이기도 합니다. 귀신들림은 크게 두 가지로 나누어 생각해 볼 수 있습니다. 우리 몸과 영을 장악하고 지배하는 '귀신들림'(demon possession)이 있고 지배하고 장악하지는 않지만 영향을 주고 조정하는 '귀신들림'(demonization)이 있습니다. 몸과 영을 장악하는 귀신들림은 귀신으로 인해서 자신의 인격이 귀신의 인격으로 '페르소나'(persona) 대치되는 것입니다. 외적 영향을 받는 귀신들림은 인격의 대치와 같은 심각한 수준이 아니며, 자신의 인격을 그대로 소유하고 있으면서 귀신의 인격인 '페르소나'를 반영하는 행위를 하게 됩니다. 따라서 이런 사람은 다중인격과 같은 증상을 보이는 것입니다.

크게는 이와 같이 두 가지 형태로 구분하지만 이것은 어디까지나 이론적 구분이며, 현실에서는 자로 재듯이 선명하게 구분되는 것이 아닙니다. 이는 마치 빛 속에는 7가지 다른 파장을 지닌 색상을 가지고 있지만 그 구분이 명확하지 못한 것과 같다고 할 것입니다. 이처럼 크게는 두 가지 유형이지만 세부적으로 구분하려고 들면 더욱 복잡해지고 미묘해집니다. 그래서 축사가 단순하지 않은 것입니다. 귀신만 쫓아낸다고 되는 것도 아닙니다.

바이러스가 수도 없이 변형을 해서 감기를 퇴치하기가 쉽지 않듯이 귀신들도 역시 마찬가지로 다양한 특성을 보이며, 그 침입 경로도 귀신에 따라서 다르기 때문에 차단하고 축출하는 일이 이론처럼 간단하지 않습니다. 명령만 하면 귀신이 쫓겨나간다고 주장하는 사람은 한 번도 축사를 해본 경험이 없이 단순히 성경말씀을 부분적으로 이해하고 하는 경우입니다. 한양 가본 사람과 가 보지 못한 사람이 다투면 누가 이깁니까? 때로는 무지하면 용감해지는 것이 사람들의 속성입니다.

성경에 기록된 귀신들림에 관한 이야기들은 우리들이 이 세대에 겪는 모든 귀신들림에 일일이 답을 제공해주지 않습니다. 그러려면 이 땅에 성경책을 둘 곳이 없을 것입니다. 세부적이고 개인적인 사항을 바르게 분석하기 위해서는 많은 연구가 필요합니다. 명령만으로 되지 않는 귀신들이 너무도 많습니다. 명령하면 일시적으로 효과가 있습니다. 그러나 본인 안에 있는 귀신의 발판이 제거되지 않는 한 귀신은 다시 돌아와 권리를 주장합니다. 이런 경우에는 귀신들린 사람이 사역자의 도움을 받아 오랜 동안 자신의 인격을 되찾고 하나님의 형상을 회복하려는 피나는 노력이 필요합니다. 하나님의 형상으로 회복하는 영적활동이 내적치유입니다. 성령으로 장악이 된 다음에 무의식과 잠재의식의 상처를 치유하고 혈통에 역사하는 귀신을 축귀해야 합니다.

영적 전쟁은 상대성을 가지고 있고, 영적인 힘의 대결입니다. 예수는 모든 마귀를 이길 수 있지만 우리는 예수가 아닙니다. 우리가 예수의 이름으로 그 권세로 마귀를 쫓아내지만 그 권세는 우리 안에 들어올 때 예수께서 가진 그 모든 권세가 다 들어오는 것이 결코 아닙니다. 우리는 모두 부분적으로 권세를 나누어갖습니다. 그래서 차등이 생깁니다. 어떤 목회자는 만 명의 성도가 주어지지만 어떤 목회자는 백 명의 성도가 주어집니다. 이런 차이는 어쩔 수 없듯이 영적 권능에도 차이가 있을 수밖에 없기 때문에 상대적으로 강한 귀신들에게 아무리 명령을 해도 꿈쩍하지 않습니다.

귀신들이 합법적으로 사람을 괴롭힐 수 있는 권리는 우리들의 죄입니다. 그런데 이 죄는 간단하지 않습니다. 죄가 들어온 경로와 그 죄를 자신 안에 불러들이게 된 배경이 사람마다 다르며, 그 틈을 타서 들어오게 된 마귀의 성향도 각각 다릅니다. 그렇기 때문에 일률적으로 무조건 명령한다고 되는 것이 아닙니다. 반드시 죄를 회개해야 귀신이 떠나갈 수 있는 조건이 되는 것입니다. 귀신은 성령의 임재가운데 영적차원에서 회개하지 않으면 절대로 떠나가지를 않습니다. 영적 전쟁은 말처럼 단순하지 않습니다. 너무도 복잡합니다. 그래서 지혜와 경험이 필요합니다.

감기 바이러스가 공기 중에 헤아릴 수도 없이 많지만 모두 감기에 걸리는 것이 아니며, 걸렸다고 모두 죽는 것이 아닙니다. 이렇듯이 공중에는 귀신들로 가득하지만 모두 귀신이 들리는 것이 아닙니다. 귀신들림의 원인이 되는 죄와 상처 등과 같은 유발요인들은 비단 귀신들린 사람만 가지고 있는 것이 아닙니다. 죄 없는 사람이 누가 있고, 상처 받지 않은 사람이 누가 있겠습니까? 그런데도 불구하고 불행하게도 어떤 사람은 귀신이 들립니다.

가난하고 어렵게 사는 사람은 건강한데 여유롭고 건강에 관심도 많던 사람이 어느 날 암에 걸립니다. 암에 걸린 사람이 걸리지 않은 사람보다 특별히 건강관리를 하지 못했거나 생활이 무질서한 것이 결코 아닙니다. 의사들은 이러이러하면 암에 걸린다고 말하지만, 그것이 결코 정답일 수 없는 현실적인 사례가 너무 많습니다. 영적 전쟁은 마치 이와 같습니다. 너무도 많은 부분에서 아직우리는 진실을 알지 못합니다. 그 비밀을 알기 위해서는 마음을 열어놓고 다양한 현상들을 연구해야 합니다. 영적인 눈을 열고 한 차원 더 깊게 발전시켜야 합니다. 실제적인 영적인 투쟁과 축귀하역을 통하여 체험을 많이 해야 합니다. 많이 해본 사역자가 전문가입니다. 필자는 성령치유로 개인을 치유하여 영적인 군사를 만드는달인이 되려고 집중하고 있습니다.

21장 축귀한 후 후유증을 치유해야 한다.

(막 9:22)"귀신이 그를 죽이려고 불과 물에 자주 던졌나이다. 그
러나 무엇을 하실 수 있거든 우리를 불쌍히 여기사 도와주옵소서"

귀신에게 고통을 당하다가 치유를 받아도 후유증이 생깁니다. 그
렇기 때문에 영적지도자와 귀신으로 고통을 당했던 환자는 귀신을
축귀한 후에 후유증을 치유하는 습관을 들여야 합니다. 우리 몸의 질
병은 원인을 따라 구분하면, 첫째, 세균에 의한 감염성 질병이 있습
니다. 둘째, 신체기능이 노화되어 나타나는 소모성 질환이 있습니다.
셋째, 부모로부터 유전되어 나타나는 기질적 질환이 있습니다. 넷째,
교통사고 등과 같은 외상으로 인한 질환이 있습니다. 다섯째, 그 밖
에 원인을 알 수 없는 난치성 질환 등이 있습니다. 감염성 질환과 소
모성 질환은 우리가 늘 건강에 관심을 가지고 환경을 청결하게 하고,
피곤하지 않도록 적당히 움직이고, 알맞게 휴식을 취하면서 운동을
꾸준히 하면 피해갈 수 있는 질환들입니다. 노년이 되면서 관절이 닳
고, 눈의 근육이 힘을 잃어가면서 시력이 떨어지고, 장기의 기능이
떨어지는 것은 피할 수 없습니다. 그러나 이런 상식과는 다르게 젊은
이 가운데 노인성 질환이 나타나고, 기질적 질환으로 고생하는 경우
가 많이 있습니다. 그리스도인에게 있어서 질병은 이와 같은 과학적
구분 이상의 의미를 가지고 있으며, 따라서 영적인 부분을 소홀히 하
면 더 큰 어려움을 겪을 수 있습니다.

질병은 죄와 연관이 있습니다. 모든 질병이 그런 것은 아니지만 깊이 살펴보면 100%는 아니더라고 일정 부분 죄와 연관이 있음을 알게 됩니다. 죄는 마귀의 발판을 만들고 마귀는 그것으로 우리를 괴롭힐 수 있는 권리를 얻게 됩니다. 죄 때문에 마귀에게 우리를 괴롭게 할 권리를 내어주게 되면 마귀는 각 사람을 괴롭힐 수단을 찾게 되는데 어떤 사람에게는 재물을 빼앗고, 어떤 사람에게는 사랑하는 사람을 빼앗고, 어떤 사람에게는 명예를 빼앗으며, 어떤 사람에게는 질병을 가져다줍니다. 각종 고통스런 문제는 헤아릴 수 없을 정도로 종류가 많은데 마귀는 한 가지 이상의 문제를 가지고 다가와 그 사람을 괴롭게 합니다. 그 가운데 질병은 가장 손쉬운 방법입니다.

우리가 불행하게 얻는 질병은 그 바탕에는 원론적으로 처리 되지 않은 우리의 죄의 문제로 인해서 마귀가 가져온 것이 있는 것입니다. 영이 강건해지면 우리의 의식은 긍정적으로 적극적으로 바뀌게 됩니다. 죄의 문제가 온전히 처리되면 우리의 생각에는 성령의 생각이 충만해져서 즐겁고 밝아집니다. 긍정적으로 바뀌고 무엇을 해야 할지를 알기 때문에 적극적이 되고, 두려움과 근심이 사라지고 마음에 평안이 가득하며, 알 수 없는 즐거움이 밀려들어옵니다. 가슴에는 늘 설레는 마음으로 가벼운 흥분이 일어나고 이것이 엔도르핀을 생성시켜 면역력을 증대시키고 어긋난 염색체를 정상으로 회복시켜 질병이 고침을 받게 만듭니다. 그러나 반대로 죄가 처리되지 않으면 마귀는 우리의 마음을 불안하고 초조하게 만들며, 매사를 부정적으로 보게 해서 어두운 생각의 지배를 받게 됩니다. 그러면 유전자가 이상이 생겨 질병이 생기는 것입니다.

마귀의 영향을 받으면 우리의 면역체계는 혼란이 생기고 귀신이 들어오면 그에 따라서 질병이 생기게 됩니다. 그러나 우리는 일반적으로 병이 생기면 먼저 병원을 찾아갑니다. 병원의 의사들은 현상적으로 질병을 다루며, 물리적인 접근법 이외는 알지 못하기 때문에 여러 가지 검사를 통해서 질병의 원인을 알아내려고 합니다. 오직 보이는 외적 증거 이외에는 알지도 못하고 알 수도 없습니다. 영적으로 전혀 고려하지 않는 의사들은 약물과 수술로 질병을 치유하고자 합니다. 그렇게 해서 질병이 치유되는 경우도 있습니다. 가벼운 죄의 문제인 경우 그 질환에 영향을 주는 범위가 미약할 수 있습니다. 이런 질병은 의사의 도움으로 고침을 받으며, 또한 감염성 질환이나 소모성 질환의 경우 죄와는 별로 상관이 없다고 보아도 좋을 만큼 병에 미치는 우리의 죄의 비중이 적은 것입니다.

그러나 죄의 비중이 심각해서 질병의 원인을 대부분 이 죄가 차지하고 있는 경우 죄의 문제를 해결하지 않으면 치유가 불가능하며, 이로써 생긴 질병은 그 치유의 시기를 놓치면 엄청난 문제가 생긴다는 사실을 제대로 알지 못하는 사람들이 많습니다. 죄로 인해서 마귀가 질병을 가져다 준 경우 영의 차원에서 회개하여 죄를 처리하고 귀신을 쫓아야 하는 일련의 작업이 이루어져야 합니다. 이는 한 차원 깊은 영의 차원에서 원인을 찾아야 한다는 말입니다. 영의 차원에서 죄가 처리되었다면 귀신은 더 이상 그 사람을 괴롭게 할 합법적인 근거가 사라집니다.

그러나 근거가 사라졌다고 해서 귀신이 스스로 알아서 물러나는 것이 아닙니다. 귀신은 불법으로 우리에게 침투하는 경우가 많습니다. 불법으로 들어온 귀신은 축사를 하면 언제든지 떠날 수밖에 없고, 그로 인해서 손해를 끼친 부분에 대해서는 7배로 변상해야 합니다.

귀신이 불법적으로 우리 몸에 들어오려면 엄청난 노력을 해야 합니다. 그래서 한 번 들어오면 불법적이라고 해도 쉽게 나가려고 하지 않습니다. 그러므로 합법적으로 들어온 귀신은 절대로 나가지 않습니다. 오로지 그 발판이 되는 죄가 처리되어야만 귀신은 떠나게 됩니다. 그런데 여기서 심각한 문제가 생깁니다. 귀신이 우리 몸에 들어와 질병을 만들어내게 되면 우리 몸의 면역체계를 비롯해서 기능들이 심각한 훼손을 입는다는 것입니다. 이것이 질병의 후유증을 만들어내는 이차적인 문제가 생깁니다. 이것을 악습이라고 말합니다. 악령에게 장악되어 보낸 세월이 길수록 이 악습은 우리 몸에 굳어져버려 쉽게 고칠 수 없게 됩니다. 우리가 어떤 행동을 계속하면 그것이 습관이 되어 고치려면 정신을 바짝 차리고 오랫동안 그 행동을 억제하는 노력을 해야 하지 않습니까? 우리 몸은 훈련을 받게 되면 그 행동을 기억하게 됩니다. 그래서 우리는 모든 행동을 몸에 익힙니다. 운동선수가 얼마나 많이 훈련하느냐에 따라서 성공의 여부가 결정됩니다. 몸에 익히기 위해서는 끊임없는 반복훈련을 해야 합니다. 몸에 익어야 몸이 알아서 움직여주는 것입니다. 게임을 뛸 때 순간적으로 몸을 움직여야 하는데 생각해서 하는 것은 불가능합니다. 오직 몸이 알아서 저절로 움직여주는 것입니다. 그러려면 엄청난 양의 훈련으로 몸이 스스로 움직일 수 있도록 만드는 것입니다.

이와 같은 이치로 귀신이 우리 몸에 들어와 질병을 일으키면 우리 몸은 그 질병으로 인해서 오랫동안 일정한 형태의 행동을 몸에 익히게 되며, 이것이 악습이 됩니다. 귀신이 쫓겨 나가고 자유롭게 되었음에도 불구하고 귀신의 후유증이 그대로 남아서 귀신들렸을 때 하던 행동과 같은 행위를 계속하게 됩니다. 귀신들리면 육체적 질환뿐만 아니라 정신적으로도 무척 황폐해집니다. 매사를 소극적으로 부정적으로 비판적으로 보려고 하며, 독선적이고 아집적으로 변합니다. 이런 부작용이 그대로 남아있게 되어 한 동안 괴롭힘을 당합니다. 질병에서 온전한 치유를 위해서는 회복기간이 필요하듯이 귀신들림으로 인해서 얻어진 질병 역시 귀신이 떠났을지라도 한동안 그 후유증을 치유하는 노력을 게을리 하지 말아야 합니다. 범죄자는 사건 현장에 반드시 되돌아온다는 말처럼 귀신은 쫓겨 나간 후 반드시 다시 돌아옵니다. 그러므로 축사하는 사람은 이차적인 침투를 염두에 두고 귀신을 쫓아야 합니다.

죄의 처리가 먼저 되고 귀신을 쫓아내면 일단 모든 것이 끝난 듯이 보입니다. 그러나 후유증을 처리하는 일은 시간도 많이 걸리고, 본인을 비롯해서 주변의 사람들의 협력이 필요합니다. 후유증이 제대로 처리되지 않으면 다시 귀신들림이 일어날 수 있으며, 그 병의 후유증으로 인해서 오랫동안 고통을 겪게 됩니다. 부정적이고 비판적인 태도가 제대로 제거 되지 않으면 머지않아 다시 부정적인 행동을 하게 되고 그것이 죄를 만들어내고, 그러면 다시 귀신이 들어와 질병을 만들어냅니다. 조금 나아진 것 같다가 다시 병이 재발하는 고질병의 경우 죄의 후유증이 처리 되지 않았기 때문입니다. 제대로 회복이 완전하게 이루어지지 않은 상태로 당사자와 주변에서 문제를 쉽게 다루었기 때문입니다. 이런 과정이 반복되면 더욱 고쳐지기 어려워지는 만성적 질환이 되고 맙니다.

재발을 반복하는 질병의 배후에는 이 약점을 꿰뚫고 있는 악령의 작용이 도사리고 있습니다. 반복되는 실패는 당사자의 의지가 매우 약하기 때문입니다. 완전히 회복되기까지 주변에서 이런 약한 지체를 도와주어야 합니다. 그런데 현실적으로 이런 환자들 주변에는 그런 충분한 도움을 줄 수 있는 사람이 거의 없다는 것이 더욱 가슴을 아프게 만듭니다. 온전히 회복되기까지는 몇 년의 세월이 필요한 경우가 대부분입니다. 그 긴 세월동안 지속적으로 돌봄이 필요한데 그런 도움을 줄 수 있는 이웃이 별로 없다는 것입니다. 그러므로 가장 중요한 것은 초기 질환에서 영적인 문제를 제대로 다룰 수 있어야 한다는 것입니다. 자신에게 온 질병의 원인 중에 죄가 차지하는 비중이 10% 이하라면 무시해도 질병을 치유하는 데는 별로 지장을 받지 않을 수 있습니다. 그러나 이런 부분들이 계속 쌓여 가면 그 비중이 높아지고 언젠가는 의술로는 전혀 해결할 수 없는 수준에 이르게 됩니다.

죄의 영향이 질병의 6~70%를 차지한다면 의사는 손을 쓸 수 없게 됩니다. 백약이 무효라는 말처럼 약물로는 도저히 치유할 수 없는 그야말로 원인 불명 또는 고질병이 되고 맙니다. 귀신이 계속 영향을 주게 되면 같은 병을 지속적으로 겪게 됩니다. 그 가운데 가장 대표적인 것이 만성적 두통을 비롯한 기능성 질환들입니다. 노이로제, 무기력, 우울증, 각종 정신 장애와 약물남용이나 알코올 중독 등과 같은 습관성 질환, 폭행이나 성범죄 사기 등과 같은 비행행위 등은 심각한 귀신들림의 후유증입니다. 그 대표적인 사례가 조세형 씨의 경우인데, 이들이 집중적으로 범죄행위를 행할 당시는 귀신들림이었지만, 지금은 그 후유증으로 인해서 고통을 당하고 있는 것입니다.

귀신들려서 그런 행동을 할 때는 제정신을 못 차리고 그 행위에 몰두하게 되며, 눈빛이 다릅니다. 정신 상태 역시 심각한 질환의 수준이며, 외부의 조언에 대해서 전혀 반응하지 않습니다. 그러므로 의사들은 정신 질환으로 단정하게 되며, 각종 약물로 치료하려고 합니다. 그러나 귀신들린 상태에서는 이 모든 노력이 아무런 의미가 없습니다. 이렇게 폐인이 되어간 후에 귀신은 떠나가게 됩니다. 시기적으로 10년 이상 20년 가까이 귀신은 그 사람을 장악하여 사용한 다음에 다른 숙주를 찾아 떠나게 됩니다. 그러나 귀신들렸던 사람은 후유증으로 인해서 같은 행위를 계속하게 됩니다. 이때 그들의 눈을 살피면 예전과는 다르며 자신의 행위에 대해서 증오하며 그런 행동을 하는 자신을 미워하게 됩니다. 후회하지만 어쩔 수 없이 그 행위를 반복하게 되는 것입니다. 마치 귀신들림의 초기 상태처럼 보입니다. 이런 사람에게 의사의 도움이 필요하며 이웃의 따스한 보살핌이 필요합니다.

그러나 이 악습에서 완전히 치유되기 위해서는 많은 세월이 필요합니다. 그러므로 간헐적으로 반복하는 행위를 계속하는 환자에 대해서 희망을 심어주어야 하며, 긍정적인 태도를 보여주어야 합니다. 책망과 질책은 더 깊은 수렁으로 몰아넣을 수 있기 때문입니다. 귀신 들림의 후유증은 심각합니다. 그러므로 초기에 영적 치유를 함께 해야 하지만 현실적으로 그런 부분에 정확한 도움을 줄 수 있는 사역자가 터무니없이 부족합니다. 하나님은 교회 안에 반드시 이런 부분에 헌신할 사역자를 불러내시지만, 교회가 무지해서 이들을 길러내지 못하였기 때문에 우리 가운데 오늘날까지 이런 질환으로 고생하는 분들이 너무도 많습니다.

이런 질환으로 고생하는 분들은 결국 교회를 나오지 않게 되고 가족들도 쉬쉬하면서 감추어버립니다. 얼마나 불행한 일입니까? 필자가 이 사역을 하면서 교회의 그늘에 가리어 버려진 지체들이 얼마나 많은지를 알게 되었고, 그들의 아픔을 아무도 알아주지 않는 현실이 더욱 안타깝고, 게다가 악습을 고칠 수 있도록 오랜 세월 동안 돌보아야 하는 현실적인 어려움 때문에 필자 역시 어쩔 수 없는 경우에 가슴이 더욱 아픕니다. 초기에 제대로 대응했더라면 이 지경으로까지 오지 않았을 질병을 치유시기를 놓침으로써 한 사람의 인생이 어두움 속에 버려진 것을 볼 때 교회 안에 능력 사역자들을 제대로 가르치고 세울 수 있는 구조를 만들어야겠다는 결심을 굳게 하게 된 것입니다.

귀신의 영향을 받는 성도들이 화려한 가운을 입고 성도들의 인사를 받기를 즐기는 목회자들에 의하여 버려졌습니다. 지금 버려져가고 있는 영혼들에 대해 무관심할수록 마귀는 더욱 신이 나서 삼킬 자를 찾아 분주히 다니고 있습니다. 필자의 사역에 참석한 분들이 귀신을 쫓는 능력을 받아 주님으로부터 가르침을 받기 시작한 분들이 있습니다. 어떤 자매는 예전에는 보이지 않던 악령의 세계가 지금은 집중적으로 보이기 시작하는 것입니다. 얼마 전만 해도 전혀 알지도 못했던 이 분야에 눈이 뜨여지기 시작하면서 보이는 것이 온통 귀신으로 고통을 당하는 사람들입니다. 예전에는 그냥 단순한 질병인줄 알았던 것이 그 배경에 귀신이 있음을 알게 되었고, 귀신을 쫓아내면서 환자들이 회복되는 것을 지금 하나씩 경험하기 시작하고 있습니다.

자신이 모른다고 있는 것이 없을 수는 없습니다. 귀신들림이 얼마나 가혹하고 처참한 일인지 귀신들림을 모르면 알 수 없습니다. 남의 일이라고 방관해서는 안 되는 것이 그리스도인입니다. 긍휼 없는 사람은 긍휼 없는 심판을 받게 되기 때문입니다. 이웃의 아픔을 함께 아파하는 마음을 가진 사람을 주님이 찾고 계십니다. 일할 것은 많은데 일할 일꾼이 없다고 주님은 말씀하십니다. 당신은 주님의 일꾼으로 사용되고 있습니까? 아직 아니라면 가슴을 찢고 회개하여 주님의 일꾼이 되어야 합니다.

주님이 주시는 능력을 덧입기까지 주님 앞에서 떠나지 말고 기다려야 합니다. 하늘로부터 능력이 덧입혀지기까지 주님을 사모하면서 잃어버린 영혼을 사랑하는 마음을 보이십시오. 주님은 제사보다도 상한 심령을 기뻐 받으시는 분입니다. 당신이 상한 심령으로 세상을 바라본다면 주님은 당신에게 커다란 능력을 주셔서 일꾼으로 불러내실 것입니다. 할렐루야!

22장 마귀의 일을 끊으려는 노력이 중요

(마 24:4)"예수께서 대답하여 이르시되 너희가 사람의 미혹을
받지 않도록 주의하라"

악한 영을 축귀하여 자유하게 되는 것도 중요합니다. 그러나 마귀의 일을 끊으려는 노력이 더 중요합니다. 그리고 말씀에 순종하려고 노력하면서 성령으로 충만하게 지내는 것도 더욱 중요합니다. 악령을 축귀했어도 마귀가 충동하는 대로 행동한다면 다시 귀신이 들어와 집을 짓기 시작하기 때문입니다. 주님이 이 땅에 오심은 마귀의 일을 멸하기 위함이었다고 했습니다. 주님이 멸하려고 했던 그 마귀의 일은 마귀가 이 땅에 있는 한 계속 이어져야 하며, 그 일이 그리스도인들에게 주어졌습니다. 주님이 이 땅에서 보여주었던 축사의 일은 이후 우리들에게 그대로 전해졌으며, 다시 오실 그 날까지 이 일은 계속 이어져야 합니다. 주님은 완벽하게 마귀의 일을 멸하셨습니다. 그 최종적 승리가 십자가의 승리이지만 마귀는 아직도 그 활동을 계속하고 있으며, 이 땅은 여전히 마귀의 활동무대인 것입니다.

주님이 재림하여 새 하늘과 새 땅을 이루는 먼 훗날까지 우리는 주님이 보여주신 대로 마귀의 일을 멸하는 사역을 해야 합니다. 그런데 마귀의 일이란 구체적으로 어떤 것인지를 알지 못하는 경우가 있습니다. 많은 그리스도인들이 마귀의 일을 너무도 관념적으로 생각할 뿐만 아니라 이기적으로 해석하는 경향이 많습니다. 누구든지 자

신에게는 관대할 뿐만 아니라 적극적으로 옹호하는 자기 방어적인 태도를 취합니다.

사람이 생존을 위해서 외부로부터 오는 공격에 대해서 스스로 방어하는 것은 본성입니다. 이 본성은 이성적인 판단에서도 마찬가지로 작용하게 되기 때문에 자신이 행하는 대부분의 행위에 대해서 옹호하는 입장을 취합니다. 세속적인 비유지만 '자신이 하면 로멘스지만 남이 하면 불륜이다'라는 태도가 대표적인 것입니다. 남에게 해를 끼치는 행위 가운데 법적인 책임을 물을 수 없는 정도의 경미한 것을 우리는 죄얼(iniquity)이라고 부릅니다. 사회적으로는 경범죄에 해당하는 것입니다. 이런 죄얼은 스스로 합리화하는 경우가 많습니다. 그래서 항상 모호한 주관적 판단에만 의존하게 되기 때문에 습관이 쉽사리 고쳐지지 않는 까닭이기도 합니다. 마귀의 일에 대한 그리스도인들의 막연한 생각과 관념적인 판단 때문에 쉽사리 물리칠 수도 있는 마귀의 유혹에서 자유롭지 못하며, 심하게는 마귀의 종노릇을 하게 되는 것입니다.

우리는 그리스도를 알기 전에 먼저 세상을 알았습니다. 세상에서 교육을 받고, 그 교육은 세속적입니다. 그러므로 세속적 가치관을 가지고 교회 안으로 들어오게 될 수밖에 없습니다. 기독교 교리를 가르치는 교회학교는 역시 피상적이고 관념적인 주제만을 다루기 때문에 머릿속에 막연하게 들어와 있을 뿐입니다. 주일학교가 구체적이고 개별적인 교육을 할 수 있는 환경이 되지 못하는 이유도 있지만 전일 교육을 하고 있는 세속적인 학교교육과는 비교할 수 없이 열악

합니다.

세속적인 교육을 받으면서 성장한 사람이 교회 안에서도 역시 그런 식으로 교육을 하고 받습니다. 그러므로 관념적일 수밖에 없는 것이 현실입니다. 실험이 전무한 학교 교육에 길들여진 사람들에게서 실험에 관한 중요성을 인식하게 하기란 쉽지 않습니다. 그래서 무조건 받아들이는 이른 바 '주입식 교육'은 검증이라는 중요한 과정을 생략하게 만들며, 그렇기 때문에 검증하는 실험은 정상적인 활동이 아니라 비판하거나 의심하는 옳지 못한 행위로 인식하게 만들어버린 것입니다.

절대 다수가 검증을 비판이나 꼬투리를 잡으려는 의심에서 비롯된 것으로 취급하는 분위기입니다. 그래서 아무런 비판 없이 그대로 받아들이도록 교육을 받았기 때문에 분석하거나 점검하는 능력이 무척 약한 것이 우리들의 현실입니다. 누구도 선뜻 나서서 검증하거나 따지려고 하지 않는 이런 사회적 흐름은 우리 사회를 가장 부패한 사회로 만들어버렸습니다. 마귀는 검증을 가장 싫어합니다. 이 말을 신학적인 용어로 표현하면 분별력이나 식별력입니다. 이 능력은 하나님이 마귀의 일을 멸하도록 우리들에게 주신 중요한 기능입니다. 그래서 세상은 이 능력을 싫어합니다. 그리고 교회도 세상에 물들어서 영적 분별(spiritual discernment)을 신령한 은사로서만 이해하려고 합니다. '영분별의 은사'라는 말을 충분히 이해하지 못하기 때문에 우리가 마땅히 해야 할 분별의 의무를 영분별의 은사에 떠넘기고 있습니다.

제가 항상 주장하는 바인데, 은사와 권세는 같은 것이며, 다만 은

사는 집중적으로 전문적으로 그 사역을 감당할 수 있도록 부어주시는 더 강력한 능력이라고 이해할 수 있는 것입니다. 그러므로 은사와 같은 권세는 누구든지 받은 것입니다. 모든 그리스도인이 다 예언할 수 있으며, 다 병을 고칠 수 있으며 다 식별할 수 있습니다. 그러나 이 부분에 은사를 받은 사람은 더 강력하고 빈번히 사역할 수 있으며, 그 일에 전문가가 되는 것입니다.

이런 부분을 오해하기 때문에 우리는 마땅히 해야 할 분별을 하지 않고 있는 것입니다. 마귀의 일은 우리가 오랫동안 예수를 의식하지 않은 채로 살아오면서 몸에 길들여진 어떤 행위를 통해서 작용하게 됩니다. 아무런 반성이나 식별 없이 자연인으로 살아왔기에 용납되었던 대부분의 행위에 대해서 마귀는 손쉽게 자신들의 의도를 담아낼 수 있습니다. 그만큼 우리는 마귀로부터 알게 모르게 길들여졌기 때문입니다.

우리는 거듭남이라는 영적 변화를 통해서 마귀의 일을 하지 않을 수 있는 힘을 얻게 됩니다. 이 힘은 식별력이며, 영적 분별력이며, 말씀을 이해하는 지혜입니다. 그런데 이런 능력이 자동적으로 작용하는 것이 아니기 때문에 이 능력이 우리 몸에서 자유로워질 수 있도록 많은 훈련이 필요한 것입니다. 말씀을 제대로 이해하기 위해서는 많은 시간 집중적으로 공부해야 합니다. 몸에 익숙해질 때까지 힘든 훈련이 필요한 것입니다.

몸을 만들기 위해서 헬스크럽에 회원 등록을 하고 다니지만 몇 달을 견디지 못하고 중도에 포기합니다. 6개원 할인 등록을 하였지만 그 기간을 채우지 못하고 중도에 포기하는 사람이 대부분입니다. 이처럼 몸을 만드는 운동은 힘이 드는 것입니다. 그러나 고비를 견디고 운동이 몸에 배게 되면 운동을 하지 않으면 못 견디게 됩니다. 몸에 익숙해지면 일상처럼 운동을 하게 되듯이 영적 훈련 역시 그렇습니다. 성경을 규칙적으로 읽고 공부하는 일을 어느 수준까지 이를 악물고 하지 않으면 몸에 익숙해지지 않습니다. 이렇게 철저하게 공부하지 않으면 피상적이고 관념적인 수준을 벗어날 수 없습니다. '선무당이 사람 잡는다'는 속담처럼 전문가의 수준에 이르지 않으면 우리는 많은 실수를 하게 됩니다. 이것 역시 마귀의 일에 속하게 됩니다. 마귀는 우리들의 수준이 대충 수준이기를 바라는 것입니다. 아마추어가 되어 자기 좋을 대로 행동하도록 부추깁니다.

마귀의 일은 우리가 전문화하지 못한 영역에서 작용합니다. 어설프게 아는 것에 마귀가 역사하는 것입니다. 하나님은 전문가가 되기를 원하십니다. 필자는 이렇게 생각을 합니다. 하나님께서 성도를 불러서 성령으로 인도하시면서 땅의 것을 치유하여 하나님께서 원하시는 온전한 하늘나라 사람으로 바꾸십니다. 바꾸시면서 영적인 전문가가 되도록 성령으로 훈련하시는 것입니다. 자신이 영적으로 바뀌면서 영적인 전문가와 자신이 하는 일에 일인자가 되도록 훈련하신다는 것입니다. 전문가가 되기 위하여 자신이 행동하는 모든 부분에 관해서 항상 살피도록 주님은 원하시는 것입니다. 이런 행위를 성경에서는 회개라고 부릅니다.

회개라는 행위는 자신을 하나님의 말씀으로 돌아보는 분별행위를 의미합니다. 성령의 다림줄로 점검해서 자신 안에 있는 마귀의 일을 찾아내고 그 일을 다시는 반복하지 않도록 깨우침을 얻는 것입니다. 마귀의 일을 멸하고자 하는 것이 주님의 목적입니다. 우리는 회개라는 분별과 식별을 통해서 마귀의 일을 분별해내게 되는 것입니다.

마귀는 죄의 근원입니다. 하나님의 말씀에 의한 것이 아닌 모든 것은 죄입니다. 우리는 끊임없이 죄를 짓습니다. 죄를 짓지 않을 수 없지만 죄를 짓는 것이 결코 자랑일 수는 없습니다. 죄에서 떠난 삶을 사는 것이 그리스도인의 의무입니다. 그러기 위해서는 마귀의 일에 대해서 인식이 필요합니다. 마귀의 일이라고 막연하게 생각하지 말고 자신의 삶을 구체적으로 하나님의 말씀에 견주어 판단해야 합니다.

그리고 식별을 통해서 깨닫게 된 죄 즉 죄얼 쉽게 말하면 그릇된 습관이 발견되면 그것을 끊으려는 몸부림이 필요합니다. 이런 과정이 성결로 나아가는 성화의 길입니다. 우리는 멀고도 험한 성화의 길로 초대받은 사람들입니다. 마귀의 일을 제대로 그리고 구체적으로 자기 안에서 발견할 때 제거되는 것입니다. 단번에 이루어지는 것이 아닙니다. 우리는 오랜 세월동안 마귀의 일에 익숙한 채로 살아왔기 때문에 버릇처럼 몸의 일부처럼 기질처럼 본성처럼 그렇게 굳어버린 죄얼들을 철저하게 인식하고 고치려는 피나는 노력이 필요합니다.

단절하지 않으면 결코 떠나가지 않습니다. 그래서 주님은 이렇게 우리들에게 말씀하셨습니다. "네 손이 너를 죄짓게 하거든, 그것을 찍어 버려라. 네가 두 손을 가지고 지옥에, 곧 그 꺼지지 않는 불 속에 들어가는 것보다, 차라리 한 손을 잃은 채로 생명에 들어가는 것이 낫다."(마 9:43) 이 얼마나 엄격한 말씀이십니까? 우리는 너무도 대충 살아가려는 안일함에 휘말렸습니다. 마귀의 달콤한 속삭임에 우리 자신을 내맡겼습니다. 마귀의 함정은 '수동'입니다.

우리 교회는 전통적으로 믿음이란 모든 것을 주님에게 맡기고 기다리는 것이라고 가르쳐왔습니다. 그 결과 우리는 스스로 해야 할 것조차도 방임하는 수동에 빠질 위험에 노출시키고 있는 것입니다. 그런데 정확하게 맡긴다는 것은 예수님이 하라는 대로 순종하는 것입니다. 야고보는 우리들에게 이런 부분에 관해서 심각한 도전을 주고 있습니다. "행함이 없는 믿음은 죽은 것이다"(약 2:26)라는 말씀이 강조하는 바처럼 우리가 의당해야 할 부분마저도 손은 놓고 있기 때문에 마귀는 더욱 우리를 쉽게 조정할 수 있는 것입니다.

목회자의 설교를 판단 없이 받아들이는 것을 믿음이 좋은 것으로 취급하는 반대편에는 판단은 곧 불순종이라는 의미로 받아들이게 하는 오류가 숨겨져 있는 것입니다. 이로써 독선과 아집이라는 마귀의 일이 자리를 굳게 잡아 교회를 어렵게 만드는 것입니다. 하나님으로부터 오는 예언조차도 두 세 사람의 검증을 필요로 합니다. 서로 식별한 후에 받아들이는 것이 상식입니다. 그러므로 설교도 역시 마찬가지로 판단과 식별을 통과해야 할 것입니다. 그렇게 하지 않기 때문에 하나님의 말씀과는 전혀 상관도 없는 교양강좌나 코미디 같은 설교가 강단에서 여전히 흘러나오고 있는 것입니다. 우리 모두 영안을 열어야 합니다. 성도들의 잠자는 영을 깨워서 영적인 사고를 하게 해야 합니다.

23장 밖에서 조종하는 귀신에게 속지마라.

(고전 8:7)"그러나 이 지식은 모든 사람에게 있는 것은 아니므로 어떤 이들은 지금까지 우상에 대한 습관이 있어 우상의 제물로 알고 먹는 고로 그들의 양심이 약하여지고 더러워지느니라."

우리 몸을 괴롭히는 질병 가운데 만성질환이 있습니다. 초기에 적절한 치료를 하지 못해서 치유시기를 놓쳤거나 올바른 약물을 사용하지 못해서 내성이 생겨난 경우 등이 있습니다. 치료할 때면 나은 것 같다가 치료를 그만 두면 다시 재발하는 고질적인 재발성 질환은 우리를 괴롭힙니다. 요즘은 어떤 항생제에도 듣지 않는 슈퍼 박테리아가 생겨 우리를 위협합니다. 항생제 남용 때문에 내성균이 늘어나는 실정이라고 합니다.

이처럼 내성이 생겨 어떤 약물을 사용해도 근원적인 치유가 불가능한 질환의 대표주자로 아마도 무좀을 들 수 있을 것입니다. 나은가 싶으면 다시 발생하여 괴롭게 하는 무좀처럼 우리를 괴롭게 하는 영적 존재가 있습니다. 마귀와 귀신 가운데 끈질기게 영향을 주는 부류의 놈들이 있는데, 이런 악령에게 걸리면 그 괴로움이 이루 말로 다할 수 없습니다. 우리가 흔히 축사로 내쫓을 수 있는 귀신은 정신을 어지럽게 하거나 질병을 일으키는 무리들입니다.

성경에 기록되어 있는 군대귀신이나 간질병이 들어 자주 쓰러지게 하는 귀신 등과 같은 존재들은 예수의 이름으로 나갈 것을 명령할 경우 귀신보다 축사자의 능력이 다 강할 경우 꼼짝 없이 나갈 수밖에 없습니다. 귀신이 쫓겨날 때 여러 가지로 저항을 하다가 결국에는 달아나게 되는 것입니다. 이런 유형의 귀신은 명령으로 내어 쫓을 수 있지만 만성적 질환과 같은 고질병을 일으키는 일부 귀신의 경우에는 명령으로는 되지 않습니다.

축사 사역자가 주관하는 집회에서 명령하자 기절하면서 쓰러지고 바닥에서 뒹굴다가 정신을 차리고 일어나 '할렐루야'라고 외치면서 기뻐하는 모습을 보았을 것입니다. 모두들 귀신이 쫓겨나간 것을 기뻐하면서 하나님을 찬양합니다. 여기까지만 보았을 것입니다. 그런데 그들 가운데는 집회를 떠나 집으로 돌아온 직후 다시 귀신이 들어와 전과 같은 귀신의 행동을 함으로써 가족들을 실망케 하는 일이 있습니다.

축사에도 불구하고 그 당시는 치유된 것 같지만 시간이 지나면 역시 변한 것이 전혀 없는 반복을 계속합니다. 이런 경우에 이 귀신은 우리 몸을 장악하고 거처를 삼는 군대귀신과는 다른 종류입니다. 이 귀신은 우리 몸을 점령하기도 하고 때로는 몸 밖에서 영향을 줄 수 있는 능력을 갖추고 있기 때문에 몸에서 내쫓는다고 문제가 해결되는 것이 아닙니다.

귀신은 주로 우리 몸을 거처로 삼아 우리를 지배하지만 마귀는 몸에 거하지 않고 공중에서 우리들에게 나쁜 영향을 줍니다. 마귀가 영향을 주는 단계도 일시적인 것이 있고, 우리를 자신들의 도구로 삼아서 계속 지배하는 경우가 있습니다. 귀신은 대체로 우리 몸 안에 자리를 잡지만 마귀는 밖에서 영향을 주는데, 이런 귀신과 마귀의 특성을 반씩 갖춘 귀신들도 있습니다. 이들은 때로는 우리 몸 안에 있기도 하고 때로는 몸 밖에 있기도 하는 것입니다.

몸 밖에서 우리들에게 지속적으로 영향을 주기 위해서는 반드시 우리의 승인이 있어야 합니다. 귀신은 우리의 몸을 강제로 점령하려고 갖은 시도를 다 합니다. 이 귀신의 시도에 걸려 귀신을 받아들이게 되면 우리 몸을 거처로 삼게 되는 것입니다. 우리가 심한 상처를 입어 심령으로 약해졌을 때 그 기회를 틈타서 원망하거나 하나님을 부인하게 하여 죄에 빠지게 합니다.

죄는 마귀의 발판이므로 이렇게 해서 만들어진 발판을 통해서 자리를 확보하게 되는 것입니다. 악령이든 성령이든 영적 존재는 우리들과 맺은 약속에 의해서 행동하게 되는데, 성령은 우리의 신앙고백을 통해서 우리 몸에 거처를 삼고 우리를 이끌어 가시는 것입니다. 마귀도 역시 그들을 환영하는 우리의 몸짓이나 행위에 의해서 자신들의 영역을 주장하게 되는데 그것이 죄입니다. 죄는 우리가 상처를 입거나 실패했을 때 원망이 생기고 그것은 곧 마귀와 관계를 맺는 신호가 되는 것입니다. 원망과 불평은 마귀로 하여금 자신을 합법적으로 괴롭힐 수 있는 권리를 내어주는 수단이 되며, 이렇게 해서 들어온 마귀와 귀신은 우리를 더욱 약화시켜 자신들의 숙주로 삼으려고 계속 괴롭힙니다.

좌절과 시련을 겪을 때 조심해야 할 것은 원망하는 것입니다. 하나님은 좌절과 시련을 통하여 성도들의 믿음을 시험하시기 때문입니다. 하나님은 우리가 어려운 계절을 지날 때 성령은 큰 위로를 주시며 말씀으로 극복할 수 있도록 은혜를 베푸십니다. 죄가 많은 곳에 은혜 또한 많듯이 우리가 어려운 처지에 처하면 죄를 지을 수 있는 가능성이 한층 높아지기 때문에 주님은 큰 은혜를 베푸시는 것입니다. 이때에도 마귀는 우리를 더욱 괴롭게 하며 원망할 마음을 줍니다. 이것이 마귀의 상투적인 수법인 충동인데, 원망하는 마음이 생기는 한 편으로는 성령으로부터 오는 감사의 마음도 함께 있습니다. 우리는 이때 원망을 버리고 감사를 선택할 수 있어야 합니다. 어떤 상황에서도 자족함을 배웠던 바울처럼 그렇게 감사할 수 있다면 마귀는 떠나게 되지만, 그렇지 못하면 마귀에게 권리를 내어주는 결과가 되어 그 때부터 서서히 마귀의 주장이 시작되는 것입니다.

마귀는 우리로 하여금 패배감에서 벗어나지 못하게 합니다. 열등감에 사로잡히고 패배의식에서 헤어 나오지 못하게 만듭니다. 이런 생각에 물들게 되면 귀신은 우리를 괴롭게 하는데 밖에서 계속 괴롭히는 귀신의 발판이 되는 죄에서 떠나야 합니다. 그릇된 행실이나 마귀가 좋아하는 습관을 고쳐야만 그 올무에서 벗어날 수 있습니다. 습관을 고쳤다고 해서 당장에 마귀가 영향을 거두는 것이 아닙니다. 마귀는 다시 그 행동을 할 수 있는 환경을 가져다주며, 그렇게 되면 오랜 습관이 되었기 때문에 그 행동을 쉽게 다시 하게 됩니다. 은혜가 충만하면 절제도 되고 마귀의 유혹도 물리칠 수 있지만 얼마 못가서 은혜가 식어지면 다시 죄의 유혹에 빠지게 됩니다. 우리가 하나님의 은혜를 맛보았으면 그 가치를 깨닫고 경건한 생활을 유지해야 하는 것은 우리의 몫입니다. 그래서 주기적으로 믿는 사람끼리 모여서 예배를 드리면서 교제도 나누어 경건을 항상 유지해야 합니다.

그러나 이미 귀신에게 자리를 내어준 사람은 물리치기가 여간 힘이 드는 일이 아닙니다. 결단하고 이를 악물고 악습을 고쳐야 하지만 이미 몸에 스며든 습관을 하루에 고칠 수는 없기 때문에 귀신을 물리칠 수 없게 되는 것입니다. 귀신이 물러갈 때까지 악한 습관을 절대로 반복해서는 안 됩니다. 마귀와 귀신의 특성은 원망하고, 핑계를 대며, 충동적이고, 게으르고, 시기 질투하며, 자기비하를 하고, 남의 탓을 하며, 성실하지 못하고, 책임감이 없으며, 소극적이며, 우울하며, 비관적이며, 비판적이고, 부정적이며, 성적으로 문란하며, 탐욕적이며, 과대 망상적이며, 피해의식에 사로 잡혀있으며, 저돌적이고, 이기적이며, 편파적이며, 자기중심적입니다.

이런 태도를 바꾸지 않으면 안 됩니다. 오랫동안 마귀에게 사로잡혀 조정을 당한 사람은 육신적으로도 괴롭힘을 당해서 무기력합니다. 마음속에서 하고자 하는 동기유발이 일어나지 않습니다. 해야 한다는 것은 알면서도 몸이 전혀 따라주지 않습니다. 하려고 해도 할 기분이 일어나지 않기 때문에 할 수가 없습니다. 귀신이 무기력하게 만들기 때문입니다. 그렇기 때문에 스스로 그 올무에서 벗어날 길이 거의 보이지 않기 때문에 영적 사역자의 도움이 필요합니다.

성령 충만을 받으면 마음속에서 힘이 솟아나고 하고자 하는 마음이 생깁니다. 그러나 이런 충만은 일시적일 수밖에 없습니다. 계속 지속하기 위해서는 노력이 필요합니다. 열심히 찬양하고 기도하면서 경건한 사람들과 어울려 기름부음을 나누어 가져야 합니다. 영적 원리 가운데 '무리의 법칙'이 있습니다. 경건한 사람들 속에 머물면 자신도 경건해지며 성령 충만이 계속 이어집니다. 성령과 능력으로 충만한 사람들과 함께 하는 동안 그릇된 습관을 고쳐야 하지만, 오래 몸에 베인 습관이 말처럼 그렇게 쉽게 고쳐지지 않는 것이 문제입니다.

알코올 중독이나 약물중독과 같은 중독성 질환을 앓고 있는 경우도 이와 같은데, 악습이란 마귀가 충동하기 때문에 끊기가 엄청나게 힘들 뿐만 아니라 시간도 많이 걸립니다. 예를 들면, 흡연의 경우 3년 이상 끊어야 조금 안심이 되며, 10년이 지나야 완전히 니코틴에서 해방되는 것입니다. 이 기간 동안 어려운 일이 생기면 다시 담배를 입에 대게 되는 것입니다. 이렇듯이 악습은 한 번 물들면 끊어내기란 무척 어려운 것입니다.

귀신은 우리들에게 계속 죄를 지어 악습에 물들게 합니다. 그리고 그런 상태가 계속되면 몸은 괴롭힘을 당해서 특별히 질환이 있는 것도 아닌데 늘 불편하고 괴롭습니다. 병원에 가면 신경성이라는 말만 듣습니다. 본인은 고통이 심하지만 의료 검사에는 전혀 병증이 나타나지 않기 때문에 신경성이라고 합니다. 귀신에게 점령당한 사람의 고통은 경험하지 못한 사람은 알지 못합니다. 극심한 고통에 자살의 유혹을 받게 됩니다. 고통에서 벗어날 길은 자살 외에는 없는 것 같기 때문입니다.

자신은 고통을 당하는데 하나님은 전혀 자신의 병을 돌아보지 않는 것 같다는 생각이 더욱 괴롭게 하며, 살 소망을 잃게 합니다. 악습을 끊어야 합니다. 이것은 하나님이 돌아보지 않는 것이 아니라 은혜를 소홀히 하고 마귀를 불러들이는 행동을 계속하고 있기 때문입니다. 영적 존재들은 신호에 의해서 움직인다는 사실을 이미 설명했습니다. 성령을 위해서는 성령의 신호를 보내야 합니다. 경건훈련과 찬미와 예배와 헌신과 교제입니다. 깊은 기도를 통해서 성령 충만을 유지하는 노력을 해야 하며, 이미 귀신에게 자리를 내어준 사람은 회개해야 합니다. 반드시 성령의 임재 하에 영의 차원에서 회개해야 합니다.

회개란 바로 악한 행실에서 떠나는 것입니다. 그 일이 마귀의 방해로 순조롭지 않기 때문에 경건한 사람들의 도움을 받고, 이를 악물고 끊으려는 노력을 해야 합니다. 이 일을 하지 않고 하나님이 도와주시지 않는다고 불평하는 것은 바로 마귀를 불러들이는 원망이라는 신호를 보내는 것입니다. 그렇기에 귀신은 계속 괴롭힐 수 있는 권리를 유지하는 것입니다.

귀신은 주변 사람을 통하여 자신에게 접근합니다. 그러니까, 밖에서 조종하면서 동조하면 자신에게 침입을 하는 것입니다. 사람의 말에 현혹되지 말고 하나님만 의식하는 것이 자신의 영을 지키는 중요한 요소입니다.

24장 정상적인 사고를 하는 귀신의 하수인

(갈 5:19-21)"육체의 일은 분명하니 곧 음행과 더러운 것과 호색과 우상 숭배와 주술과 원수 맺는 것과 분쟁과 시기와 분냄과 당 짓는 것과 분열함과 이단과 투기와 술 취함과 방탕함과 또 그와 같은 것들이라 전에 너희에게 경계한 것 같이 경계하노니 이런 일을 하는 자들은 하나님의 나라를 유업으로 받지 못할 것이요"

세상에 살아가는 사람들 중에 정상적인 사고를 하는 대도 귀신의 영향을 받는 사람들이 다수 있습니다. 우리는 영안을 열고 분별하여 속지 말아야 합니다. 매년 7-8월이 되면 방송사들은 단골 메뉴로 납량 특집 물로 귀신 이야기를 내놓습니다. 고전적인 전설의 고향으로부터 시작해서 여고 괴담 등과 같은 귀신을 주제로 한 영화를 극장가도 관객에게 내놓습니다. 올 해는 어떤 형태로 귀신 이야기를 만들어낼지 궁금합니다. 이런 특집 물을 만드는 사람들을 인간의 눈으로 보면 정상적입니다. 그러나 영안을 열고 보면 그 생각을 조종하는 귀신이 있다는 것입니다. 귀신이 그런 특집 물을 만들어 방영하도록 생각을 주장하는 것입니다. 또, 기독교를 폄하하는 프로그램을 만들어 방영하도록 조종하는 귀신도 있습니다. 세상 사람들은 이 사람들이 귀신이 들려서 이런 일을 하는 줄을 모릅니다. 그러나 영의 눈을 열고 보면 정상적인 사고 속에 역사하는 귀신입니다. 그리고 유형교회를 분열시키는 귀신이 있습니다. 아무개 교회에서 교회 바로 세우기란 명목으로 담임목회자를 고발한 사건을 다 아실 것입니다. 결국 혐의 없음으로 판명이 났습니다. 그러나 일반적인 성도들은 옳다고 할지 몰라도 영의 눈을 열고 보면 귀신의 역사입니다.

귀신은 우리가 이처럼 영화나 드라마에서 보는 것 같은 그런 낭만이나 재미가 있는 존재가 결코 아닙니다. 20대 젊은이들이 관념적으로 철없이 만든 케릭터 '붉은 악마'는 전통적인 우리 민족 설화에 등장하는 도깨비를 형상화한 것을 상징으로 사용하고 있는데, 우스꽝스런 모양의 형상은 민담설화를 바탕으로 하고 있습니다. 설화에 등장하는 도깨비는 모든 설화가 공통으로 지향하는 '권선징악'(勸善懲惡)의 도구로 사용되었습니다. 그러나 실제로 귀신은 권선징악의 도구가 되는 경우는 거의 없습니다.

하나님은 모든 현상을 궁극적으로 선한 결과로 변환시키시는 분이기 때문에 귀신 들림도 결국에는 하나님의 은혜로 바뀌게 하는 것이라고 볼 때 권선징악의 의미가 있다고 할 것입니다. 예를 들자면 욥에 대한 사단의 공격은 일종의 귀신들림의 원형(遠形)이라고 볼 수 있다고 가정할 때 사단의 공격은 결과적으로 욥으로 하여금 하나님의 변함없는 은혜에 관한 설명이 되는 것입니다.

극심한 고난과 갈등의 배후에 있는 귀신의 영향 역시 우리들에게 궁극적으로 은혜로 바뀌어 오히려 우리로 하여금 정금처럼 귀한 존재가 되게 하는 것은 질병을 치르고 난 후에 면역력이 강해져서 다시는 그 질병에 걸리지 않는 것과 같다고 할 것입니다.

일종의 완충 역할을 하는 것입니다. 귀신들림이나 질병은 우리들에게 영적으로 강하게 할 수 있고, 이로 인해서 하나님의 은혜를 더욱 절실하게 할 수 있습니다. 그런 모든 은혜의 최종적인 시혜자(施惠者)는 역시 하나님이 되시지만 우리가 그 과정에서 때로는 낙망하여 실족할 수도 있습니다.

적지 않은 사람들이 고난과 시련을 당할 때 하나님을 떠나게 되는 경우를 흔히 볼 수 있습니다. 전도를 해보면 우리가 생각하는 것보다 훨씬 더 많은 사람들이 교회에 다니다가 실족해서 그만 둔 사람들을 만나게 됩니다. 한 두 번은 교회에 출석해본 경험이 있는 사람들이 대부분이며, 불교와 같은 타종교를 가진 사람이 있고, 전혀 교회도 모르고 살아가는 순수 불신자들을 만나기가 그리 쉽지 않습니다.

그만큼 사람들은 어떤 이유에서든지 실족해서 하나님의 은혜에서 멀어진 삶을 살고 있는 것입니다. 따라서 귀신이 권선징악(勸善懲惡)적인 도구로 사용되는 경우 역시 많지 않은 것 같습니다. 자신에게 닥친 현실을 어떻게 받아들이고 해석하느냐 하는 문제는 전적으로 개인에게 달려 있다고 할 것입니다. 개인에 따라서 어떻게 의미부여를 하느냐 하는 것은 분별의 문제이기도 합니다. 현상을 신앙의 눈으로 해석할 때 긍정적인 눈으로 보는가, 부정적으로 보는가에 따라서 그 결과는 전혀 다를 것입니다.

귀신들림은 원칙적으로 권선징악(선을 권하고 악을 나무람)이 아닙니다. 귀신이 우리들에게 오는 것은 우리를 점령하기 위함입니다. 이는 외군이 침입하는 목적과 같은 것입니다. 전쟁에서 지면 많을 것을 잃게 되고 그 나라의 식민 통치를 받아야 합니다. 이처럼 귀신을 우리가 누리는 여러 가지 권리를 빼앗고 우리를 자기 뜻대로 지배하기 위한 것입니다. 그런 귀신의 의도에 제대도 저항하지 못하고 자신을 내어주어 귀신들림이 일어나면 고통의 세월을 겪을 수밖에 없습니다.

그런 불행한 결과를 하나님은 은혜로 바꾸어 주시는 것이지 처음부터 권선징악(勸善懲惡)의 의도로 귀신들리게 하지는 않는다는 사실은 부모에게 있어서 아무리 못된 자식이라고 할지라도 뱀을 주지 않기 때문입니다(마 7:10).

귀신에게 많은 것을 빼앗기고 불행한 삶을 살아가는 많은 환자들에게 있어서 귀신은 낭만적이지도 아니고 재미있는 이야기 거리도 아닙니다. 처절한 고통의 몸부림만 있을 뿐입니다. 이런 귀신들림에 있어서 이성을 잃지 않고 정상적인 판단을 하는 사람들이 있습니다. 실제로 대부분의 귀신들림은 이런 사람들입니다. 그러나 이들은 어떤 특정한 부분에서 전혀 이성적이지도 합리적이지도 못한 심각한 결점을 들어냅니다. 그러면서도 자신은 전혀 그 사실을 알지 못합니다.

이런 사람들을 우리는 일반적으로 마귀의 영향을 받는 사람이라고 부를 수 있지만 그들 가운데는 일부 귀신들림이 있습니다. 귀신들림과 마귀의 영향을 구분하는 경계점인 회색지대에 놓여 있는 사람은 귀신과 마귀의 특성 모두를 들어냅니다. 그래서 때로는 마귀 같기도 하고 때로는 귀신같기도 합니다. 마귀와 귀신은 역할이 다르다는 점은 이미 설명한 것인데, 그러므로 드러나는 결과도 다릅니다.

회색지대에 있는 귀신들림은 얼핏 보면 정상인 같기도 하지만 그를 내면에서 조정하는 영이 무지한 귀신이라는 점을 인식한다면 그 행위는 결과적으로 파괴적일 수밖에 없습니다. 귀신은 몸과 마음을 황폐하게 만드는 주범입니다. 귀신들림이 진행될수록 그 사람의 인격은 점차로 귀신을 닮아가게 되고 정서적으로 감성적으로 거칠어지며 조급하고 포악한 면을 보이기 시작합니다. 귀신은 유혹적이기 때문에 한 번 걸려들면 그 유혹에서 벗어나기가 쉽지 않습니다.

약물 중독자의 경우에 중독을 일으키는 귀신은 피해자로 하여금 달콤한 유혹에 휘말리도록 계속 자극하는 것입니다. 끊임없는 환상에 의한 유혹은 그 덫에서 벗어날 수 없을 정도로 자극적이고 집요합니다. 이런 회색지대에 있는 귀신들림으로부터 자유롭기 위해서는 이런 유혹으로부터 벗어나려고 하는 본인의 노력이 필요합니다. 왜냐하면 피해자는 이성적인 생각을 할 수 있기 때문입니다. 정신분열과 같은 귀신들림은 스스로 판단할 수 있는 사고력을 상실하게 됩니다. 그렇기 때문에 이들에게는 오로지 외부에서 강력한 능력을 갖춘 축사자의 도움 이외에는 방법이 없습니다.

점령하고 있는 귀신의 능력보다 더 강한 능력을 가진 축사 사역자를 만나는 것이 치유의 기본입니다. 그러나 실제로 문제에 걸려

축사 사역자를 찾고자 할 때 막연하게 많을 것같이 생각되던 사역자가 실제로 거의 없다는 사실을 알게 될 것입니다. 이는 더욱 큰 절망을 가져오게 되는 것입니다. 판단력을 유지하는 귀신들림은 본인의 의지가 중요한 요소가 됩니다. 그런데 이런 귀신들림을 당하고 있는 사람은 그 이성적인 분별력을 스스로 사용해서 귀신과 결별하고자 하는 노력이 제대로 되지 않습니다.

그런 까닭은 자신이 귀신과 맺어진 신호를 계속 하고 있다는 사실을 알지 못하기 때문입니다. 귀신이 자신을 점령하고 계속 괴롭힐 수 있는 것은 어떤 이유에서든지 자신 안에 귀신을 불러들이고 그들이 합법적으로 괴롭힐 수 있는 권리가 될 어떤 행위를 지금도 계속하고 있기 때문입니다. 그것이 자신의 의지와는 상관없이 귀신으로 인해서 강제로 되어 진 행위라고 할지라도 지금 그 행위를 지속적으로 하고 있기 때문인데, 이런 것을 저는 '영적 신호'라는 말로 설명하고 있습니다.

자신이 알지 못하는 채로 귀신과 맺어진 관계를 단절하기 위해서 자신을 살펴보아야 합니다. 스스로 살펴서 끊으려고 하지 않는다면 귀신은 절대로 떠나가지 않습니다. 마귀를 이기는 가장 원론적인 방법은 "대적하는 일"(약 4:7)과 "하나님의 전신갑주를 입는 일"(엡 6:11)입니다. 마귀와 형성된 신호체계를 분쇄하는 일이 대적하는 일의 구체적인 내용 가운데 하나입니다.

그런데 아쉽게도 그렇게 하려고 하지 않습니다. 그런 까닭은 마귀의 속임수 때문입니다. 귀신이 이미 자신의 마음을 주장하는 위치에 있기 때문에 그런 말이 귀에 들리지 않고 의심하게 되는 것입니다. 자신은 합리적으로 생각한다고 하지만 결국 어떤 부분에 가서는 전혀 합리적이거나 이성적이지 못합니다.

귀신의 영향 때문인데, 그러므로 영적인 집회에 가서 하나님의 말씀을 듣고 능력 있는 사역자의 도움을 받아 귀신의 영향을 차단한 후에 하나님의 말씀을 들어야 합니다. 이것이 전신갑주를 입는 일입니다. 귀신이 방해하는 상태에서는 입을 수 없습니다.

이런 경우 축사 사역자는 일정한 시간동안 마귀와 귀신을 일정한 거리 밖으로 추방할 수 있기 때문에 환자에게 영향을 줄 수 없게 됩니다. 이런 상태에 놓여있을 때 환자는 사태를 바르게 이해할 수 있지만 곧 다시 귀신의 영향을 받게 됩니다. 그렇지만 전과 다른 것은 이미 사태가 어떻다는 것을 알았기 때문에 스스로 대적할 수 있게 됩니다. 귀신과 맺어진 신호체계를 거부하고 성령의 도움을 구하면서 대적기도를 합니다. 그리고 충동과 유혹을 단호하게 거부하고 귀신의 주장에 동조하거나 받아들이지 않습니다.

귀신이 자신을 속이고 있는 점을 알았다면 대적기도에 사용해야 합니다. 더 이상 그런 것으로 자신을 묶거나 유혹할 수 없다고 선포합니다. 그리고 자신의 신분은 거룩한 하나님의 것이라는 사실도 선포합니다. 이런 일들을 지속적으로 해야 합니다. 아주 오래 걸릴 수도 있습니다. 인내를 가지고 귀신과의 작별을 시도해야 합니다. 이 과정에서 축사자의 도움을 지속적으로 받을 수 있다면 더 효과적일 것입니다.

25장 귀신의 공격목표는 사람의 마음이다.

(잠 4:23)"모든 지킬 만한 것 중에 더욱 네 마음을 지키라 생
명의 근원이 이에서 남이니라."

마음이라는 말은 영어로는 'heart'와 'mind'로 표현합니다. 우
리가 읽고 있는 개역성경은 우리의 영을 마음으로 번역하기도 합
니다. 마가복음 2:8의 "저희가 속으로 이렇게 의논하는 줄을 예수
께서 곧 중심에 아시고"에서 중심이라고 번역한 이 말을 공동번역
이나 표준 새 번역에서는 "마음으로"라고 적고 있습니다. 영과 마
음이 같다고 말하는 목회자가 있습니다. 다른 목회자는 마음과 영
이 같지 않다고 말하기도 합니다. 필자역시 마음과 영은 같지 않다
고 말합니다. 마음은 실상 영과는 거리가 있습니다. 하나님이 우리
안에 거하시고 그 증거를 드러내는 장소가 바로 마음입니다. 이 마
음이 존재하는 장소가 어디인지는 아직도 명확하지 않습니다.

한편 하나님은 성도들의 마음이 하나님께 향하기를 원하십니
다. 원시시대로 거슬러 올라가면 예수님이 살았던 초대교회 당시
의 사람들은 이 마음이 배에 있다고 생각했습니다. 그리고 중세에
는 이 마음이 가슴 즉 심장에 있다고 생각했습니다. 마음이 뇌에
있다고 생각한 것은 근래의 의학이 발전하면서 도달한 결론입니
다. 그런데 최근에는 이 이론에 문제가 있다는 사실이 차츰 드러나
고 있습니다. 이성적인 생각이나 지능과는 다른 존재로서의 마음

을 발견하면서 다시 마음의 위치에 대한 이론들이 나오기 시작했습니다.

마음은 느낌의 자리인데 어떤 사람은 머리로 느끼고, 어떤 사람은 가슴으로 느끼며, 어떤 사람은 배로 느끼며, 어떤 사람은 피부로 느낍니다. 마음은 감정이 우러나오는 자리이기도 합니다. 이 역시 머리, 가슴, 배 등으로 나눠집니다. 여러분은 주로 어디서 나옵니까? 머리에서 나오는 사람은 주로 냉정하고 이기적이며, 가슴으로 나오는 사람은 따뜻하고 이타적이며, 배로 나오는 사람은 포용적이고 때로는 탐욕적입니다. 그런데 이 마음이 어느 한 곳에 고정되어 있지 않고 상황에 따라서 다양합니다. 어떤 때는 가슴에서 나오고, 어떤 때는 머리에서 나옵니다.

좋고 나쁜 모든 것들이 이 마음에서 나옵니다. 믿음도 이 마음에서 비롯됩니다. 그러므로 마음은 우리에게 매우 중요합니다. 이 마음을 노리는 마귀가 우리 곁에 있습니다. 마귀가 사람의 마음을 사로잡으려면 많은 노력이 필요하고 철저한 전략이 필요합니다. 이는 마치 젊은 총각이 처녀의 마음을 사로잡으려고 드리는 노력 못지않습니다. 처녀의 마음을 사로잡으려면 훌륭한 전략과 많은 인내가 필요하듯이 마귀가 우리의 마음을 사로잡으려면 끈질긴 유혹이 필요한 것입니다. 한 순간에 덥석 무는 식으로 우리의 마음을 마귀가 사로잡을 수는 없습니다.

마귀는 우선 마음을 빼앗을 대상을 찾습니다. 마음이 깨끗하게 정돈되지 않은 사람 즉 갈팡질팡하는 사람을 우선 대상으로 삼습니다. 마음이 순수하지 못하고 악한 것이 많이 들어있는 사람에게 접근합니다. 그렇다고 해서 그 사람의 마음을 단숨에 사로잡을 수 있는 것이 아니지요. 우리의 마음은 우리가 주인이기 때문에 동의하지 않으면 아무도 그 마음을 빼앗지 못합니다.

그러므로 마귀는 기회를 엿봅니다. 대상이 지니고 있는 마음 상태와 합하는 상황을 만나게 되는 경우 마귀는 그 사람에게 그 상황을 받아들이고 행동하도록 그 사람의 마음속에 생각을 불어넣습니다. 예를 들어 욕심이 많은 사람의 경우, 어떤 장소에서 주인이 없는 물건을 발견하게 됩니다. 이때 마귀는 그 사람의 마음속에 그 물건을 주어 가질 것을 요구합니다. 그러면 그 사람의 마음속에 '이 물건을 가질까?' 하는 생각이 떠오릅니다. 그리고 반대의 생각도 떠오릅니다. '이 물건은 내 것이 아니니까 가지면 안 되지'라는 양심의 소리가 들립니다. 이 두 생각이 서로 다툼을 일으킵니다.

우리는 이런 생각 모두가 우리 자신들의 생각으로 여깁니다. 그러므로 별로 대수롭지 않게 생각하고 결정하게 됩니다. 두 가지 생각 모두 자신에게서 나온 것이라고 생각하기 때문에 그 책임이 자신에게 있다고 믿는 것입니다. 이런 결정을 하든지 저런 결정을 하든지 별로 상관없다고 여기는 것이지요. 다소 양심의 가책이 있기는 하지만 그것이 현실적으로 별로 대수롭지 않다고 생각하는 것입니다. 성경에 조금 지식이 있는 사람은 하나님이 아무도 시험하지 않는다고 알고 있기 때문에 이런 갈등은 하나님이 주시는 시험이라고 생각하지 않는 것이지요. 그렇습니다. 하나님은 시험하시지 않지요. 우리가 마음이 깨끗하지 못하고 믿음이 굳지 못하기 때문에 마귀로부터 시험 받는 것입니다.

　이런 유혹을 받는 사람은 이 일에 마귀가 깊이 관여하고 있다는 사실을 깨닫지 못하고 있습니다. 이것을 안다면 그렇게 쉽게 마음을 빼앗도록 허락하지 않을 것입니다. 마귀는 이렇게 그 사람의 마음을 한 가지씩 점령해 들어가며, 보다 더 강한 유혹으로 이끌어 들입니다. 마치 바람둥이가 정숙한 여자를 범할 목적으로 접근했을 경우 처음부터 여관에 가자고 하는 어리석은 인간은 없을 것입니다. 그러면 모든 여자들이 다 달아날 것이라는 사실을 바람둥이는 잘 알고 있습니다. 그래서 그는 목표로 삼은 여자에게 접근해서 먼저 이렇게 말을 건넵니다. "미스 김! 오늘 옷이 너무 잘 어울린다."라고 말하든지 또는 "사모님! 참 아름다우시네요."라고 말합니다. 자신과 별로 상관이 없는 낯선 남자가 아름답다고 하는 말이 도대체 자신과 무슨 상관이 있겠습니까? 그런데 이런 말에 솔깃해서 그 남자에게 관심을 잠깐 기울입니다. 그 올무에 걸려 인생을 망치는 여자들은 이런 사소한 유혹을 대수롭지 않게 여기는 것으로부터 비롯됩니다.

　처음에 사소한 유혹으로 시작해서 마침내는 돌이킬 수 없는 범죄 함에 빠지는 것처럼 마귀의 사소한 유혹을 뿌리치지 못함으로써 끔찍한 범죄 함에 빠져 영혼을 송두리째 잃는 사람들이 더러 있지요. 상황을 만날 때마다 마귀는 유혹을 합니다. 그 유혹을 이기는 힘은 오로지 하나님의 말씀입니다. 하나님이 모든 상황에서 이길 수 있는 길을 우리에게 제공하고 있습니다. 그 길을 버리고 마귀의 유혹에 빠집니다. 우리는 순간순간의 선택의 갈림길에서 우리의 생각처럼 위장되어 떠오르는 마귀의 생각을 구분할 수 있는 능력을 길러야 합니다. 마귀의 유혹을 구분할 수 있는 능력은 영분별의 능력도 아니며, 오로지 유일하신 하나님의 말씀입니다. 귀신의 공격은 영분별의 능력으로 구분하지만 마귀는 말씀으로 구분합니다.

마귀는 우리의 마음을 공격합니다. 우리 마음속에 자신의 생각을 불어넣습니다. 마귀의 생각은 하나님의 말씀과 대치됩니다. 그러므로 우리 마음에 떠오르는 생각을 하나님의 말씀으로 점검해야 합니다. 그러므로 하나님의 말씀을 많이 알고 또 올바르게 알아야 합니다. 말씀이 마귀를 이기는 유일한 길입니다. 우리의 마음은 전쟁터입니다. 이 마음을 빼앗으려고 하는 마귀와 빼앗기지 않으려는 우리 사이에 끊임없이 벌어지는 싸움터입니다.

충만한 교회는 매주 다른 과목을 가지고 매주 월-화-목(11:00-16:00)집회를 인도합니다. 무료집회입니다. 단 교재를 구입해야 입장이 가능합니다. 매주 다른 과목으로 집회를 합니다.

병원이나 세상 방법으로 해결하지 못하는 무슨 문제든지 해결을 받겠다는 믿음을 가지고 오시면 15가지 질병과 문제도 모두 치유 받습니다. 천국을 누리고 싶은 분은 믿음을 가지고 오시기만 하면 무슨 문제라도 치유되고 해결이 됩니다. 오시면 천국을 체험하고 누리며 살아가게 됩니다.

26장 귀신의 정체를 폭로하게 하는 비결

(눅 4:33-36)"회당에 더러운 귀신 들린 사람이 있어 크게 소리 질러 이르되 아 나사렛 예수여 우리가 당신과 무슨 상관이 있나이까? 우리를 멸하러 왔나이까? 나는 당신이 누구인 줄 아노니 하나님의 거룩한 자니이다. 예수께서 꾸짖어 이르시되 잠잠하고 그 사람에게서 나오라 하시니 귀신이 그 사람을 무리 중에 넘어뜨리고 나오되 그 사람은 상하지 아니한지라. 다 놀라 서로 말하여 이르되 이 어떠한 말씀인고 권위와 능력으로 더러운 귀신을 명하매 나가는 도다 하더라."

하나님은 크리스천들이 귀신들의 실체를 알고 대처하기를 원하십니다. 귀신은 영적존재이기 때문에 보이지 않지만 살아있는 실제적인 존재입니다. 크리스천의 삶에 고통을 가하는 것은 귀신의 역사라고 보아야 해결이 가능합니다. 귀신에게 관심을 가져야 자신에게 역사하는 귀신의 존재를 알아낼 수가 있습니다. 크리스천에게 귀신은 없다. 하면 귀신이 자신에게 역사해도 귀신은 정체를 폭로하지 않습니다. 반대로 자신에게도 귀신이 잠복하여 있으면서 알게 모르게 고통을 가하고 있다고 인정하면 귀신이 드러나기 시작합니다. 그렇기 때문에 보이지 않는 영적인 면은 관심이 있어야 발전하는 것입니다.

귀신에 대하여 잘 이해하지 못하면 두렵고 무서운 존재임이 틀림없습니다. 귀신에 대하여 바르게 알고 보면 아무것도 아닌 그림자 같은 존재입니다. 그런데 크리스천이나 세상 사람들을 막론하고 귀신이라는 말만 들으면 막연하게 두려워하며 거부하려고 합니다. 그동안 귀신이 대해 알고 있던 지식과 경험 때문일 것입니다. 귀신에 대한 지식은 대부분 TV드라마나 영화에서 어른 들이 들려준 이야기로 얻은 것들입니다. 그러나 TV나 영화에서 나오는 귀신에 대한 이야기가 사실일까요? 귀신은 성경에서도 자주 등장합니다. 성경은 영적세계를 정라하게 풀어놓은 책이기 때문입니다.

그러나 성경에서 나오는 귀신들은 몸 안에 들어가 있기에, 예수님이나 사도들이 그들을 쫓아내곤 합니다. 귀신들이 공격하는 유형도 TV나 영화처럼, 음침한 곳에서 으흐흐 하면서 스치고 지나가며 놀라게 하고, 사람들을 손톱으로 할퀴고 입으로 물어뜯으면서 공격하는 것이 아니라, 사람의 머리를 타고 앉아 자신들의 생각을 넣어주어 죄를 짓게 하는 방식입니다. 그들의 목적은 생명과 영혼을 사냥하여 지옥으로 끌고 가려는 것입니다. 최근 창원에서 목회하시는 60대 목사님이 자매들에게 몹쓸 짓을 한 것과 같은 세상에 지탄받을 일들을 저지르게 합니다.

TV나 영화 속의 귀신들은 음침한 곳에 있다가 갑자기 으흐흐 하면서 나타나서 사람들을 공격하지만, 성경에 나오는 귀신들은 특정한 장소에 있는 것이 아니라, 이미 사람들의 몸에 들어가 있다는 것이 다릅니다. 개인의 몸에 들어가 있는 귀신도 있습니다. 가정에 들어가 역사하는 귀신도 있습니다. 물론 모든 귀신들이 사람의 몸에 들어가 있는 것은 아닙니다. 밖에서 공격하는 경우도 흔한 일입니다. 그러나 그 공격방식이 물리적으로 공격하는 것이 아니라, 몸에 들어가 각종 정신질환과 육체적인 불치병이나 고질병을 일으키고, 생각을 조종하여 부부와 가정불화가 생기게 하고, 개인과 가정을 불행에 빠뜨려서 고통을 주는 방식이 다릅니다. 그렇다면 예수님 당시에 널려있던 귀신들이 지금은 전부 어디에 있을까요? 귀신들이 예수님이 재림 때까지 활동하는 불멸하는 존재이기 때문에 그들은 지금도 세상 어딘가에 있을 것이 분명합니다. 성경에서 말하는 대로라면, 수천마리가 사람의 몸 안에 들어가 잠복해 있을 것이며, 밖에 있는 귀신들도 자신들의 방식으로 사람들을 조종하고 공격하고 있을 것입니다.

그러나 아쉽게도, 우리는 교회에 오면 귀신에 대한 실제적인 이야기를 듣기가 쉽지 않습니다. 설교시간에도 귀신들은 성경에 있는 내용을 벗어나지 않고, 어쩌다가 귀신들린 사람들은 교회에 데려오면 접근하지 않고 손사래를 치기 일쑤입니다. 찬밥취급을 당한다는 것입니다. 더군다나 예배 시간에 귀신의 영향을 받는 사람이 괴성을 지르고 돌아다니면 속수무책입니다. 그러면서 성령하나님이 계시는 교회에는 귀신들이 얼씬하지도 못한다고 애써 안심시키고 있습니다. 정말 그렇습니까? 자신이 만약 귀신의 입장에서 생각해본 적이 있습니까? 귀신들이 가장 두려워하는 존재는 예수 이름과 성령하나님밖에 없습니다. 그렇다면 당연히 귀신들이 교회를 장악해서 예수님의 이름과 성령하나님의 능력을 얻지 못하도록 해야 그들이 살아남을 수 있을 것입니다. 그래서 사실 교회에 귀신들이 가장 많다고 보아야 맞는다고 생각합니다. 하나님을 만나지 못하게 해야 세상을 지배할 수 있기 때문입니다. 성도들의 각자 마음 안에 성전이 지어지면 안 되기 때문입니다. 그래서 경각심을 가져야 할 사람들이 바로 크리스천입니다. 얼마 전에 지방에서 큰 교회를 하시는 목사님이 필자가 그동안 성령사역을 하면서 작성하여 비치해 필요한 분들에게 판매하고 있는 교재를 구입한다고 메일을 보냈습니다. 과목들을 보니까, 거의 포함이 되었는데 귀신축사에 대한 교재와 가계문제를 치유하는 교재는 빠져있었습니다. 그래서 필자가 아~ 큰 교회목사님들이 귀신에 대하여 관심을 두지 않는다고 생각하며 한편으로는 염려가 되었습니다. 축사는 모든 부분에 해당이 되는 것입니다. 축귀가 되어야 하나님의 나라가 이루어지기 때문입니다. 성도가 자유하게 될 수가 있습니다. 성도에게 역사하는 귀신이 떠나가야 영적인 만족을 누리면서 정착할 수가 있습니다.

목회 사역초기에 성령께서 필자에게 살아계신 하나님을 증명하는 사역을 하라고 하셨을 때, 그 사역은 두 가지였습니다. 하나는 병든 크리스천들을 생명의 말씀과 성령으로 치유하여 하나님의 살아계심을 증명하는 일과 깊은 내면의 기도를 통하여 심령에 있는 성전을 견고하게 짓는 것입니다. 하나는 가정 단위로 들어가서 가족들안에 잠복해서 가정을 파괴하는 악한 영들을 성령으로 몰아내어, 영혼을 구원하고 분열된 가정을 회복시키라는 것이었습니다. 그 명령에 따라 지금의 성령사역과 문서선교 사역을 하고 있음은 두말 할 나위가 없습니다. 필자는 교회의 수적 성장과 건물을 짓는 것에는 별로 관심이 없습니다. 한 영혼 한 영혼을 하나님의 나라, 성전을 만드는 것이 집중하고 있습니다.

악한 영과 싸우는 사역은 악한 영의 존재를 발견해내야 하고, 발견해낸 귀신들은 쫓아내서 다시는 들어오지 못하도록 해야 합니다. 그러므로 발견해낸다는 것은 쫓아내는 능력을 지니고 있다는 것과 같은 의미입니다. 그런데 귀신을 발견만 하고 쫓아내지 못하는 사람은 귀신들린 사람이라고 보면 정확합니다. 성령께서 보여주시는 것은 쫓아내라고 보여주시기 때문입니다. 귀신의 영향을 받는 사람이 귀신을 잘 보기 때문입니다. 보기는 보는데 쫓아내지는 못합니다. 예수님은 "만일 사탄이 사탄을 쫓아내면 스스로 분쟁하는 것이니 그리하고야 어떻게 그의 나라가 서겠느냐(마 12:26)" 말씀하셨습니다. 이 같은 내용은 그간 필자가 여러 책에서 밝혀놓았으니까, 그리 생소한 이야기가 아닐 것입니다.

그러나 자신에게 귀신이 숨어있을 것이라는 생각은 아무도 하지 않을 것입니다. 그러나 그간 필자의 경험에 의하면 크리스천이라도 두 명 중의 한명이 몸 안에 잠복해있다고 보는 것이 정확합니다. 그러므로 자신의 몸 안에 귀신이 잠복해 있을 확률은 50%입니다. 이 사실을 받아들인다고 하더라도, 자신 안에 있다고 믿고 싶지 않을 것입니다. 그러나 자신의 희망사항과 실제사항은 분명히 다릅니다. 저에게는 많은 분들이 영적인 문제에 대한 궁금증을 전화나 메일로 질문합니다. 많은 분들이 성령의 불을 받았어도 자신에게 귀신이 역사하고 있어서 저녁마다 고통을 당하고 있다고 말합니다. 귀신의 정체를 폭로시키고 귀신을 축사하는 방법을 모르기 때문에 불필요한 고통을 당하는 것입니다. 그래서 귀신이 자신 안에 잠복해 있는지, 스스로 자가 발견하는 자가 진단법을 알려드리려고 합니다.

귀신은 공격 전략은 스스로를 감추고 사람의 몸에 들어가서 죄를 짓게 하여 불행에 빠뜨려서 영혼과 생명을 사냥하는 것입니다. 그러므로 특정 장소에서 나타나 긴 손톱과 송곳니를 가지고 사람을 공격한다는 것은 어처구니가 없습니다. 이는 드라마 작가의 영적지식과 상상력에서 나온 산물일 뿐입니다. 성경을 영으로 보시기를 바랍니다. 그런 귀신은 아무데도 없습니다. 대부분의 귀신들이 사람 안에 잠복해 있거나, 아니면 밖에서 생각을 틈을 타고 들어가 공격하는 것입니다(베드로나 가룟 유다의 예). 그러나 귀신이 자신에게 잠복해 있는지를 아는 경우는 성령으로 영안이 열려야 가능합니다. 성령님이 보여주셔야 가능한 것입니다. 영안이 열렸다는 것은 성령으로 영적 분별력이 있다는 것입니다.

자신 안에 귀신이 숨어있는지 알아내는 절대적인 방법은 이것입니다. 성령으로 강력하게 기도하여 귀신을 두렵게 해서 도망치게 하는 것입니다. 귀신이 두려워하는 존재는 예수님의 이름과 성령의 역사 밖에 없습니다. 예수님의 이름은 성령으로 충만할 때 효력이 나타납니다. 그러므로 배에서 나오는 소리로 예수님을 전심으로 부르고, 열정적으로 강력하게 마음 안에서 성령의 권능이 흘러나오는 기도를 하면 됩니다. 그러나 열심히 해서는 되지 않습니다. 강력하게 호흡을 들이쉬고 내쉬면서 아랫배에서 나오는 소리로 주여! 를 불러야 합니다. 다른 방법은 강력하게 사력을 다하여 호흡하여 아랫배가 불쑥 불숙하도록 호흡을 들이쉬고 내쉬면서 기도하는 것입니다. 즉, 아랫배에서 나오는 소리로 혼 심을 다해서 하나님을 불러야 성령이 역사하시 시작합니다. 혼 심을 다해 기도하면 성령님이 역사하신다는 것을 귀신들이 먼저 알고 있기에, 성령이 역사하는 기도를 하지 못하게 하려고 악랄하게 방해하는 것입니다.

귀신들의 기본적인 방해공작은 잡념을 넣어주는 것이지만, 열정으로 강력하게 혼 심을 다해 기도하면 드디어 귀신들이 도망치는 현상이 나타납니다. 귀신들은 주로 가슴과 배에 집을 짓고 살고 있기에, 가장 빠른 통로인 기도(식도)와 장(위장, 소장, 대장)을 자극하게 됩니다. 그래서 침, 가래, 하품, 기침, 트림, 헛구역질, 구토, 방귀가 나오는 것이 일반적인 현상입니다. 속이 메스껍고 소화가 잘 안되며, 목이 무엇이 걸린 것과 같이 답답하고 칼칼하며, 가슴이 답답하기도 합니다. 이런 현상은 귀신들이 공격한다기보다 한꺼번에 도망치려고 하다 보니, 몸의 장기를 자극해서 일어나는 현상이라고 생각하면 맞습니다. 이런 현상을 보이는 귀신들은 대부분 약한 놈들로 강한 놈은 이렇게 도망치지 않습니다.

그러나 도망치기보다 거꾸로 공격하는 놈들도 적지 않습니다. 공격하는 현상은 아주 다양하지만, 두통(주로 편두통)을 일으키고, 어지럽게 하고, 손발이 짜릿짜릿하게 저리게 만들고, 섬뜩하면서 두렵게 하고, 얼굴이나 몸을 가렵게 하고, 온몸을 돌아다니며 다양한 통증을 일으킵니다. 영음으로 낙담과 절망을 주는 말을 하기도 하며, 온몸에 힘을 빠지게 하고 맥이 풀리게 하기도 합니다. 장염증상, 소화불량을 일으키거나 잦은 기침으로 기도를 방해하기도 합니다. 또한 시커먼 사람이나 흉측한 동물모습을 환상으로 보여주어 겁을 집어먹게 만들고, 갑자기 소름이 돋을 정도로 두려움을 주어 기도를 못하게 하는 일도 흔합니다. 그러므로 이런 현상이 일어나면 자신에게 귀신이 잠복해 있다고 보아야 합니다. 또한 대부분의 불치병이나 고질병과 거의 모든 정신질환은 귀신들이 일으키는 질병이라고 보는 것이 맞습니다. 그러므로 자신과 가족에게 불면증, 강박증, 우울증, 조울증, 조현병, 공황장애, 자살충동, 정신분열, 각종 중독증이 있다면 귀신이 잠복해있다고 보면 되고, 각종 육체적인 고질병의 원인도 상당부분이 악한 영의 공격에 의해서입니다.

필자의 경험에 의하면 약한 놈들만 잠복해있는 경우는 거의 없고, 강한 놈과 같이 있으므로, 약한 놈들이 나가는 현상을 보이면 축귀를 해야 합니다. 전문적인 사역을 하는 곳에서 성령의 임재가운데 강력하게 기도하면서 사역자의 안수를 받으면서 축출기도를 받는 것이 가장 바르게 귀신을 쫓아낼 수가 있습니다. 혼자는 힘이 듭니다. 귀신들이 떠나가면 성령이 지배를 받는 기도도 할 수가 있습니다. 그러므로 자신 안에 귀신이 있는지 알고 싶다면, 지금부터라도 열심히 배에서 나오는 소리로 하나님을 부르는 기도를 시작해야 할 것입니다. 강력하게 성령으로 기도해야 할 것입니다.

27장 점치도록 유도하는 귀신에게 속지마라

(행 16:16)"우리가 기도하는 곳에 가다가 점치는 귀신 들린
여종 하나를 만나니 점으로 그 주인들에게 큰 이익을 주는 자라"

하나님은 성도들에게 점치게 하는 영의 미혹에 속지 않기를 소원하십니다. 교회 안에도 점치게 하는 영의 역사가 있기 때문입니다. 무당에게 가서 점치는 것만을 말하는 것이 아닙니다. 교회 안에 예언하여 준 무당이 있다는 것입니다. 예수 무당이라고 하기도 합니다. 성도에게 점치는 영이 역사하면 예언을 듣는 것을 즐겨합니다. 또 예언의 은사가 있다고 자랑하면서 다른 성도들에게 접근하여 예언하려고 합니다. 우리가 분명하게 알아야 할 것은 하나님은 내일 일을 염려하지 말라고 말씀했습니다. 그리고 예언은 본인이 직접 하나님께 기도하여 들어야 합니다.

무속 인이 되기 위해서는 일정한 절차를 통과하게 됩니다. 먼저 점치게 하는 영이 자신을 사로잡는 과정을 거치는데, 이 과정을 흔히 '무병'(巫病)이라고 부릅니다. 이름 모를 질병으로 인해서 고통스런 날들을 보내게 되고, 마침내는 무당을 찾게 됩니다. 축사자를 찾는 경우가 있는데, 이 경우 그 사람을 괴롭게 하는 점치게 하는 영을 이길 수 있는 강력한 능력을 가진 사역자가 아니면 감당이 되지 않습니다.

기도원에도 가보고 병원에도 가보았지만, 고침을 받지 못해서

마지막으로 할 수 없이 무당을 찾는 경우가 있습니다. 그렇게 해서 내림굿을 받게 되면 점치는 무당이 되는 것입니다. 이런 사람을 통칭해서 샤먼(Shaman)이라고 부릅니다. 이 샤먼의 영에 잡히면 꼭 무당이 되지 않더라도 무당과 같은 점치는 일을 하게 됩니다. 정식적인 과정을 거쳐서 무당이 되면 무당 세계의 질서와 위계에 따라서 행동하게 됩니다. 무당에 대한 사회적 인식이 좋지 않기 때문에 최근에는 젊고 지식이 있는 샤먼들은 자신들의 품위를 높이려는 노력을 많이 합니다. 그래서 점집을 우중충하고 고립된 분위기에서 벗어나 밝고 격이 있는 분위기로 만들어 "카페"라고 지칭하기도 합니다.

대학가의 젊은이들을 겨냥해서 "사주카페"가 생긴 것이 어제 오늘의 일이 아닙니다. 자신들을 무속인이라고 부르지 않고 "선사"(仙師)라고 부릅니다. 불교의 선사(禪師)와 발음은 같지만 전혀 다른 용어입니다. 이렇게 점치는 영이 들어와 무속인이 되게 하는 경우는 그들의 영역이 정해지지만 낮은 단계의 점치는 영에 휘말리면 어설픈 점쟁이가 됩니다. 이들은 내림굿을 받지 않았기 때문에 정체성이 확보되지 않았습니다. 그리고 정통적인 샤먼이 거치는 무병이나 내림굿을 거치지 않았습니다.

그러나 이들 역시 무당처럼 주문을 외우거나(a charmer), 신접한 사람(a consulter with familiar spirits) 이 되거나 영매(a wizard)가 되거나 죽은 혼을 부르는 일(a necromancer)을 하게 됩니다(신 18:11). 무속인 협회에 속하지 않은 사람을 그들은 "사이비 무속인"이라고 부릅니다.

　이런 유형의 사람들이 기독교 안에도 있습니다. 예언의 영을 받아서 오랜 세월동안 하나님으로부터 훈련받는 힘든 과정을 소화하지 않고, 미숙한 예언자가 되어 예언을 남발하는 사람들이 있는 것입니다. 이들에게는 예언의 영 대신에 점치게 하는 영이 주관하게 되어 아무에게나 예언해주려고 접근하게 됩니다. 예전에 삼각산에 많은 사람들이 기도하기 위해서 찾을 때 그곳에 그런 사람들이 많았습니다.

　그리고 사람들이 많이 몰리는 기도원에도 많이 있기 때문에 기도원에서는 이런 사람들을 각별히 주의할 것을 당부하기도 했습니다. 이들은 교묘한 수단으로 여성 성도들에게 접근해서 예언을 해줍니다. 이들은 어떤 대가를 바라는 것이 아니라, 다만 예언하고 싶어 하는 것입니다. 미혹하는 영, 속이는 영, 점치게 하는 영은 예언함으로써 말할 수 없는 즐거움을 느끼게 합니다.

　마약 중독자가 약물에 도취되었을 때는 황홀하지만 깨고 나면 비참함을 느끼지만, 시간이 지나면 다시 약물을 접하지 않을 수 없는 가혹한 고통을 겪습니다. 흡연자 역시 마찬가지로 흡연하면 머리도 무겁고 가래도 생기지만, 시간이 지나면 다시 충동에 휘말려 견딜 수 없습니다. 이를 "금단현상"이라고 합니다.

　이런 현상 때문에 다시 흡연하게 되듯이 점치게 하는 영에 사로잡히면 점을 치지 않고는 견딜 수 없는 압박을 경험하게 되는 것입니다. 그래서 예언해줄 사람을 찾아다니는 것입니다.

자신의 눈에 보기에 만만한 여성들을 대상으로 접근해서 예언을 해 주는 것입니다. 이들 안에 있는 영은 점치게 하는 영이므로 샤먼들이 족집게처럼 지나간 일을 알아맞히듯이 그렇게 신통력을 발휘하기 때문에 속아 넘어가는 것입니다. 그들의 입에서 하나님 말을 하고 있지만 실상은 "광명한 천사"로 위장한 것일 뿐입니다. 이런 사람들은 더 많은 기도를 하고 더 많이 신령한 것처럼 보입니다.

이들은 "미치게 하는 영" 즉 귀신 들림과는 전혀 다르기 때문에 분명한 이성을 가지고 있습니다. 그리고 자신이 하는 일에 대해서 자부심을 가지고 있기 때문에 이런 영에 속게 되면 그를 추종하게 되거나 그 일을 옹호하게 됩니다. 이런 영이 교회를 장악하게 되면 거룩한 모습으로 위장하기 때문에 쉽게 드러나지 않습니다. 그러나 이들은 결국 악한 영이 그러하듯이 하나님을 영화롭게 하는 것이 아니라, 목사 자신을 영화롭게 하며, 성도를 유익하게 하기보다는 속박과 올무에 빠지게 합니다.

점을 보는 사람은 마치 연속극에 빠지듯이 계속 점집을 들락거리게 됩니다. 이처럼 이런 점치는 영을 가진 사람과 접촉하게 되면 계속 관계를 맺게 됩니다. 그 영향에서 벗어날 수 없게 되어 속박당하게 됩니다. 그들에게 얽매여 그리스도 안에서 누릴 수 있는 자유 함이 사라지게 되고, 그들의 지시를 일방적으로 따를 수밖에 없게 되는 상황에 이르게 되는 것입니다.

목회자라고 해서 여기에서 예외가 없습니다. 목회자가 이런 영에 사로잡히게 되면 성도들을 "해바라기성도"로 만들게 됩니다. 오직 목회자만 바라볼 것을 요구합니다. 그 어떤 곳에도 가지 말고 그 어떤 설교도 듣지 말고, 그 어떤 집회도 참석하지 말고, 오로지 교회 안에만 머물도록 강요합니다. 오로지 자기의 가르침 이외에는 그 어떤 가르침에도 관심을 두지 말 것을 강요하는 것입니다. 문제가 있으면 자기에게 와서 물어보고 행동하라고 합니다. 이런 태도는 이단의 영이 일반적으로 취하는 태도와 같지 않습니까? 이단의 영은 성도들을 고립되게 만듭니다. 자신들이 주장하는 교리 이외에는 그 어떤 것도 용납하지 않습니다. 성경보다는 교리서가 더 중요합니다. 점치게 하는 영에 사로잡힌 사람을 신실한 예언자와 구분할 수 있어야 하지만 일반 성도들은 이것이 쉽지 않습니다.

점치게 하는 영을 성경에서는 "사술의 영"이라는 말로 표현하기도 합니다. 비전성경 사전에 의하면 "사술"이란 마술이나 점 등을 이용하여 사람을 현혹시키는 술법을 말하며, 사술, 복술, 점 등을 사용하는 것은 하나님께서 기뻐하시는 방법이 아닙니다(레 20:27; 신 18:10-11)라고 설명하고 있습니다.

사술(sorceries)은 오늘날 교묘한 방법으로 위장하여 우리들 속으로 침투하고 있습니다. 악한 영은 본성적으로 속이는 일에 능하기 때문에 우리들이 쉽게 눈치 채지 못하도록 교묘하게 위장하는 것입니다. 설교자로 예언자로 위장합니다. 발람처럼 선지자의 위치에 있게 되면 많은 사람들이 속아 넘어갑니다. 목회자가 되어있으면 이단적인 가르침을 주게 됩니다.

박옥수 집단과 같이 그 정체가 드러나는 경우에는 쉽게 구분이 되지만, 그렇지 못한 목회자들이 많이 있습니다. 그래서 이런 영들을 분별하는 노력을 계속 해야 하는 것입니다. 미숙한 예언자나 성숙하지 못한 목회자는 이런 영에 휘말릴 위험이 아주 높은 사람들입니다. 이런 사람들은 우리가 흔히 말하는 "양신 역사"의 과정을 거치게 되는데 이 과정에서 악한 영을 쫓아내고 성령으로 충만을 받아 성숙의 과정으로 나간다면 다행입니다. 그러나 그렇지 못하면 결국에는 악한 영에 사로잡혀서 교회에 많은 해를 입히게 되는 것입니다. 이들을 제대로 분별하는 일이 쉽지 않을 뿐만 아니라, 자신 안에 역사하는 악한 영에게 속으면 그 속임수에서 쉽게 빠져나올 수 없게 됩니다.

사울 왕에게 악신이 임하자 그는 자신의 행위를 계속 변명하기에 바빴습니다. 사무엘 선지자의 지적에도 불구하고 그는 계속 자신의 행위를 변명했습니다. 회개하고 축사하는 적극적인 치유가 없으면 그는 그 영으로부터 결코 벗어날 수 없게 됩니다. 미혹의 영에 사로잡힌 사람들의 특징은 변명한다는 것입니다. 그리고 광명의 천사로 자신을 위장하고 계속 그 일을 한다는 것입니다. 최근 타락한 교회 지도자들이나 정치 지도자들이 이런 저런 변명으로 자신이 억울하다고 계속 호소하는 모습을 봅니다.

교도소에 들어가면서도 억울하다고 말합니다. 정치적 음해라고 주장합니다. 비록 그것이 음해라고 할지라도 신실한 지도자들은 마치 주님이 그러했듯이 잠잠할 것입니다. 이사야가 주님을 이렇게 설명했습니다. "그가 곤욕을 당하여 괴로울 때에도 그의 입을 열지 아니하였음이여 마치 도수장으로 끌려가는 어린 양과 털 깎는 자 앞에서 잠잠한 양 같이 그의 입을 열지 아니하였도다."(사 53:7).

억울하기로 따지면 주님보다 더한 사람이 어디에 있겠습니까? 그들 중에는 이미 법원의 판결을 받아 유죄확정이 되었음에도 불구하고 그 판결이 부당하다고 주장합니다. 세상에 온갖 조롱거리를 만들었고, 그 일로 수많은 교회 지도자들에게 도매금으로 해를 입혔음에도 불구하고 아무런 반성도 없이 계속 자신의 결백만을 주장하는 것은 결코 주님을 닮은 모습이 아닙니다.

정말로 억울하다면 세상을 향해서는 잠잠하고 하나님 앞에 그 문제를 들고 가야 하지 않겠습니까? 우주의 재판장이신 하나님이 그 일을 바로잡아주실 것입니다. 주님이 겟세마네 동산에서 땀방울이 핏방울처럼 떨어지는 기도를 했듯이 그렇게 주님 앞에서 기도한다면 결코 세상을 향해서 자신의 억울함을 계속 호소하지 않을 것입니다. 신실한 지도자가 오해를 받았을 때 불신자인 정치 지도자들처럼 그렇게 행동하지 않을 수 있는 것은 하나님이 모든 일에 최종 심판자이기 때문입니다.

28장 성령으로 바르게 속전속결 축귀하는 비결

(마 12:28)"그러나 내가 하나님의 성령을 힘입어 귀신을 쫓아
내는 것이면 하나님의 나라가 이미 너희에게 임하였느니라"

하나님은 성령의 권능으로 귀신을 물리치기를 원하십니다. 귀신은 사람의 힘으로는 어찌할 수 없는 존재이기 때문입니다. 귀신은 한 영혼을 고통의 수렁으로 빠뜨리고 파멸시키는 일을 하지만, 마귀는 개인을 사로잡거나 이용하여 교회 공동체를 무너뜨리는 일을 합니다. 개인을 이용하거나 사로잡아 집단을 자기 손아귀에 넣기 위해서 그 역할을 수행할 도구로 이용할 개인을 공격합니다. 마귀는 귀신과 달리 사람의 몸을 점유하는 것이 아니라, 그 영과 정신을 점유하거나 자신의 영향권 속에 넣으려고 합니다. 마귀는 약점을 보이는 사람에게 접근하여 끈덕지게 유혹하여 그 사람을 자기 편으로 만들어 사용하는 것입니다.

마귀는 어떤 사람에게 접근하여 끈질기게 유혹하여 자기 도구로 삼게 되는 데 이 유혹을 이기지 못하면 서서히 마귀의 영향권 속으로 빨려 들어가게 되고 마침내는 마귀의 종노릇을 하게 되는 것입니다. 마귀는 우리에게 영향을 주기 위해서 우리의 약점을 파악하고 그 약점을 집중적으로 공격하게 됩니다. 이런 마귀의 공격에 대해서 적절한 대응을 하지 못하면 서서히 마귀의 수중에 빠지게 되는 것입니다.

마귀 역시 약점 있는 사람을 선택하여 상당기간 동안 교묘한 방법을 동원해서 집요하게 유혹하게 됩니다. 이런 유혹을 이기기 위해서 우리는 어떻게 대응해야 할까요? 영의 눈을 열고 영적인 사고를 하면서 귀신의 머리에 올라앉는 것입니다.

마귀는 우리의 약점을 공격합니다. 자신의 약점이 무엇인지를 파악하고 있어야 합니다. 자신의 아킬레스건이 무엇인지를 안다는 것이 마귀를 물리칠 수 있는 첫 번째 요령입니다. 자신의 취약점은 자신이 가장 잘 알면서도 그것을 극복하기란 쉽지 않습니다. 자신의 취약점을 극복하려면 대단한 노력이 필요합니다. 보통 사람들은 극복할 수 없습니다. 그러므로 극복하려는 노력보다는 경계하는 것이 더 효과적입니다. 이것이 두 번째 요령입니다. 자신의 약점이 위협 받을 수 있는 자리를 될수록 피하는 것입니다. 이길 힘이 없으면 달아나는 것이 상책입니다. 조금은 소극적으로 보일지 몰라도 이것이 안전한 방법입니다.

성령 충만은 가장 적극적인 방법입니다. 이것이 세 번째 요령입니다. 항상 성령에 충만한 삶을 살기란 희망 사항일 뿐이지 실천하기란 역시 어렵습니다. 그러나 이것이 자신의 약점을 극복할 수 있는 가장 효과적이고 쉬운 방법입니다. 주기적으로 성령 충만을 받을 수 있는 영성 집회에 참석하는 것이 좋은 방법입니다. 힘껏 기도하고 찬양하고 성령 충만한 사람들과 어울리는 시간을 주기적으로 갖는 것이 성령 충만을 유지하는 매우 좋은 방법입니다.

귀신은 성령이 충만해야 들어오지 못하고 쫓겨나가는 것입니다. 다른 방법이 없습니다. 유형교회가 있는 이유가 무엇입니까? 영적으로 미약한 성도들이 함께 모여서 목회자의 체험 있는 말씀을 듣고 기도하는 것입니다. 기도하면서 성령을 충만받는 것입니다. 그렇기 위하여 유형교회가 필요한 것입니다. 우리 충만한 교회는 목요일 날 밤 집회를 합니다. 경건한 무리가 모여 밤이 깊도록 은혜를 나눔으로써 성령 충만한 삶을 살 수 있고 이에 따라서 마귀의 유혹을 이기는 수단이 된다면 얼마나 좋겠습니까? 물론 철야예배를 해야만 성령 충만이 이루어지는 것이라는 말은 아닙니다. 그러나 일상적인 예배의 틀을 벗어나 하루 정도는 힘껏 부르짖어 기도하고 박수 치면서 찬양하고 방언으로 기도하고 신령한 노래로 영광을 돌리며, 예언과 계시가 임하는 예배를 경험하는 것이 삶에 큰 활력이 되는 것입니다. 성령충만은 혼자 기도하여 유지할 수 없음으로 크리스천들은 주일날이 참으로 중요한날 입니다.

우리 충만한 교회는 주일날을 이용하여 성령 충만한 예배를 드립니다. 오전에 40분 이상기도하면서 성령 충만을 받습니다. 오후 예배는 50분 이상 기도하면서 성령 충만을 받습니다. 저는 성도들을 일일이 안수하여 성령의 역사가 일어나도록 합니다. 성령의 역사에 의하여 상처와 영적인 문제가 치유됩니다. 성령 충만과 영의통로가 열리도록 안수를 합니다. 성령 충만은 혼자 있을 때보다 경건한 무리가 함께 모일 때 더 강하게 임합니다. 그런 충만은 더 오래 지속되는 것입니다. 성령 충만은 마귀의 유혹을 이기는 무기입니다. 이 무기로 무장하여야 마귀의 불화살을 막을 수 있는 것입니다.

성령충만을 받으려면 면저 성령으로 세례를 받아야 합니다. 성령으로 세례를 받을 때에 자신의 몸으로 느낌으로 실제 체험하는 현상이 일어납니다. 옆에 있는 다른 사람도 자신이 성령으로 세례를 받는 것을 눈으로 보게 됩니다. 특별한 현상이 나타나기 때문입니다. 성령세례를 말이 아니고 실제 살아계신 성령님이 자신을 장악하시기 때문입니다. 성령으로 세례를 받고 지속적으로 성령의 불의 역사를 체험하면 성령께서 자신의 전인격을 장악하시는 것입니다. 이때 자신에서 역사하던 세상 신들이 떠나가고 상처가 치유되고 자아가 부수어집니다. 점점 성령께서 충만하게 채워지면서 권능이 나타나기 시작을 합니다. 성령으로 충만한 상태는 교회에서 손을 들고 벌벌 떨면서 기도하는 것만을 의미하는 것이 아니고, 항상 어디서나 자신 안에 계신 하나님을 의식하고 찾는 것입니다.

귀신이 떠나가는 것은 자신 안에 성령으로 가득 채워지면 귀신이 밀려서 나가는 것입니다. 능력있다는 목사가 귀신을 불러서 내보내는 것이 아니고, 자신 안에 성령으로 채워지니 귀신이 스스로 물러가는 것입니다. 그렇기 때문에 성령으로 세례받고 충만하게 채워지지 않으면 귀신을 떠나가지 않습니다. 아무리 떠나가라. 떠나가라. 8시간 소리를 질러도 떠나가지 않습니다.

마귀는 우리 곁에서 항상 기회를 엿보고 있습니다. 그리고 서서히 은밀하게 영향을 주기 시작합니다. 곁에 마귀가 있는데도 불구하고 알아차리지 못하면 마귀는 자신 곁을 결코 떠나지 않고 여러 가지로 영향을 주기 시작합니다. 마귀는 사람들 사이로 두루 다니면서 영향을 줄 수 있는 사람을 찾습니다. 그렇게 찾아진 사람 곁에 머물면서 영향을 주기 시작하는 것입니다. 당사자는 이것을 눈치 채지 못하면 그때부터 마귀의 영향권 속으로 빨려 들어가게 됩니다.

마귀는 각각 가지고 있는 직무가 다릅니다. 예를 들어 "분리의 영"(spirit of division)이 자신 곁에 와 있다면 그는 무슨 일이든지 편을 가르고 싶어 하게 됩니다. 공동체를 갈라놓기 위해서 갖가지 수단을 다 동원합니다. 항상 판을 깨고 사람들을 이간해서 갈라놓는 것을 좋아합니다. 이런 사람이 목회자면 교단을 갈라놓는 일에 앞장섭니다. 정치인이면 당을 쪼개려고만 합니다. 분당과 파당의 앞잡이 노릇을 합니다.

우리는 이런 사람을 보면 그 사람이 기질적으로 그런 사람이라고 생각합니다. 그가 마귀의 영향권 속에 빠져 그런 일을 한다고 생각하는 사람이 별로 없습니다. 현대 사회는 마귀의 존재를 점점 망각하게 하고 있습니다. 마귀는 자신의 존재가 드러나는 일을 매우 싫어합니다. 그래서 교회 안에서도 마귀를 말하면 사람들이 싫어합니다. 주님은 우리 가운데 오셔서 하신 일 가운데 하나가 마귀의 일을 멸하는 일이었습니다. 주님은 우리에게 마귀가 있다는 사실과 그 마귀에게 속지 말 것과 마귀에게 대항해서 싸울 것을 가르쳤습니다.

우리는 주님으로 인해서 마귀의 존재를 알게 되었고, 우리의 삶은 바로 마귀와 싸우는 영적 전쟁의 삶이라는 사실을 알게 되었습니다. 그런데 이 마귀의 실체를 이야기하는 것을 마치 미신적인 이야기를 하는 것처럼 여기고 싫어하는 사람이 있습니다. 이런 사람들은 분명히 마귀의 영향을 받고 있는 사람일 것입니다. 우리의 대적은 마귀입니다. 그러므로 우리는 이 마귀에 대해서 잘 알아야 합니다. 그래야 마귀의 올무에 빠지지 않을 것입니다. 마귀는 우리 곁에 와 있다는 사실을 먼저 인식하고 이것을 점검해야 합니다. 마귀는 물리치지 않고 가만히 있으면 절대로 떠나지 않습니다. 우리 곁에서 마치 없는 것처럼 아주 은밀하고 교묘하게 자신의 존재를 숨깁니다.

마귀는 자기에게 주어진 직무에 따라서 행동합니다. 그러므로 우리에게 어떤 일정한 생각이 지속적으로 들어온다면 이는 자신 곁에서 마귀가 영향을 주고 있다고 파악하고 물리쳐야 합니다. 예수님은 베드로로 위장하여 접근하여 십자가를 거부하도록 부추기는 마귀를 알아차리고 즉시 물리쳤습니다. 베드로의 입을 통해서 나온 마귀의 유혹은 예수께서 반드시 행하여야 할 하나님의 뜻과 정면으로 대치되는 내용이었습니다. 이것을 알아차린 주님은 마귀를 물리쳤습니다.

나쁜 생각이나 감정이 처리되지 않고 계속 일어난다면 이는 분명 마귀가 곁에 있는 것입니다. 마귀는 쉽게 우리 곁을 떠나지 않습니다. 떠났다가도 언젠가는 다시 돌아옵니다. 이는 우리에게 약점이 있기 때문입니다. 자신에게 있는 약점은 일생동안 사라지지 않는 것입니다. 이 약점을 우리 스스로 인식하고 경계해야 합니다. 물론 이 약점을 의지로 극복하는 사람이 있지만 이런 사람은 소수

이고 대부분은 극복하지 못한 채 살아갑니다. 약점을 안고 살아가는 것이 우리들입니다. 그러므로 마귀는 그 약점을 언제라도 다시 건드릴 수 있음을 알아야 합니다. 우리 곁을 떠난 마귀는 잠시 떠났을 뿐 언젠가는 다시 올 것입니다.

마귀가 우리의 약점을 건드리지 않으면 우리의 약점은 해로운 것이 아닙니다. 그 약점 자체도 우리의 일부이니까요. 그런데 마귀가 이 약점을 건드리고 자극합니다. 이럴 때 우리는 약점으로 인해서 고통에 빠지게 되는 것이지요. 우리의 약점이 마귀로 인해서 시험 받고 충동될 때 우리는 즉시 마귀를 쫓아야 합니다.

"마귀야 내 곁에서 떠나라" "사단아 물러가라" 성령의 임재 하에 선포하는 이 단순한 명령으로 우리는 마귀로부터 이길 수 있고 우리의 약점은 보호될 수 있습니다. 마귀와 귀신과 영적전쟁을 하기 위해서 성령으로 충만함이 필수입니다. 목회자는 성도들은 성령으로 충만하도록 관심을 가지고 예배를 인도해야 합니다. 성도들은 어찌하든지 성령으로 충만하도록 깊은 영의기도를 무시로 하는 습관을 들여야 합니다.

앞으로 세상은 더욱 복잡해집니다. 복잡한 세상을 살아가려면 스트레스를 피할 수가 없습니다. 예수를 믿는 성도들도 스트레스에 무관하지 못합니다. 이 스트레스를 이기려면 영성이 깊어야 합니다. 영성이 깊어지려면 기도해야 합니다. 기도도 성령으로 깊은 영의기도를 해야 합니다. 깊은 영의기도를 숙달하시기 바랍니다. 깊은 영의기도를 숙달하려면 "깊은 영의기도 숙달하는 비결"을 참고하시기를 바랍니다.

29장 귀신을 눈으로 보며 속전속결 축귀하는 비결

(막 16:17) "믿는 자들에게는 이런 표적이 따르리니 곧 그들이
내 이름으로 귀신을 쫓아내며 새 방언을 말하며"

하나님은 귀신에게 고통을 당하는 성도를 해방하여 주시기를 원하십니다. 하나님은 귀신에게 고통당하는 성도들을 구원하여 이땅에서 천국을 누리며, 아브라함의 복을 받아 누리며, 하나님의 나라를 건설할 군사로 사명을 감당하게 하는 일을 할 사역자를 찾고 계십니다. 하나님은 이런 사역자를 축복하시면서 사용하십니다. 지금 교회에는 축귀에 대한 올바른 지식이 없어서 영육으로 고통을 당하는 성도가 많습니다.

귀신축사는 사람의 힘으로 하는 것이 아닙니다. 반드시 성령의 권능을 힘입어야 가능한 일입니다. 성령의 권능은 축사를 하는 사역자도 힘입어야 합니다. 귀신으로 고통을 당하는 성도도 성령으로 장악이 되어야 합니다. 귀신이 떠나가는 것은 자신(환자) 안에 성령으로 가득 채워지면 귀신이 밀려서 나가는 것입니다. 능력있다는 목사가 귀신을 불러서 내보내는 것이 아니고, 자신(환자) 안에 성령으로 채워지니 귀신이 스스로 물러가는 것입니다. 그렇기 때문에 성령으로 세례받고 충만하게 채워지지 않으면 귀신을 떠나가지 않습니다. 아무리 떠나가라. 떠나가라. 저녁내 소리를 질러도 떠나가지 않습니다. 만약에 이렇게 억지로 축귀를 했을 지라도 환

자가 스스로 방어할 성령의 권능이 없이 때문에 3일만 지나면 도로 원위치 됩니다. 그러므로 축귀사역의 키는 성령의 권능을 힘입는 것입니다. 사역자 자신이 어떻게 하면 성령의 권능을 힘입을 수 있는지를 알아야 합니다.

또, 사역자 자신에게 임재 하여 계시는 성령의 역사를 피 사역자에게 전이 시켜 환자를 성령으로 장악하게 하는 비결도 터득하고 있어야 합니다. 이를 위해서 사역자는 성령의 깊은 임재를 체험해야 합니다. 성령의 임재는 사역자에게 역사하는 성령의 역사만큼 환자에게 전이되기 때문입니다. 그러므로 사역자가 깊은 임재를 체험했다면 축귀사역을 좀 더 수월해질 것입니다. 제가 지금까지 축귀사역을 하면서 체험한 바로는 보편적으로 이렇게 되어야 축귀가 쉽게 됩니다.

첫째, 본인이 인정해야 한다. 환자가 자신에게 악한 영이 역사한다는 것을 인정해야 합니다. 자신에게 일어나는 일련의 현상들이 악한 영에 의하여 일어난다고 인정하고 축귀를 사모해야 합니다. 축귀는 마음을 열지 않으면 절대로 할 수가 없습니다. 사역자가 아무리 성령의 권능이 강해도 피사역자가 축귀를 거부하는 마음이 조금이라도 결부가 되면 축귀는 되지 않습니다. 그러므로 무엇보다도 환자가 귀신축사를 인정해야 합니다. 만약에 환자가 인정하지 않았는데 억지로 축귀를 할 경우 축사가 되지 않을뿐더러, 축귀가 이루어지더라도 다시 들어오게 됩니다.

둘째, 성령으로 세례를 받아야 한다. 환자에게 역사하는 귀신은 사람보다 강한 영적인 존재입니다. 고로 축귀사역을 하는 사역자나 축귀를 받는 환자 모두가 성령으로 장악되어 영의 상태가 되어야 귀신이 떠나갈 수 있는 조건이 되는 것입니다. 성령은 귀신보다 강한 분이기 때문에 성령의 역사에 의하여 귀신이 정체를 폭로하는 것입니다. 자신에게 역사하던 귀신은 성령으로 세례를 받은 다음부터 떠나갑니다. 성령세례를 받고 지속적으로 성령의 불세례를 받으면서 귀신이 떠나가는 것입니다. 그러므로 자신에게 역사하던 귀신이 완전하게 떠나가게 하려면 지속적으로 성령으로 불세례를 받으면서 축귀하야 합니다. 한번 성령세례 받았다고 귀신은 떠나가지 않습니다. 사람은 육성이 있기 때문입니다.

셋째, 성령의 임재로 장악이 되어야 한다. 성도에게 역사하는 귀신은 사람보다 강한 존재입니다. 사람에게서 역사하던 귀신이 떠나가려면 반드시 영적인 조건이 되어야 가능합니다. 절대로 육적인 상태에서는 귀신은 떠나가지 않습니다. 반드시 성령으로 전인격이 장악이 되어 영적인 상태가 되어야 떠나갑니다. 그러므로 사역을 하는 사역자도 성령의 임재가 되어야 합니다. 왜냐하면 사역자에게 임한 성령의 역사가 피사역자에게 전이되어 성령으로 장악되기 때문입니다.

축귀 사역에서 무엇보다도 중요한 것이 성령의 임재입니다. 사역자가 성령의 임재가 깊으면 축귀는 더 잘됩니다. 피사역자를 성령으로 깊게 임재 시킬 수가 있기 때문입니다. 그러므로 사역자는 피사역자가 성령으로 장악될 때까지 인내하면서 기다려야 합니다.

성령의 임재가 되어 눈으로 성령의 역사가 나타나기 시작하는 사람부터 축귀를 시작하는 것입니다. 소리를 크게 한다고 귀신이 떠나가는 것이 아닙니다. 성령의 임재가 강하게 나타나면 귀신은 소리 없이 떠나갑니다.

넷째, 내적치유가 되어야 한다. 축귀 사역을 하다가 보면 어떤 귀신은 성령의 임재만 되면 떠나갑니다. 그러나 상처가 있으면 귀신이 떠나가지 않습니다. 이때에는 상처를 치유해야 합니다. 상처의 치유역시 성령께서 하시는 것입니다. 사역자는 성령의 인도에 따라 행동하면 됩니다. 더 자세한 것은 "내적상처를 스스로 치유하는 기도문" "내적치유 쉽게 하는 법"을 참고하시기를 바랍니다.

다섯째, 죄의 처리가 필수이다. 귀신은 죄가 해결되기 전에는 절대로 떠나가지 않습니다. 죄는 자신이 지은 죄도 있을 수 있습니다. 또 자신도 모르는 조상이 지은 죄도 있을 수 있습니다. 죄를 지었으면 영의 차원에 문제가 발생한 것입니다. 그렇기 때문에 머리로 생각해서 회개하는 것이 아닙니다. 성령의 임재가운데 죄를 저지르는 장면을 영상으로 보면서 회개를 해야 영의 차원에 죄악이 해결이 되는 것입니다. 선조들이 지은 죄라면 성령의 인도로 선조들이 죄를 짓는 장면을 상상하면서 회개해야 죄를 타고 들어와 고통을 가하는 영적인 세력이 움직이기 시작하는 것입니다. 우리나라 교회의 문제가 육적인차원에서 신앙생활을 하고, 이성 차원에서 회개를 하고, 이성으로 말씀을 많이 알고, 보이는 차원에서 열과 성의를 다하면서 신앙생활하면 믿음이 있고 다된 것으로 아는 것입니다. 크리스천은 영의 사람입니다. 우리의 주인인 하나님께서 영이십니다. 영이신 하나님과 통해야 회개도 되는 것이요, 귀신도 떠나가는 것입니다. 귀신도 보이지 않지만 살아있고 영입니다. 인간차원에서 아무리 생각하면서 회개를 해도 죄를 지을 때 들어와 고통을 가하는 귀신은 꿈적하지 않습니다. 이렇게 이성차원에 믿음 생활을 하기 때문에 열심히 믿음생활을 해도 정작 혈통을 타고 들어와 알게 모르게 영향을 미치는 귀신들이 떠나가지 않습니다. 이는 매주 토요일 개별집중치유를 하다가 보면 선조들이 무당이나 잡신을 지극정성으로 섬기고, 자신도 예수 믿기 전에 무당에게 갔을 때 들어온 귀신하고 50년 60년씩 같이 살다가 성령으로 세례 받고 성령으로 장악이 되니 그때서야 떠나갑니다. 그래서 회개는 성령으로 해야 죄악들이 사해지고 그 때 들어온 귀신들이 떠나가는 것입니다. 더 자세한 것은 "가계의 고통을 끊고 축복받는 비결" "가계의 저주와 영원히 이별하는 길" "가계가 축복받는 선포기도문"을 참고하시기를 바랍니다.

여섯째, 성령으로 지배되고 점령이 되어야 한다. 성령의 임재가 되어 축귀를 하면서 내적치유도 합니다. 죄도 회개를 합니다. 지속적으로 하다가 보면 성령으로 장악이 완전하게 됩니다. 그러므로 사역자는 인내하면서 성령으로 완전하게 장악이 될 때까지 기다려야 합니다. 내면에서 올라오는 성령의 역사로 귀신이 떠나가는 것입니다 성령으로 완전하게 장악이 되면 귀신이 쉽게 떠나갑니다. 기침을 하면서 떠나기도 합니다. 호흡으로 떠나기도 합니다.

그러나 알아야 할 것은 자신의 정체가 폭로된 귀신만 떠나갑니다. 그래서 성령의 은사인 지식의 말씀으로 찾아내어야 합니다. 제가 지금까지 축귀사역을 하면서 체험한 바로는 자신이 정체가 폭로되지 않는 귀신은 절대로 떠나가지 않고 숨어있는 것이 보통이었습니다. 축귀 사역의 성공여부는 무엇보다도 성령의 깊은 임재로 귀신의 정체를 폭로하는 것입니다. 무조건 이 사람에게 역사하는 귀신아 떠나가라. 귀신아 떠나가라. 소리쳐도 꼼작도 하지 않고 버티고 있습니다. 그래서 사역자는 순간순간 성령께서 알려주시는 레마를 받으면서 사역을 해야 합니다. 한마디로 떠나갈 시기가 되지 않은 귀신은 버티고 있다는 것입니다.

일곱째, 귀신이 떠나는 시기가 있다. 제가 지금까지 축귀 사역을 하면서 체험한 바로는 귀신이 떠나는 시기가 있다는 것입니다. 그래서 하나님에게 마음과 시간을 많이 드려야 한다는 것입니다. 그런데 많은 성도들이 쉽게 빨리 축귀를 하려고 합니다. 그러나 자신이 영적으로 완전하게 변하여 하나님이 원하시는 수준이 되지 않으면 귀신은 떠나가지 않습니다.

하나님은 문제를 통해서 성도를 영적으로 깊은 사람으로 만들어 가십니다. 그러기 때문에 영적인 수준이 되지 않으면 귀신이 떠나가지 않는 것입니다. 귀신을 빨리 떠나보내려고 기도만 많이 한다고 귀신이 떠나가지 않습니다. 자신의 전인격이 영적으로 변하여 말씀의 비밀을 많이 깨달아야 합니다. 말씀 속에서 영적인 원리들을 찾아내서 적용할 수 있는 수준이 될 때 귀신은 떠나갑니다.

여덟째, 사역자는 자신을 먼저 축귀해야 한다. 자신에게 귀신이 역사해도 사역할 때 환자에게 역사하는 귀신이 축귀됩니다. 축귀한다고 다 되었다고 방심하면 안 됩니다. 제가 성령치유 사역을 하면서 체험한 바로는 사역자가 먼저 축귀를 해야 한다는 것입니다. 그런데 많은 분들이 성령체험하고 치유 받고 은혜 몇 번 받았다고 다된 줄로 압니다. 그래서 자신을 관리하지 않아서 영육의 문제가 발생함으로 탈진이 찾아와 사역을 할 수 없는 지경에 이르기도 합니다. 사역자는 자신을 먼저 치유하고 축귀를 해야 합니다. 부단하게 자기관리를 해야 합니다. 사역자라도 육체를 가지고 있기 때문에 귀신을 축사하다가 자신이 도리어 귀신에게 공격을 당할 수도 있다는 것입니다.

영육치유를 행하는 사역자나 축사를 행하는 사역자는 환자의 상태에 대한 지식의 말씀으로 영적 전이를 경험하게 됩니다. 환자가 앓고 있는 질병의 정도나 또는 아직 환자가 질병을 제대로 깨닫지 못하고 있는 경우에 또는 사역자가 어느 곳에 손을 얹어야 할 것인지를 깨닫게 하기 위해서, 그리고 자신이 감당할 수 있는 문제인지를 가늠하게 하기 위해서 성령께서 환자의 고통을 사역자에게 전이시켜 느끼게 하는 것입니다. 예를 들어서 머리가 아픈 사람을 치유 기도하려고 하면 사역자의 머리가 아프다는 것입니다. 더 자세한 것은 "카리스마로 영적세계를 장악하는 법" "하나님의 복을 전이 받는 법"를 참고 하시기를 바랍니다.

아홉째, 단번에 할 수 있는 사역이 아니다. 축귀사역은 단번에 할 수 있는 사역이 아닙니다. 어디까지나 하나님의 시간표에 맞추어야 합니다. 그런데도 많은 사역자들이 지금도 단번에 축귀를 하려고 날을 세워가며 축귀를 합니다. 절대로 축귀는 단번에 되지 않습니다. 피사역자가 영적으로 변하는 만큼씩 귀신이 떠나갑니다. 이는 하나님의 방법입니다. 저도 사역초기 환자 한사람을 붙잡고 6-8시간씩 사역을 했습니다. 이렇게 오랜 시간 축귀를 하면 완전하게 회복이 됩니다. 그러나 환자가 귀신을 방어할 수 있는 영적인 능력이 없기 때문에 2-3일만 지나면 똑같아집니다. 이럴 때는 정말로 힘이 빠집니다.

그러나 영적으로 보면 맞습니다. 환자가 영적인 능력이 약하여 육체가 되기 때문에 귀신이 다시 침입하는 것입니다. 그래서 제가 알려드리는 방법을 가지고 환자 스스로가 영적으로 바르게 설수 있도록 영성훈련을 해야 합니다. 절대로 단번에 정상으로 회복되지 않습니다. 이렇게 오랜 시간 축귀를 하게 되면 환자도 고생스럽지만 사역자의 체력이 많이 소진이 됩니다. 지혜롭게 하나님의 방법으로 사역을 하면 사역자도 편하고 피사역자도 영적으로 변하면서 사역을 할 수가 있습니다.

열째, 인내할 줄 알아야 한다. 축귀를 행하는 사역자나 피사역자 할 것 없이 인내해야 합니다. 우리가 영적으로 변하는 것도 인내해야 합니다. 지신이 변하고 있다면 하나님에 역사하고 계시는 것입니다. 그러므로 순간에 완전하게 치유가 되지 않더라도 낙심하지 말고 인내하면서 기다려야 합니다. 하나님에게 마음과 시간을 드리면서 인내하며 기다려야 합니다. 성령의 역사에 맡기면서 기다리면 자신이 영적으로 깊은 성도가 되는 것을 몸으로 느끼고 눈으로 보게 됩니다.

우리는 신명기 7장 17-24절 말씀을 비밀을 알아야 합니다. "네가 혹시 심중에 이르기를 이 민족들이 나보다 많으니 내가 어찌 그를 쫓아낼 수 있으리요. 하리라마는 그들을 두려워하지 말고 네 하나님 여호와께서 바로와 온 애굽에 행하신 것을 잘 기억하되, 네 하나님 여호와께서 너를 인도하여 내실 때에 네가 본 큰 시험과 이적과 기사와 강한 손과 편 팔을 기억하라 네 하나님 여호와께서 네가 두려워하는 모든 민족에게 그와 같이 행하실 것이요. 네 하나님 여호와께서 또 왕벌을 그들 중에 보내어 그들의 남은 자와 너를 피하여 숨은 자를 멸하시리니, 너는 그들을 두려워하지 말라, 너희의 하나님 여호와 곧 크고 두려운 하나님이 너희 중에 계심이니라. 네 하나님 여호와께서 이 민족들을 네 앞에서 조금씩 쫓아내시리니, 너는 그들을 급히 멸하지 말라. 들짐승이 번성하여 너를 해할까 하노라. 네 하나님 여호와께서 그들을 네게 넘기시고, 그들을 크게 혼란하게 하여 마침내 진멸하시고, 그들의 왕들을 네 손에 넘기시리니 너는 그들의 이름을 천하에서 제하여 버리라. 너를 당할 자가 없이 네가 마침내 그들을 진멸하리라."

하나님이 우리가 영적으로 자라는 만큼씩 귀신을 몰아내시는 것입니다. 인내하면서 기다려야 합니다. 하나님에게 마음과 시간을 드리면서 자신이 하나님이 원하시는 수준을 만들면 자신에게 역사하던 귀신은 모두 떠나가는 것입니다.

30장 자신 안에 귀신을 속전속결 축귀하는 비결

(행 8:7-8)"많은 사람에게 붙었던 더러운 귀신들이 크게 소리
를 지르며 나가고 또 많은 중풍병자와 못 걷는 사람이 나으니, 그
성에 큰 기쁨이 있더라"

하나님의 자녀가 되면 하나님의 자녀에게 당연히 주어진 권리
가 있습니다. 하나님은 예수를 믿는자에게 귀신을 쫓아 낼 수 있
는 카리스마를 주셨습니다. 그 권리를 알고 실천하면 굉장한 능력
을 가지고 살 수 있습니다. 일부 성도들이나 목회자들이 귀신의 축
귀하면 전문적인 사역자만이 할 수 있는 것으로 생각을 합니다. 그
래서 귀신축귀를 어려운 사역으로 생각하여 방임을 합니다. 그러
나 하나님은 이렇게 말씀하십니다. "믿는 자들에게는 이런 표적이
따르리니 곧 그들이 내 이름으로 귀신을 쫓아내며 새 방언을 말하
며"(막16:17). 분명하게 하나님이 말씀을 하셨는데도 불구하고 귀
신을 축귀하지 않음으로 인하여 예수를 믿노라고 하면서 불필요한
고난을 당합니다.

내가 지금까지 성령치유 사역을 하면서 체험적으로 느낀 것은
모든 문제의 배후에는 악한 영의 역사가 있다는 것입니다. 그래서
하나님의 자녀인 우리는 귀신을 축귀하는 기술을 습득해야 합니
다. 그래서 모든 성도가 성령의 임재가운데 하나님이 주신 권세를
활용하여 자신 스스로에 대한 축귀를 해야 합니다. 그러나 알아야

할 것은 최초 한번은 다른 전문사역자의 도움을 받아 축귀를 해야한다는 것입니다. 최초 한번 축귀를 받은 다음에 자신이 스스로 축귀를 해야 합니다. 다른 전문 사역자에게 도움을 받아 성령으로 충만하고 영의통로가 열린 상태에서 스스로 축귀를 해야 귀신이 떠나갑니다. 절대로 귀신은 사람의 힘으로 떠나가지 않습니다. 귀신은 자신 안에 주인으로 오신 성령의 권능으로 장악이 되어야 떠나갑니다. 성령이 충만하지 않은 상태에서 아무리 떠나가라. 떠나가라. 해도 귀신은 꼼작하지 않습니다. 지속적으로 성령으로 기도하여 충만해지면 소리를 지르지 않아도 귀시신이 떠나갑니다. 무엇보다도 성령의 역사가 자신의 마음에서 충만하게 밖으로 나타나게 하는 것이 중요합니다. 하나님의 군사는 대적인 귀신을 제압하는 기술이 있어야 합니다. 이 장에서는 자기 스스로 귀신을 축귀하는 비결에 대하여 알아보겠습니다.

1절 혼탁한 사람과 대화 후 축사

세상에 나가 세상 사람들과 대화를 하다가 보면 나도 모르는 사이에 세상 것들이 들어올 수가 있습니다. 이는 우리가 육을 가지고 있기 때문입니다. 성령의 깊은 임재 하에 깊은 호흡이나 명상기도로 영의 활동을 강화하여, 나도 모르게 들어온 세상 것들을 정리하는 것입니다. 우리가 세상 사람들과 대화를 하다가 보면 머리가 무겁고 속이 거북스러울 때가 있습니다.

이는 세상 것이 나에게 들어온 것을 나의 영이 알아차린 것입니다. 이를 그대로 두면 나에게 집을 짓게 되고 나의 영은 무디어지게 됩니다. 성령의 임재 하에 세상 것들을 몰아내고 영을 밝게 해야 합니다. 이는 습관이 되어야 합니다. 악한 영이 침입하여 집을 짓기 전에 풀어내는 것이 중요합니다.

대적하며 축사하는 선포기도는 이렇게 합니다. 성령이여 임하소서. 호흡을 깊게 들이쉬고 내쉬면서 성령의 임재를 요청합니다. 성령의 임재가 충만해지면 아랫배에 손을 얹고 호흡을 깊게 들이쉬고 내쉬면 악한 기운들이 성령의 역사로 하품이나 기침이나 재채기를 통하여 떠나갑니다. 머리가 맑아지고 편안해질 때까지 지속적으로 하여 마음을 정화합니다. 이때 배에서 나오는 소리로 명령을 합니다. "내가 나사렛 예수의 이름으로 명하노니 속이 거북스럽게 하는 것은 떠나가라." 말을 하는데 너무나 에너지를 소비할 필요는 없습니다. 성령의 역사만 일으키면 자동으로 떠나갑니다.

2절 길을 가다가 놀랐을 경우 축사

길은 가다가 차 소리나 기타 등등으로 깜짝 놀랄 경우가 있습니다. 나의 경험으로 보아 이런 일이 있은 후 며칠이 지나면 가슴이 답답해지고 기도가 잘 되지 않는 경우가 있었습니다. 이는 놀랄 때 악한 영이 침입을 한 것입니다. 이를 예방하기 위하여 이렇게 하세요. 호흡을 깊게 들이쉬고 내쉬면서 성령의 임재를 요청하세요. 성령의 임재가 충만해지면 마음으로 명령을 하세요. "내가 놀랄 때 들어온 악한 영은 예수 이름으로 명하노니 떠나갈지어다." "내가 놀랄 때 들어온 악한 영은 예수 이름으로 명하노니 떠나갈지어다." 이렇게 기도하여 마음에 평안이 찾아오면 떠나간 것입니다. 무엇보다도 성령의 임재가 중요합니다. 성령의 역사로 악한 영이 떠나가는 것이기 때문입니다. 어찌 하든지 성령의 역사가 자신의 속에서 올라와야 합니다. 이를 위하여 자신의 영성을 깊게 해야 합니다.

3절 불안 두려움이 엄습할 경우 축사

불안이나 두려움이 자신을 주장한다면 영적으로 문제가 생긴 것입니다. 왜냐하면 성령이 역사하면 평안합니다. 성령이 자신을 장악했기 때문에 육으로 평안을 느끼게 되는 것입니다. 자신이 이유없이 불안하고 두려움이 엄습할 경우는 악한 기운이 나에게 역사하고 있는 것을 성령께서 자신에게 알려주는 것입니다. 이때에는 호흡을 들이쉬고 내쉬면서 성령의 임재를 요청합니다. 성령의 임재가 충만해지면 마음으로 명령을 하라. "나를 불안하게 하는 악한 영은 예수 이름으로 명하노니 떠나갈지어다."

"나를 불안하게 하는 악한 영은 예수 이름으로 명하노니 떠나갈지어다." 자꾸 호흡을 하면서 대적기도를 합니다. 이때 중요한 것은 성령의 임재 하에 부드럽고 가벼운 소리로 명령을 합니다. 악을 쓰면서 떠나라. 떠나라. 하는 기도는 육성이 강하므로 귀신이 떠나가지 않습니다. 소리가 크다고 귀신이 떠나가는 것이 아닙니다. 자신의 속에서 올라오는 성령의 권능으로 귀신이 떠나가는 것입니다. 성령의 임재 하에 부드러운 영의 소리로 가볍게 명령하면 떠나갑니다.

4절 잠이 잘 오지 않을 경우 축사

밤에 잠이 잘 들지 않는 다는 것은 보이지 않은 영육에 장애가 있는 것이 분명합니다. 이때에는 이렇게 하세요. 편안하게 눕거나 소파나 안락의자에 앉아서 기도를 합니다. 양손을 배에 대고 호흡을 들이쉬고 내쉬면서 성령의 임재를 요청합니다. 잡념에 관심을 두지 말고 자신 안에 계신 하나님에게 집중하는 것입니다. 자꾸 잡념에 관심을 두니까, 잠을 자지 못하는 것입니다.

한마디로 악한 영의 역사에 동조하는 것입니다. 관심을 하나님에게 돌리는 것입니다. 성령의 임재가 충만해지면 지속적으로 마음의 기도를 합니다. "성령님 사랑합니다." "성령님 도와주세요." "성령님 사랑합니다." "성령님 도와주세요." 의식을 아랫배와 마음에 두고 지속적으로 호흡을 들이쉬고 내쉬면서 마음의 기도를 합니다. 그러면 잠을 이루지 못하게 하는 악한 기운이 성령의 권능으로 밀려 나갑니다. 그러면서 마음이 평안해집니다. 지속적으로 하다가 보면 잠이 들게 됩니다. 중요한 것은 마음의 기도를 하면서 다른 생각을 하거나 잡념에 빠지면 안 됩니다.

5절 좋지 못한 꿈을 꾼 경우 축귀

많은 분들이 좋지 못한 꿈을 꾸고 영적으로 눌림을 당하는 경우가 있습니다. 꿈에 뱀을 보았다든지, 죽은 사람이 나타나는 꿈을 꿉니다. 이는 성령께서 나에게 좋지 못한 영들이 역사하는 것을 알려주신 것입니다. 이러한 꿈을 꾼 후에 반드시 대적기도하며 축귀를 해야 합니다. 나는 이러한 좋지 못한 꿈을 꾼 후 조치를 하지 않고 방치했다가 큰일을 당한 분들을 다수 치유하여 보았습니다. 좋지 못한 꿈을 꾼 다음에 이렇게 해서 축귀하세요. 제일 좋은 것은 꿈속에서 대적 기도하는 것입니다. 만약 그렇게 하지 못했을 경우는 이렇게 해서 귀신을 축귀하세요. 호흡을 들이쉬고 내쉬면서 성령의 임재를 요청하세요. 성령의 임재가 충만해지면 영상기도로 꿈속에서 보이던 모습을 그리는 것입니다. 꿈속에서 나타난 영성을 보면서 명령을 합니다.

이때 명령하는 음성은 영에서 나오는 음성으로 명령을 합니다. "꿈속에서 나타났던 조상의 악한 영은 예수 이름으로 명하노니 떠나갈지어다." "꿈속에서 뱀의 모습으로 나타났던 귀신은 예수 이름으로 명하노니 떠나갈지어다." "꿈속에서 나타났던 조상의 악한 영은 예수 이름으로 명하노니 떠나갈지어다." "꿈속에서 뱀의 모습으로 나타났던 귀신은 예수 이름으로 명하노니 떠나갈지어다." 호흡 기도를 지속적으로 하면서 꿈의 모습을 보면서 지속적으로 명령하세요. 그러면 하품이나 기침이나 재채기를 통해서 떠나갑니다. 악귀가 떠나가면 머리가 시원해지고 마음에 평화가 임하기도 합니다. 어느 때는 성령께서 마음에 감동하시기를 악한 영이 떠나갔다. 하면서 알려주시기도 합니다. 꼭 좋지 못한 꿈을 꾼 다음에 대적 기도하여 악한 기운을 몰아내는 것을 습관화하세요. 이렇게 하므로 자신의 영을 지킬 수가 있습니다. 그리고 성령님과 인격적인 관계가 될 수가 있습니다. 더 자세한 것은 "꿈 환상 해석통한 상담과 치유비결"을 읽어서 영적인 수준을 높이시기를 바랍니다.

6절 길을 가다가 아찔한 느낌을 받을 때 축귀

저는 종종 이런 일을 체험합니다. 내가 사는 방배동에는 조그마한 사찰도 있습니다. 무당이 사는 집도 있습니다. 새벽에 기도를 마치고 운동을 하기 위해서 걸어갈 때 사찰이나 무당집을 지나게 됩니다. 그때 갑자기 무엇이 호흡을 통해서 쑥 들어옵니다. 그러면 영락없이 머리가 띵해집니다. 성령으로 충만하여 민감한 나의 영육이 귀신이 들어온 것을 알아차린 것입니다. 내 안에 귀신이 들어왔다는 것입니다. 그러면 나는 이렇게 합니다. 절대로 당황하지 않고 호흡을 들이쉬고 내쉬면서 "야! 더러운 영아 여기가 어디인 줄 알고 감히 들어왔어 예수이름으로 명하노니 떠나가라." 하면 재채기가 나오면서 떠나갑니다. 방금 들어온 것이므로 쉽게 잘 떠나갑니다. 어느 때는 호흡 기도를 하지 않고 방언기도를 해도 떠나갔습니다. 좌우지간 나에게 귀신이 들어온 것을 아는 것이 중요합니다. 떠나가고 나면 머리가 시원해집니다. 귀신이 떠난 것을 느낌으로 알 수가 있습니다.

7절 깊은 기도 중에 성령이 감동하실 때 축귀

자신에게 역사하던 귀신이 떠나갈 때가 되면 성령께서 알려주십니다. 기도를 하는데 성령께서 너를 괴롭히는 질병의 영을 몰아내라. 이렇게 감동하실 수가 있다는 것입니다. 그러면 성령께서 알려주신 것이므로 쉽게 귀신이 잘 떠나갑니다. 호흡을 들이쉬고 내쉬면서 성령의 임재를 요청합니다. 성령의 임재가 충만해지면 마음으로 명령을 하세요. "나에게 와서 질병을 일으키고 있는 악한 영은 예수 이름으로 명하노니 떠나갈지어다." "나에게 와서 물질을 손해나게 하는 악한 영은 예수 이름으로 명하노니 떠나갈지어다." 자꾸 호흡을 하면서 대적기도를 합니다.

그러면 어느 때는 아랫배가 아프면서 떠나가기도 합니다. 어느 때는 가슴이 답답해지다가 재채기나 하품을 하므로 떠나갑니다. 좌우지간 귀신은 인격적인 존재이므로 떠날 때 조용하게 떠나가지 않습니다. 분명하게 떠나가는 것을 본인이 느끼게 됩니다. 성령께서 감동하시는 대로 영에서 나오는 소리로 명령을 하면 떠나갑니다. 절대로 소리를 지르지 말고 영에서 나오는 소리로 명령하세요.

8절 악령이 역사하는 장소 출입 후 축귀

귀신이 좋아하는 장소나 환경이나 사람을 통하여 영적전이(轉移)됩니다(행19:13-20, 마8:28-34.). 귀신에 접한 자에게 안수를 받든지, 환자를 안수하다가 사역자에게 전이되기도 합니다. 귀신 섬기는 곳, 절이나 사당, 제사 지내는 곳. 굿하는 현장, 축사(逐邪) 현장. 음침한 물가. 환자 임종 시. 더럽고 음침한 곳. 지하실. 굴속. 포르노 영화관이나 변태적인 성적 유회가 벌어지는 곳과 같은 음란한 곳, 뉴 에이즈들이 광란하는 곳, 무덤이나, 울창한 숲속, 한적한 고가(古家), 굴속. 고목나무…. 등 기타 귀신들이 좋아하는 장소가 있습니다.

할 수만 있으면 이런 장소는 피하는 것이 좋습니다. 정 피할 수가 없다면 강하게 내면에서 올라오는 능력기도로 무장하고 출입해야 합니다. 장소에 들어갔다가 나와서 반드시 대적기도로 침입한 귀신을 축귀해야 합니다. 축귀하지 않으면 들어온 귀신이 자신 안에 집을 지을 수도 있습니다. 축사할 때 이런 곳에 있다가 들어갔다는 말을 합니다. 주로 음침하게 느껴지고 소름이 끼치거나 으스스하게 느껴지거나 불쾌하거나 골치가 아파 옵니다. 영적으로 민감한 사람은 영감으로 느껴지기도 하고 환상으로 보이기도 합니다. 그러나 이러한 장소나 접촉을 통한 전이가 이루어지더라도 전부가 다 되는 것이 아니라, 귀신이 전이되기 쉬운 상태와 조건에 있는 사람일 경우에 그렇게 됩니다. 상처가 많이 있거나 임산부나 병중에 있는 환자나 체력이 허약한 사람과 자신의 집안에 무당이 있거나 우상을 숭배하여 영이 열린 영매체질인 사람들에게 잘 전이 됩니다.

실제로 안양에서 목회하시는 목사님이 한동안 다니시면서 치유와 능력을 받았습니다. 그러던 어느날 영적전이와 성령의 역사에 대한 강의를 하고 자신에게 악한 영의 전이가 있다고 생각하는 분 앞으로 나와서 안수기도를 받으라고 했습니다. 목사님이 저에게 와서 하는 말이 자신이 고등학교 2학년 때 베트남에 수학여행을 갔답니다. 토속종교시설을 견학하고 나왔는데 눈이 충혈이 되고 머리가 어지러워서 고생을 했다는 것입니다. 잊고 지냈는데 오늘 갑자기 생각이 났답니다. 그래서 내가 머리에 손을 얹고 "성령이여 임하소서! 사로잡아 주옵소서." 성령의 임재가 된 후에 "내가 나사렛 예수 이름으로 명하노니 베트남 토속종교시설 들어갔을 때 침입한 귀신은 정체를 밝힐지어다." 했더니 벌~ 벌~ 벌~ 떠는 것입니다. 그러다가 왹~ 왹~ 왹~ 하면서 귀신이 떠나갔습니다. 20년 전에 들어온 귀신이 그때야 떠나간 것입니다.

이렇게 자신도 모르는 사이에 전이된 악한 영은 예배나 말씀이나 찬송이나 기도나 능력자의 축사로 추방이 비교적 쉬운 편입니다. 그러나 침입 당한 것을 모르고 잠복된 체 오랫동안 계속 눌려 지내게 되거나 깊이 침입 당하게 되면 이 역시 추방이 힘들게 됩니다. 그래서 성령으로 자신을 분별해야 합니다. 어떤 사람은 기도굴에서…. 어떤 사람은 무덤 옆을 지나다가…. 어떤 사람은 절에서 공부를 하다가…. 어떤 사람은 스님에게 침을 맞으러 다니다가…. 어떤 사람은 교회 옆에 절이 있어 계속 염불 외우는 소리에 눌려서…. 어느 사람은. 굿하는 것을 구경하다가. 혹은 어떤 사람은 텔레비전의 충격적인 장면을 보다가….등 악한 영의 전이는 이루 헤아릴 수 없습니다.

그리고 예기치 않은 뜻밖의 현상이나 형체(사찰, 신사, 토속종교시설, 공동묘지나 상엿집, 시체 등)를 목격하였을 때, 일시에 음산한 기운, 즉 소름이 끼치는 상황이 엄습하여, 온몸에 전율을 느끼면서, 등골이 오싹해지거나, 간담이 서늘해지고, 머리가 쭈뼛해지며, 사지에 힘이 쭉 빠지고, 온몸이 오그라들며, 다리가 후들거려 꼼짝 달 싹을 못 하고, 귀에서는 이상한 소리가 들리며, 헛것을 보고 헛소리를 내는 등의 이상 현상을 체험했을 경우는 악한 영의 영적전이가 이루어 진 것입니다. 이런 경험을 했는데 방임하고 지낸 분들은 필히 전문사역자의 축귀를 받아야 합니다.

이런 곳에 출입하고 나와서 대적기도는 이렇게 하시기 바랍니다. 성령이여 임하소서. 성령의 임재가 깊어지면 명령하세요. 이때 소리는 크게 할 필요가 없습니다. 영에서 나오는 소리로 명령하세요. "사찰에서 들어온 더러운 영은 예수 이름으로 명하노니 떠나갈지어다.""토속종교시설에서 들어온 귀신은 예수 이름으로 명하노니 떠나갈지어다." "토속종교시설에서 들어온 귀신이 떠난 자리에 성령의 권능이 임할지어다. 평안의 영이 임할 지어다. 성령님 강하게 저를 사로잡아 주옵소서. 충만하게 하옵소서" 하면서 지속적으로 참 평안을 찾을 때까지 의지를 가지고 대적기도를 해야 합니다. 호흡 기도를 지속적으로 하면서 대적하고 명령하세요. 그러면 하품이나 기침이나 재채기를 통해서 특정장소에서 들어와 역사하던 영들이 떠나갑니다. 성령의 역사가 항상 자신에게 충만하도록 기도하십시오. 깊은 영의 기도와 찬양을 하십시오.

9절 스스로 축귀하는 법

자신에게 이상증세가 나타나면 지나치지 말고 반드시 자기 축귀를 해야 합니다. 자기 축귀는 이런 방법으로 하세요. 호흡을 들이쉬고 내쉬면서 성령의 임재를 요청하세요. 성령의 임재가 충만해지면 영상기도를 하세요. 자신에게 일어나는 상태를 마음의 그림으로 나타나게 하라는 것입니다. 원인을 성령님에게 물어보세요. 원인을 알아야 처방을 할 수 있기 때문입니다. 원인에 따라 회개하거나 용서를 합니다. 만약에 조상이나 자신이 우상을 숭배하여 귀신이 들어온 것이라면 회개해야 합니다. 성령의 임재 가운데 죄를 짓는 모습을 영상으로 보면서 깊은 회개를 해야 합니다. 깊은 회개를 한 후에 그때 들어온 귀신들에게 명령을 하세요. "조상 대대로 내려와 나에게 고통을 주는 악한 영의 줄은 끊어질지어다." "조상이 우상숭배 할 때 들어온 귀신은 예수 이름으로 명하노니 떠나갈지어다." "떠나간 자리에 말씀과 성령으로 채워질지어다." 이렇게 지속적으로 대적기도를 합니다. 만약에 다름 사람이 자신에게 상처를 주어 고통을 당한다면 용서를 해야 합니다. 성령의 깊은 임재 하에 상처받는 모습을 보면서 용서합니다. 그리고 성령의 임재 하에 영에서 올라오는 영의 소리로 명령하세요. "내가 상처받을 때 들어온 귀신은 예수 이름으로 명하노니 떠나갈지어다." 지속적으로 평안이 임할 때까지 해야 합니다.

자신이 스스로 축귀하는 것이 제일 좋은 방법입니다. 그러나 자신이 스스로 축귀할 만큼의 영성이 깊어지려면 상당한 기간을 훈련해야 합니다. 영성을 깊게 하려면 일단 성령의 역사가 강하고 영성이 깊은 사역자가 인도하는 집회에 참석하여 영성을 길러야 합니다. 사역자의 도움을 받으면서 영성을 깊게 하는 것입니다. 그것이 제일 빠른 방법입니다. 혼자 책을 읽고 하는 것은 실수가 있을 수가 있고 시간이 많이 걸립니다. 먼저 성령의 역사가 강하고 영성이 깊은 사역자의 도움을 받아 영의 통로를 연 다음에 스스로 하면 좀 더 쉽게 할 수가 있습니다.

자신의 영을 강하게 해야 귀신의 공격을 이길 수가 있습니다. 영을 강하게 한다는 것은 자신의 마음이 성령으로 충만해야 한다는 말입니다. 마음 안이 성령으로 충만하게 하려면 마음으로 하나님을 지속적으로 찾아야 합니다. 습관적으로 하나님을 찾는 훈련을 해야 합니다. 길을 걸어가면서 도 마음 안에 하나님을 찾아야 합니다. 자신은 걸어 다니는 성전이라는 의식을 가지고 항상 하나님을 찾는 습관이 되면 영은 자동으로 강하게 됩니다. 걸어 다니는 성전 의식이 중요합니다. 자신 안에 하나님께서 주인으로 오셨기 때문에 자신은 걸어 다니는 성전입니다. 조금도 이상할 것이 없습니다. 자신 안의 성전을 견고하고 깨끗하게 지어지도록 하는 활동이 영을 강하게 하는 활동입니다. 영이 강해지면 귀신은 떠나가고 다시 오지 못합니다. 영성을 관리하고 유지하는 것이 중요합니다.

31장 물질문제 일으키는 귀신 쫓아내는 비결

1절 물질 고통 주는 귀신축사

모든 그리스도인들은 교회와 복음 증거와 선교를 위하여 모두 부자가 되어야 합니다. 이 땅에 하나님의 나라를 만들기 위해서 부자가 되어야 합니다. 하나님은 예수를 믿는 자를 통하여 하나님의 나라를 이루시는 분이십니다. 하나님은 예수를 믿는 우리에게 소원을 두고 행하신다고 말씀하고 계십니다(빌2:13). 그러므로 예수를 믿는 우리는 전인적인 복을 받아 모든 면에 풍성한 삶을 살아가면서 하나님나라를 확장하는 도구가 되어야 합니다. 하나님은 믿음의 조상 아브라함을 불러내어 복을 주셨습니다.

하나님의 음성에 순종하여 고향과 친척과 아버지 집을 떠나온 아브라함은 기근이 심하여 먹고 살아갈 길이 막연해지자 살기 위하여 애굽으로 들어갔습니다. 분명히 하나님은 아브라함에게 애굽으로 가라고 하지 않았습니다. 그런데 아브라함이 먹고 살 것이 없게 되자 먹을 것을 구하기 위하여 애굽으로 들어갔습니다. 그러다가 자기의 아내를 누이라고 속이는 바람에 졸지에 애굽 왕에게 자신의 아내 사라를 빼앗길 위기에 처했습니다.

그러나 하나님의 기적적인 역사로 아내를 돌려받고 애굽에서 나와서 가나안으로 갑니다. 그런데 애굽에서 아브라함이 나올 때에 하나님의 은혜로 가축과 은과 금이 풍부했다고 했습니다(창13:1-2).

그리고 창세기 24장 35-36절에 보면 아브라함의 며느리를 얻기 위해서 보냄을 받은 아브라함의 종이 그 주인에 대한 보고를 할 때 이렇게 했습니다. "여호와께서 나의 주인에게 크게 복을 주시어 창성하게 하시되, 소와 양과 은금과 종들과 낙타와 나귀를 그에게 주셨고 나의 주인의 아내 사라가 노년에 나의 주인에게 아들을 낳으매 주인이 그의 모든 소유를 그 아들에게 주었나이다." 종조차도 하나님이 그의 주인 아브라함에게 소와 양과 은금과 종들과 낙타와 나귀를 풍부하게 주셨다고 증거하고 있습니다.

아브라함은 많은 고난을 받고 깨어지면서 순종과 믿음은 배웠지만은 물질적으로 가난하지 않고 궁핍하지 않았다는 것입니다. 그러면 아브라함의 아들이삭은 어떻게 되었을까요? 창세기 26장 12-14절에 보면 이삭이 그 땅에서 농사하여 그해 백배나 얻었고 하나님께서 복을 주심으로 창대하고 왕성하여 마침내 거부가 되었다고 했습니다. 양과 소가 떼를 이루고 노복이 심히 많으므로 블레셋 사람이 그를 시기했다고 했습니다.

이 말씀은 곧 하나님이 복을 주시면 그 물질적인 생활에 창대함을 얻는다고 말씀하고 있는 것입니다. 하나님은 이렇게 하나님의 음성을 듣고 순종하는 자에게 복을 주시고 하나님의 뜻을 이루게 하시는 하나님이십니다. 하나님의 음성을 듣는 자는 영에 속한 성령의 인도를 받는 사람이기 때문입니다. 하나님은 하나님의 음성을 듣고 순종하는 영의 사람과 상관하시기 때문입니다.

가난은 절대로 하나님의 뜻이 아닙니다. 성령의 임재 하에 축복을 끌어당기시기를 바랍니다. 축복을 받기 위하여 심령을 성령으로 충만하게 채우시기를 바랍니다.

이렇게 대적하며 선포기도를 하시기 바랍니다. 성령이여 임하소서. 성령의 임재가 깊어지면 명령하세요. 달라고 하지 말고 선포하고 명령하세요. "우리가정에 역사하며 물질이 세어나가게 하는 영은 떠나갈 지어다." "우리 가정에 재정에 축복이 임할지어다." "나에게 내가 원하는 직장이 생겨날지어다." "우리 가정은 하나님의 축복을 받는 가정이 될 지어다." "우리 집안의 가난의 영은 물러갈지어다." "우리 집안에 재정에 축복이 임할지어다."

"우리 남편의 손에 돈을 버는 능력이 임할 지어다" "돈아 와라." "내가 예수 그리스도 이름으로 명하노니" "우리 사업장은 성장할지어다. 나날이 성장할 지어다. 매출과 수입이 늘어날지어다." "내가 예수 그리스도 이름으로 기도하오니 우리 가정에 재정의 축복이 임할지어다. 아브라함의 복이 임할지어다. 재정이 풍성해 질지어다." 이렇게 지속적으로 선포하며 대적기도 하시기를 바랍니다. 더 자세한 것은 "가계가 축복받는 선포기도문"과 "가계의 고통을 끊고 축복받는 법"을 참고 하시기를 바랍니다.

2절 채무가 늘어나게 하는 귀신축사

가정에 역사하는 채무가 늘어나는 영이 있다는 것입니다. 저는 사업을 하다가 채무가 늘어나서 사업을 하지 못하는 분들은 많이 보았습니다. 감당하지 못하는 채무로 인하여 사업을 더 이상 지탱하지 못한 것입니다. 문제는 자꾸 채무가 늘어나도록 역사하는 귀신이 있다는 것입니다. 귀신이 채무가 늘어나 사업을 지탱하지 못하고 망하게 하려고 역사하는 것입니다. 이 채무의 영을 대적하여 몰아내야 합니다.

분명하게 하나님은 "여호와께서 너를 위하여 하늘의 아름다운 보고를 여시사 네 땅에 때를 따라 비를 내리시고 네 손으로 하는 모든 일에 복을 주시리니 네가 많은 민족에게 꾸어 줄지라도 너는 꾸지 아니할 것이요"(신 28:12).라고 말씀하셨습니다.

하나님이 함께하면 꾸어 줄지라도 꾸지 않는 자가 됩니다. 당신이 만약에 채무가 자꾸 늘어만 간다면 당신에게는 지금 하나님의 보호가 약하고 마귀의 지배가 강한 것입니다. 원인을 찾아 해결하고 역사하는 귀신을 대적하여 몰아내야 합니다.

대적기도는 이렇게 합니다. 성령이여 임하소서. 성령이여 임하소서, 성령의 임재가 충만해지면 마음으로 기도하세요. 예수 이름으로 명하노니 채무가 늘어나게 하는 영은 떠나갈지어다. 사업장에 역사하며 부채가 늘어나게 하는 영은 떠나갈지어다. 사업장에 매출이 날마다 늘어날 지어다. 천사들아 이 사업장을 도와 하나님의 영광을 드러낼 지어다. 예수님의 이름으로 기도했습니다. 아멘.

3절 물질 새나가게 하는 귀신축사

마귀가 역사하여 가정의 식구들이 돌아가며 질병이 발생토록 하면서 물질이 새나가게 하는 것입니다. 원인이 없는 문제는 없습니다. 말씀과 성령으로 원인을 찾아서 해결해야 합니다. 그냥 두면 계속적으로 마귀가 더 강하게 역사합니다. 하나님은 이렇게 말씀합니다."너희가 많이 뿌릴지라도 수확이 적으며 먹을지라도 배부르지 못하며 마실지라도 흡족하지 못하며 입어도 따뜻하지 못하며 일꾼이 삯을 받아도 그것을 구멍 뚫어진 전대에 넣음이 되느니라"(학 1:6). 전대에 구멍을 뚫어서 물질이 새나가게 하는 것입니다. 물질 새나가게 하는 귀신을 대적 기도하여 몰아내야 합니다.

대적하며 선포기도는 이렇게 합니다. 성령이여 임하소서. 성령이여 임하소서, 성령의 임재가 충만해지면 마음으로 기도하세요. 예수 이름으로 명하노니 질병으로 물질이 새나가게 하는 영은 떠나갈지어다. 예수 이름으로 명하노니 자녀들이 돌아가며 병을 앓게 하여 물질이 새나가게 하는 영은 떠나갈지어다. 가정에 역사하며 물질이 새나가게 하는 귀신은 떠나갈지어다. 우리 가정에 예수 이름으로 건강의 축복이 임할지어다. 우리 가정이 예수님의 영광을 드러내는 가정이 될지어다. 예수님의 이름으로 기도했습니다. 아멘.

4절 각종 사고로 물질 새나가지 않게 축사

마귀가 역사하여 사고가 발생토록 하면서 물질이 새나가게 하는 것입니다. 사고가 나서 물질이 새나가고 있다면 원인을 찾아서 해결해야 합니다. 말씀과 성령으로 원인을 찾아서 영적인 조치를 해야 합

니다. 그냥 두면 계속적으로 마귀가 더 강하게 역사합니다. 하나님
은 이렇게 말씀합니다. "너희가 많이 뿌릴지라도 수확이 적으며 먹을
지라도 배부르지 못하며 마실지라도 흡족하지 못하며 입어도 따뜻
하지 못하며 일꾼이 삯을 받아도 그것을 구멍 뚫어진 전대에 넣음이
되느니라"(학 1:6). 전대에 구멍을 뚫어서 물질이 새나가게 하는 것
입니다. 사고 당하게 하여 물질 새나가게 하는 귀신을 대적 기도하여
몰아내야 합니다.

대적기도는 이렇게 합니다. 성령이여 임하소서. 성령이여 임하소
서, 성령의 임재가 충만해지면 마음으로 기도하세요. 예수 이름으로
명하노니 사고를 당하게 하여 물질이 새나가게 하는 영은 떠나갈지
어다. 예수 이름으로 명하노니 이일 저 일로 사고가 나게 하여 물질
이 새나가게 하는 영은 떠나갈지어다. 가정에 역사하며 물질이 새나
가게 하는 귀신은 떠나갈지어다. 우리 가정에 예수 이름으로 물질의
축복이 임할지어다. 천사들아 우리 가정을 둘러 진을 칠지어다. 안전
하게 보호할지어다. 우리 가정이 예수님의 은혜로 평안한 가정이 될
지어다. 예수님의 이름으로 기도했습니다. 아멘.

5절 사기 당하게 하는 귀신축사

제가 성령치유 사역을 하면서 체험한 바로는 성도에게 역사하며 사
기를 당하게 하는 영이 있다는 것입니다. 사기의 영이 역사하면 사기
치는 사람이 자기에게 다가오는 것입니다. 저는 우리 교회에 다니는

성도들을 놓고 방패기도를 많이 합니다. 어떤 성도를 놓고 방패기도를 하니 성령께서 사기의 영이 역사한다는 것입니다. 그래서 본인에게 사기의 영이 역사하니 사기 당하지 않도록 조심하라고 했습니다.

이렇게 조심하라고 조언을 하고 약 두 달이 지났습니다. 자신의 사업장에 일하는 종업원이 땅이 있는데 급한 일이 생겨서 매매를 해야 한다는 것입니다. 그러면서 너무나 위치가 좋아서 땅의 가격이 올라가 것이라고 감언이설로 속였습니다. 그래서 믿고 땅을 구입했습니다. 믿고 사고 나서 얼마 있지 않아 문제가 발생한 것입니다. 은행의 빛이 많아서 경매에 들어간 것입니다.

사기를 당한 것입니다. 그 일이 있는지 얼마 있지 않아 자신이 장사하는 가게를 권리금을 많이 받아주겠다는 사람이 나왔습니다. 그래서 가게를 넘기려고 하다가 부인 집사가 저에게 와서 넘겨도 되겠느냐고 묻는 것입니다. 제가 하나님에게 기도하니 사기다. 잘 확인해보라고 하라. 그렇게 감동하는 것입니다. 그래서 부인집사에게 가게를 넘겨받겠다는 사람에 대하여 잘 알아보라고 했습니다. 여러 계통을 통하여 알아본 결과 사기꾼이라는 것입니다. 잘못했으면 가게가 넘어갈 뻔한 것입니다. 그러나 부인 집사의 지혜로 가게를 살린 것입니다.

이렇게 사기영이 역사하면 수도 없이 자기 주변에 시기를 치려는 사람이 몰린다는 것입니다. 그런데 사기를 당하는 사람들의 유형을 보니까, 모두 욕심이 많은 사람들입니다. 한방에 떼돈을 벌어보려는 욕심이 있는 사람이 사기를 잘 당합니다. 이런 사람은 사기 영을 몰아내야 합니다.

대적하며 선포기도는 이렇게 합니다. 성령이여 임하소서. 성령이여 임하소서, 성령의 임재가 충만해지면 마음으로 기도하세요. 예수 이름으로 명하노니 나에게 역사하며 사기를 당하게 하는 귀신은 떠나갈지어다. 예수 이름으로 명하노니 이해하기 힘든 일이 발생하게 하여 사기를 당하게 하는 영은 떠나갈지어다.

사기를 당하여 물질이 새나가게 하는 귀신은 떠나갈지어다. 천사들아 나를 둘러 진을 칠지어다. 나를 보호할지어다. 나에게 예수님의 은혜로 물질의 축복의 영이 역사할지어다. 예수님의 이름으로 기도했습니다. 아멘.

6절 사업을 망하게 하는 귀신축사

사업을 망하게 하는 귀신이 역사하면 사업이 일어서려고 하면 귀신이 역사하여 망하게 하는 것입니다. 저는 이런 안수 집사를 보았습니다. 사업이 한창 잘되었습니다. 그런데 불이 나버린 것입니다. 화재 보험도 들지 않아서 한 푼도 건지지 못하고 망해버린 것입니다. 다시 사업장을 마련하여 어느 정도 자리가 잡히는가 싶더니 또 불이 난 것입니다. 두 번이나 불이 나서 사업이 망해버린 것입니다. 그래서 제가 원인을 찾아보고 대적기도를 하여 방해하는 귀신을 몰아내라고 했습니다.

대적하며 선포기도는 이렇게 합니다. 성령이여 임하소서. 성령이여 임하소서, 성령의 임재가 충만해지면 마음으로 기도하세요. 예수 이름으로 명하노니 나에게 역사하며 사업장에 불이 나게 하여 사업을 망하게 하는 귀신은 떠나갈지어다. 예수 이름으로 명하노니 사업을 망하게 하는 귀신은 떠나갈지어다.

불이 나고 사기를 당하여 사업이 망하게 하는 귀신은 떠나갈지어다. 천사들아 나를 둘러 진을 칠지어다. 나를 보호할지어다. 나에게 예수님의 은혜로 사업 축복의 영이 역사할지어다. 예수님의 이름으로 기도했습니다. 아멘.

7절 부동산 못나가게 하는 귀신축사

임대 사업을 하는 성도가 임대 아파트를 분양받아 임대를 내 놓았습니다. 그런데 다른 아파트는 모두 임대가 나가는데 성도의 아파트만 임대가 나가지를 않는 것입니다. 그래서 목사님을 청해 다가 심방을 하고 아파트를 나가지 못하게 방해하는 영을 대적하여 몰아내니 나갔다는 것입니다. 이 경우는 이렇게 설명할 수가 있습니다. 성도가 내 놓은 아파트 앞에 귀신들이 보초를 서면서 들어오는 사람들의 마음을 주장하여 임대를 하지 못하게 방해하는 것입니다. 영의 세계를 참으로 이해하지 못할 이상한 일이 많이 일어납니다. 알고 대비하시기를 바랍니다. 이런 경우 대적 기도하여 방해하는 영들을 몰아내야 합니다. 별별 인간방법을 다 동원해도 해결이 되지 않습니다.

대적하며 선포기도는 이렇게 합니다. 성령이여 임하소서. 성령이 임해야 부동산이 나가지 못하도록 방해하는 영이 떠나가기 때문입니다. 성령이여 임하소서. 충만하게 임하소서. 하나님 우리가 임대 사업을 하는 줄 잘 아십니다. 그런데 임대가 나가지를 않습니다. 빨리 나가도록 역사하여 주옵소서.

그리하여 하나님의 살아 역사하심을 체험하게 하옵소서. 내가 나사렛 예수의 이름으로 명하노니 아파트를 나가지 못하도록 방해하는 더러운 영들은 떠나갈지어다. 아파트 앞에 서서 나가지 못하도록 방해 하는 악한 영들은 떠나갈지어다. 아파트에 역사하며 임대 나가지 못하도록 방해하는 귀신들은 떠나갈지어다. 천사들아 나가서 새 주인을 모시고 올 지어다. 빨리 나가도록 도울 지어다. 천사들아 나가서 새 주인을 모시고 올지어다. 많은 성도님들이 이사를 가려고 집을 부동산에 내 놓았는데 나가지 않는다고 어떻게 해야 하느냐고 질문을 많이 합니다. 이때에는 이렇게 대적하며 선포기도를 하면 됩니다.

성령이여 임하소서. 성령이여 임하소서. 성령이 임해야 부동산이 나가지 못하도록 방해하는 영이 떠나가기 때문입니다. 성령이여 임하소서. 충만하게 임하소서. 하나님 우리가 은혜 가운데 이곳에 살다가 다른 곳으로 이사를 가려고 집을 내 놓았습니다. 계획된 날짜에 은혜롭게 나가게 하여 주옵소서.

하나님의 살아 역사하심을 체험하게 하옵소서. 내가 나사렛 예수의 이름으로 명하노니 집을 나가지 못하도록 방해하는 더러운 영들은 떠나갈지어다. 집 앞에 서서 나가지 못하도록 방해 하는 악한 영들은 떠나갈지어다. 집주변에 역사하며 집이 나가지 못하도록 방해하는 귀신들은 떠나갈지어다. 천사들아 나가서 새 주인을 모시고 올지어다. 빨리 나가도록 도울 지어다. 천사들아 나가서 새 주인을 모시고 올지어다. 예수님의 이름으로 기도합니다. 아멘!

32장 가정에서 역사하는 귀신 쫓아내는 비결

1절 부부 싸움시키는 귀신축사

저는 항상 이렇게 말합니다. 하나님이 성령의 권능을 주신 것은 첫째는 자신을 치유하여 영적인 존재가 되라고 권능을 주신 것입니다. 둘째는 가정을 치유하여 하나가 되게 하라는 것입니다. 그리고 다른 사람을 도우라는 것입니다. 자기도 바르게 되지 않았는데 경거망동하지 말라는 것입니다. 이렇게 되어야 바르게 사역을 할 수가 있기 때문입니다. 마귀가 이것을 알고 어찌하든지 부부간을 이간하려고 공격하는 것입니다. 사람이 평생 살면서 가장 오래 함께하는 관계가 부부사이입니다.

부부사이에는 비밀이 없습니다. 세상이 다 괴롭힌다 해도 배우자가 내 편이라면 그는 능히 세상을 이길 수 있습니다. 그러나 세상에서 아무리 큰 성공을 이루었다 해도 배우자에게서 인정받지 못하고 무시를 당한다면 그 삶은 너무나 비참한 삶입니다. 이렇게 중요한 부부관계를 파괴하는 악령을 대적하십시오. 대적하며 축사하는 선포기도는 이렇게 합니다. 성령이여 임하소서. 성령의 임재가 깊어지면 명령하세요. "부부간을 이간하는 악한 영은 예수 이름으로 명하노니 떠나갈지어다." "부부간을 이간하는 귀신은 예수 이름으로 명하노니 떠나갈지어다." "부부간을 이간하는 귀신이 떠난 자리에 부부화

목의 영이 임할지어다." 호흡 기도를 지속적으로 하면서 자신의 부부의 상태를 그리면서 지속적으로 명령하세요. 그러면 하품이나 기침이나 재채기를 통해서 떠나갑니다.

2절 배우자 바람피우게 하는 귀신축사

지금 이 세상은 너무나 음란하고 악합니다. 세상은 음란을 죄로 여기지 않습니다. 음란한 짓을 하는 이들은 부끄러운 줄도 모르고 그것을 자랑스럽게 떠벌리고 다닙니다. 남편과 아내는 아름다운 한 팀입니다. 부부들이 세상에서 승리하기 위하여 서로를 위해 기도해야 합니다. 밤늦게 돌아오지 않는 남편을 생각하며 불안하고, 걱정이 되는 아내는 그 시간에 걱정하지 말고 악한 영들의 세력을 결박하십시오. 유혹과 음란의 영을 대적하고 결박하고 대적하십시오, 당신의 기도는 능력이 있으며 그 기도는 악한 영들로부터 남편을 지켜줄 것입니다.

대적하며 축사하는 선포기도는 이렇게 합니다. 성령이여 임하소서. 성령의 임재가 깊어지면 명령하세요. "우리 남편을 유혹하는 더러운 영은 예수 이름으로 명하노니 떠나갈지어다." "우리 부인을 유혹하는 음란의 귀신은 예수 이름으로 명하노니 떠나갈지어다." "음란의 귀신이 떠난 자리에 성령의 능력이 임할지어다. 하나님을 두려워하는 영이 임할 지어다" "천사들아 우리 남편을 보호할 지어다." "천사들아 곧장 집으로 들어오도록 인도할 지어다" 호흡 기도를 지속적으로 하면서 대적하고 명령하세요. 그러면 하품이나 기침이나 재채기를 통해서 걱정하게 하는 영들이 떠나갑니다. 그리고 밤이 늦도록 돌아오지 않는 배우자를 생각할 때 걱정스럽고 의심하는 생각이 자신을 주장할 때 마음으로 예수님을 찾아 평안으로 채우시도록 기도하십시오.

3절 환란 풍파를 일으키는 귀신축사

지금 예수를 믿는 가정이 이해할 수 없는 환란과 풍파를 당하면서 살아가는 가정이 많습니다. 가정에 환란과 풍파를 일으키는 배후가 있다는 것입니다. 배후를 찾아내야 완전한 치유가 됩니다. 예수님께서 제자와 더불어 갈릴리 바다를 건너가다가 큰 풍랑을 만났습니다. 배가 침몰할 위기에 처하고, 예수님의 제자들은 아비규환의 절망에 떨어졌습니다. 그때 예수님이 잠에서 일어나 바람과 바다를 꾸짖었으며 즉시 잠잠해 졌습니다.

나무를 보고 꾸짖는다고 나무가 들을 턱이 없습니다. 나무는 귀도 없고 생각도 없지요. 바위를 보고 꾸짖는다고 해서 응답하지 않습니다. 바위는 귀도 없고 말도 못합니다. 태산을 보고 꾸짖어 보았자 태산이 꾸짖음을 듣지 않습니다. 꾸짖는다는 것은 인격적인 존재가 되어야 꾸짖을 수 있는 것입니다.

살아있는 인격적인 존재가 되어야 꾸짖을 수 있는 것입니다. 예수님이 바람이나 바다가 귀도 없고 생각도 없는데 꾸짖는다고 해서 효과가 생기는 것이 아닙니다. 바람과 바다 배후에서 이를 조종하고 있는 원수 마귀가 있었기 때문에 주님께서 그 배후에 인격적인 존재를 향해서 꾸짖으신 것입니다. 주님께서 그냥 말씀하셨다면 말씀을 통해서 기적이 일어나는 것입니다. 빛이 있으라. 궁창이 생겨나라. 물이 한곳으로 모여라. 말씀이 꾸짖는다는 것은 잘못한 일을 하고 있는 배후에 세력이 있기 때문에 주님이 꾸짖는 것입니다.

갈릴리의 바다에 풍랑이 일게 한 것은 예수님과 제자들을 물에 빠뜨려 몰살시키려는 배후에 마귀의 역사가 있었기 때문에, 주님이 그 인격적인 마귀를 향해서 꾸짖었습니다. 그러자 즉시로 바람과 바다가 잠잠해진 것입니다. 인생광풍과 배후에 세력도 한가지입니다. 우리가 인생을 살아갈 때 여러 가지 인생광풍이 불어오지 않습니까? 국가적으로 사회적으로 가정적으로 개인적인 광풍은 그 배후에 광풍을 일으키는 마귀가 있는 것을 알아야 됩니다.

우리가 교회에 나오고 예수 믿고 정상적인 삶을 살고 있는데도 불구하고 광풍이 불어 닥칠 때는 귀신을 쫓아내어야만 되는 것입니다. 귀신이 쫓겨 나가면 풍랑이 잠잠해지는 것입니다. 귀신을 그대로 두고 아무리 우리가 신앙생활 하려고 해도 절대로 평안이 다가오지 않는 것입니다. 그렇기 때문에 우리의 삶속에 광풍이 다가오면 광풍의 원인자인 귀신을 알아내고 쫓아내야 됩니다. 왜냐하면 우리가 귀신을 쫓아내지 아니하면 하나님이 그냥 쫓아내지는 않습니다. 성경에는 너희가 귀신을 쫓아내라고 말씀하는 것입니다.

우리가 예수 이름으로 쫓아내야지 다른 사람이 와서 쫓아내주지 않기 때문인 것입니다. 먼저 집에 들어가서 강한 자를 묶어야 그 집에 있는 세간을 늑탈할 수 있다고 성경은 말하고 있는 것입니다.

강한 자가 점령하고 있을 때, 그냥 들어가서 세간을 빼앗을 수 있나요? 강한 자를 묶어야지요. 이 강한 자는 바로 눈에 안 보이는 영적인 마귀라는 것을 알아야만 되는 것입니다. 우리 예수 믿는 사람은 이 사실을 알고 깨닫고 있기 때문에 우리가 혈과 육에 대한 싸움을 하지 말고, 사람을 대항하여 싸우지 말고, 그 배후에서 사람을 조종하는 원수마귀를 예수 이름으로 묶어 버리면 그 사람이 아무 힘도 없게 되어 버리고 마는 것입니다.

대적하며 축사하는 선포기도는 이렇게 합니다. 성령이여 임하소서. 성령의 임재가 깊어지면 명령하세요. 중요한 것은 성령으로 장악당하지 않은 악귀는 묶어야 합니다. "나의 가정에 환란 풍파를 일으키는 영은 예수 이름으로 명하노니 결박될지어다." "나의 가정에 환란 풍파를 일으키는 영은 예수 이름으로 명하노니 결박될지어다." 만약에 성령으로 장악이 되었다면 "나의 가정에 환란풍파를 일으키는 귀신은 예수 이름으로 명하노니 떠나갈지어다." "나의 가정에 환란풍파를 일으키는 귀신은 예수 이름으로 명하노니 떠나갈지어다." 그런데 중요한 것은 막연하게 환란과 풍파의 영이라고 하지 말고, 환란과 풍파를 일으키는 구체적인 제목을 거명하며 대적하며 축사를 하라는 것입니다. 예를 든다면 "우리가정에 역사하며 교통사고가 나게 하는 귀신은 예수 이름으로 명하노니 떠나가라." 이렇게 하라는 것입니다. 그리고 반대 영을 공급하여 채워야 합니다. "나의 가정에

환란풍파를 일으키는 귀신이 떠난 자리에 성령의 권능으로 채워질
지어다. 축복의 영으로 채워질 지어다" 호흡 기도를 지속적으로 하
면서 성령의 충만을 요청하세요. 성령으로 충만해야 환란풍파의 영
이 떠나가는 것입니다. 반드시 말씀과 성령으로 채워야 합니다.

4절 가정불화 일으키는 귀신축사

하나님은 세상의 모든 가정들이 행복하기를 원하십니다. 가정의
불화는 최초 에덴동산에서부터 불화가 시작이 되었습니다. 불신자
의 가정 뿐 만아니라, 예수를 믿는 가정도 불화가 만연하고 있습니
다. 제가 그동안 치유 사역을 하면서 체험한 바로는 부모가 상처가
많은 경우 가정불화가 심했습니다. 상처로 인하여 악한 영의 역사가
가정을 장악하여 불화가 일어나게 하는 것입니다. 가정불화는 가족
모두가 영적인 것을 인정하고 하나가 되어야 해결이 됩니다. 가족 구
성원들이 모두 자신들에게 문제가 있다는 것을 인정하고 말씀과 성
령으로 치유 받으려고만 한다면 치유되는 것은 시간문제입니다. 그
러나 이기주의가 되어 서로에게 문제가 있다고 한다면 해결은 되지
안 습니다. 제일 좋은 방법은 가족치유입니다. 가족 전체가 한마음이
되어 치유를 받는 것입니다. 그러면 좀 더 빨리 행복한 가정이 될 수
가 있습니다. 무엇보다도 가장이 심각성을 깨닫고 앞장설 때 치유는
빨리 됩니다.

치유를 받으려면 먼저 성령으로 세례를 받아야 합니다. 성령으로

세례를 받은 후에 내적치유를 해야 합니다. 내적치유를 하여 성령이 장악을 해야 대적기도가 효과가 있습니다.

대적하며 축사하는 선포기도는 이렇게 합니다. 성령이여 임하소서. 성령의 임재가 깊어지면 명령하세요. "우리 가정에 역사하며 가정불화를 일으키는 더러운 영은 예수 이름으로 명하노니 떠나갈지어다." "우리 가정에 역사하며 가정불화를 일으키는 귀신은 예수 이름으로 명하노니 떠나갈지어다." 대적기도를 할 때 막연하게 우리 가정에 역사하며 가정불화를 일으키는 영은 떠나가라. 하는 것보다 구체적인 가정불화를 거명하며 대적기도를 하는 것이 훨씬 효과가 있습니다. "우리가정에 의견 충돌을 일으키는 더러운 영은 떠나가라." "우리 가정에 역사하며 서로에게 책임을 전가하게 하는 더러운 영은 예수 이름으로 명하노니 떠나가라." 이렇게 하라는 말입니다. "우리 가정에 불화를 일으키던 귀신이 떠난 자리에 성령의 은혜가 임할지어다. 유화 작용을 하는 영이 임할 지어다" 지속적으로 변화가 나타날 때까지 의지를 가지고 대적기도를 해야 합니다. 가정불화를 일으키는 악한 영은 밖에 있는 것이 아니고 모두 사람 안에서 역사한다는 것을 명심해야 합니다. 호흡 기도를 지속적으로 하면서 대적하고 명령하세요. 그러면 하품이나 기침이나 재채기를 통해서 불안의 영들이 떠나갑니다. 성령의 역사가 항상 자신과 가정에 충만하도록 기도하십시오. 깊은 영의 기도와 찬양을 하십시오.

5절 술 먹게 하는 귀신축사

충북 제천에 사는 박옥자 집사님의 남편이 술을 많이 먹어서 알코올 중독으로 인사불성이 돼서 사람구실을 못했습니다. 그래서 병원에 입원을 시켰지만 강하게 날뛰기도 했습니다. 이곳저곳을 다니면서 치유를 받으려고 했으나 치유 받지 못하고 우리 충만한 교회 소문을 듣고 왔다고 합니다. 왔는데 내가 보니까, 자기의 의지가 완전하게 귀신에게 넘어간 상태였습니다.

병원에서는 알코올에 너무 중독이 됐기 때문에 고쳐도 올바른 사람이 될 수 없다고 진단을 했다고 합니다. 그런 사람을 붙들고서 기도한들 무슨 효과가 있겠는가? 그러나 한 편으로는 힘이 없이 축 늘어져 있기 때문에 기도하기는 참 좋았습니다. 머리에 손을 얹고 기도를 하니 아무런 현상도 나타나지 않았다. 옆에서 부인 집사가 울면서 애통해 하고 있었습니다.

남편이 그런 상태에 있을 때 가장 슬퍼할 사람은 부인입니다. 그래서 다시 부인 집사를 붙들고 안수기도를 했습니다. 나는 그 집사님에게 "아내 속에서 숨어서 역사하는 귀신아! 왜 남편 알 콜 중독에 걸리게 하여 인사불성을 만들었느냐. 내가 예수 이름으로 명하노니 정체를 밝혀라." 했더니, 귀신이 말을 하는 것입니다. "나 이년 친정아버지다." 그러는 것입니다. 그래서 다시 그 집사님에게 "아내 속에서 숨어서 역사하는 귀신아! 왜 남편 알 콜 중독에 걸리게 하여 인사불성을 만들었느냐. 내가 예수 이름으로 명하노니 떠나가라." 했습니다.

　그 집사의 입술에서 "나가면 되잖아. 더럽게 귀찮게 하네." 하고 귀신이 소리를 지르는 것입니다. 내가 입 다물고 나와라. 명령을 했더니 앉은 자세에서 앞으로 꼬꾸라졌습니다. 그렇게 두 번을 기도해 줬습니다. 이 여자 집사에게 물어보았습니다. 친정아버지가 어떻게 지냈느냐고 말입니다.

　그랬더니 "목사님 우리 친정아버지도 알코올중독자 이었습니다. 친정아버지에게 술 때문에 몸서리가 처지도록 상처를 받았는데 시집을 오고 조금 자나서부터 남편이 술을 먹기 시작을 하다가 알코올중독자가 되었습니다. 목사님 저의 남편을 고쳐주세요." 그래서 친정아버지가 살아 계시냐고 물었더니 삼 년 전에 돌아가셨다는 것입니다. 돌아가시고 나서 남편이 더욱 심하게 되었다는 것입니다. 그래서 내가 다시 여자 집사님의 머리에 손을 얹고 혈통으로 대물림되는 알코올중독의 줄은 끊어질지어다.

　알코올중독 귀신은 떠나갈지어다. 했더니, 막 이 여자가 소리를 지르다가 울다가 하면서 한동안 넋두리를 하더니 기침을 사정없이 하면서 귀신이 떠나갔습니다. 그 후 여자 집사 남편의 건강 회복이 굉장히 빨랐습니다. 술을 먹으면 자꾸 토했다는 것입니다. 내가 몇 개월 더 다니면서 치유를 받으라고 권면하여 몇 개월을 더 다니면서 치유를 받아 정상으로 회복이 돼서 감사헌금까지 했습니다. 이렇게 부인의 영향으로 남편이 알코올 중독자가 될 수도 있습니다. 우리는 바르게 분별하고 치유를 해야 불필요한 고생을 하지 않습니다.

33장 가계 혈통에서 역사하는 귀신 쫓아내는 비결

1정 샤머니즘적인 귀신축사

예수님을 영접하기 전에라도 점을 치러 간 적이 있거나, 자신이 동의하지 않았더라도 부모나 친지가 자신의 이름을 절에 올렸거나 점을 치고 복을 빌었던 경우가 있는데 회개하고 치유받지 않았다면 마귀의 저주(환란과 풍파)가 임하게 됩니다. 이러한 저주(환란과 풍파)에서 풀려나오기 위해서는 먼저 무당에게 점을 치러 간 적이 있거나 자신이 동의하지 않았더라도 부모나 친지가 자신의 이름을 절에 올렸거나 점을 치고 복을 빌었던 것들이 죄인 것을 인정해야 합니다. 그래서 마음 중심으로 회개해야 합니다.

대적하며 축사하는 선포기도는 이렇게 합니다. 성령이여 임하소서. 주 하나님, 저는 하나님의 독생자이신 예수님이 저의 모든 죄를 위해 죽으시고 부활하신 것을 믿고 고백합니다. 저는 지금 예수님의 이름으로 그동안 술수, 무당에게 점을 치고, 토정비결, 미신 등에 관계하고 절에 이름을 올리고 무당에게 이름을 올린 죄악을 회개합니다. 절에 이름을 올리고 무당에게 이름을 올린 모든 계약은 예수 이름으로 명하오니 파기될지어다. 혈통을 타고 연결된 저주의 줄은 끊어질지어다. 그때 들어온 귀신은 예수의 이름으로 명하노니 떠나갈지어다. 떠나간 자리에 말씀과 성령으로 충만하게 채워질지어다. 사랑의 하나님 용서하여 주시옵소서. 그리하여 새로운 삶을 살 수 있도록 도와주시옵소서. 예수님의 이름으로 저의 우상숭배로 인한 저주를 끊게 하여 주시고 귀신들을 몰아내 주시니 감사합니다. 예수님의 이름으로 기도드립니다. 아멘!

2절 가계를 속박하는 귀신축사

자신이 직접 하지 않았더라도 무당에게 이름을 올렸던지, 복을 빌었다든지 하면 예수를 믿었어도 여전히 악령의 속박에 묶여 있을 수 있습니다. 반드시 회개를 하고 끊어내고 그때 들어온 귀신을 축귀해야 합니다. 많은 분들이 예수만 믿으면 모든 속박이 풀리는 줄 알고 방심했다가 영육으로 고통을 당하는 경우가 많습니다. 반드시 성령의 임재 하에 찾아서 회개하여 속박을 풀어야 합니다. 그리고 대물림되는 저주의 줄을 끊어야 합니다. 귀신을 축귀하고 축복으로 채워야 합니다. 지속적으로 해야 합니다. 환경으로 변화가 나타날 때까지 해야 합니다.

대적하며 축사하는 선포기도는 이렇게 합니다. 성령이여 임하소서. 아버지 하나님, 전능하신 예수 그리스도의 이름으로 그동안 저의 삶과 육체를 괴롭게 했던 악령의 속박들을 끊어 버리고 제 속에서 역사하는 ○○○(개별적인 이름)을 버리기 위해 주님 앞에 왔습니다.

저는 그동안 술수, 우상숭배, 사탄숭배 등에 관계하고 절에 이름을 올리고 무당에게 이름을 올린 죄악을 지금 예수님의 이름으로 회개합니다. 사랑의 하나님, 용서하여 주시옵소서. 나도 모르게 부모들이 무당과 맺은 속박은 풀어질지어다. 혈통을 타고 연결된 저주의 줄은 끊어질지어다.

그동안 내 속에서 나를 괴롭게 했던 모든 귀신들과 그 세력들에게 예수 이름으로 명하노니, 너희들은 이제 나에게 머무를 곳이 없다. 이 시간 예수 그리스도의 이름으로 명하노니 너는 지금 당장 나에게서 뿐 만 아니라, 나의 가문과 가족들에게서 떠나가라.

예수 이름으로 명하노니 절에 이름을 올리고 무당에게 이름을 올린 모든 계약은 파기될 지어다. 모든 계약은 파기되고 그 계역을 통해 들어온 귀신의 속박은 풀어질지어다. 그 때 들어온 귀신을 떠나갈 지어다. 떠나간 자리에 예수 이름과 성령으로 충만해질지어다. 주 예수님의 보혈과 그 거룩하신 이름으로 저는 완전한 자유를 가질 수 있게 되었습니다. 감사합니다. 주님, 예수님의 이름으로 기도드립니다. 아멘.

3절 상처에 역사하는 귀신축사

성령이여 임하소서. 성령님 역사하여 주옵소서. 성령이여 충만케 임재하여 주옵소서. 우리 가문을 성령으로 사로잡아 주옵소서. 예수 그리스도 안에서 말씀과 성령으로 상처를 치유하셔서 에덴동산의 영성으로 회복되는 복을 받게 하여 주옵소서. 대물림되는 마음의 상처가 치유되어 예수 안에 장수와 부귀와 즐거움과 평강과 생명과 복을 누리게 하여주옵소서.

에덴동산에서 비손, 기혼, 힛데겔, 유브라데 강이 에덴동산을 적시고 흘렀듯이 저의 가문에 하나님의 즐거움, 기쁨, 은혜, 복이 제 가정과 이웃, 이 나라와 민족, 전 세계로 흘러가는 가문이 되게 하여 주옵소서. 큰 영향력을 주셔서 만나는 사람마다, 가는 곳마다 잘되는 역사가 있게 하시옵소서.

악인의 꾀를 쫓지 아니하며 죄인의 길에 서지 아니하며 오만한자들의 자리에 앉지 아니하고 오직 여호와의 율법을 즐거워하여 그 율법을 주야로 묵상하며 살게 하시옵소서. 그래서 시냇가에 심은 나무가 시절을 쫓아 과실을 맺으며 그 잎사귀가 마르지 않음 같이 하시고 하는 행사가 다 형통하도록 복되게 하시옵소서.

주님께서 "내 이름으로 무엇이든지 내게 구하면 내가 행하리라"(요 14:14),라고 하셨습니다. 나사렛 예수 그리스도의 이름으로 구하노니 악으로부터 지켜 주시옵소서.

나사렛 예수 그리스도의 이름으로 명하노니 혈통을 타고 대물림되는 상처의 저주는 끊어질지어다. 상처를 통하여 무리지어 역사하는 군대 귀신은 떠나갈지어다. 대물림된 부정적인 생각과 마음은 떠나갈지어다.

예수 그리스도 안에서 항상 긍정적인 사람이 될지어다. 태아기, 성장과정, 대인관계에서 생긴 쓴 뿌리는 나사렛 예수 그리스도의 이름으로 뽑힐지어다.

술, 담배, 마약, 도박, 부동산 투기, 가정폭력, 아동학대, 성폭력, 과소비, 게으름, 가출 등 나쁜 습관들로 인한 부정적인 영향력의 대물림은 나사렛 예수 그리스도의 이름으로 명하노니 그 흐름이 차단될지어다.

불안, 열등의식, 실패 감, 좌절감, 죄책감, 수치심, 분노, 혈기, 원망, 불평, 비난, 미움, 시기, 욕심, 근심, 걱정, 염려, 두려움, 의심, 증오, 질투 등 부정적인 감정들로 인한 영향력의 대물림은 나사렛 예수 그리스도의 이름으로 명하노니 끊어질지어다. 예수 그리스도의 이름으로 명하노니 혈통을 타고 대물림되는 상처의 줄은 끊어질지어다. 예수 이름으로 명하노니 상처에 붙어있던 귀신은 떠나갈지어다. 예수 그리스도 안에서 긍정적인 사람이 될지어다. 우리 가문에는 예수님의 성품만 대물림될지어다. 모든 사람들과 화평함을 이루는 가문이 될지어다. 거룩하신 예수님의 이름으로 기도합니다. 아멘.

4절 가난의 귀신축사

성령이여 임하소서. 성령이여 우리 가문을 사로잡아 주옵소서. 아버지 하나님 이 시간 우리 가문의 가난과 채무의 결박을 끊고 풀기 위하여 기도합니다. 이 시간 우리 조상들의 죄악을 회개합니다.

나와 나의 조상들이 유해한 직업과 하나님께서 주신재물을 선하게 사용하지 못한 죄, 우상 앞에 바친 제물과 제물을 만드는 데 재물을 사용한 죄, 자신의 욕심과 정욕과 쾌락을 위해 재물을 탕진한 죄, 남의 것을 떼어먹은 죄, 말의 저주 속에 가난을 초청한 죄악으로 인하여 가문에 가난의 영과 채무의 영이 흐르게 되었음을 인정하며 자백합니다.

진실로 이 모든 죄를 회개합니다. 용서하여 주옵소서! 이제 내가 예수 그리스도의 이름으로 잘못된 직업과 잘못된 재물 사용의 모든 죄악의 결박들을 끊고 풀기를 선언하고 선포한다. 그리고 예수의 보혈을 뿌리고 바르고 덮는다. 이 더러운 가난의 악한 영들아, 거지의 영들아, 채무의 영들아, 내가 예수 이름으로 명하노니 이제부터 나와 내 가정과 내 자녀와 생업 위에 접근할 수 없고, 공격할 수 없고, 상관할 수 없음을 예수의 이름으로 선포하노라. 혈통을 타고 연결된 가난의 저주의 줄은 끊어질지어다. 나와 우리 가정과 가문에서 영원히 떠나갈지어다. 지금까지 손해나게 하고 가지고 간 모든 물질을 돌려놓고 영원히 떠나갈지어다. 우리 가문에 재정에 복을 주는 영이 임할지어다. 우리 주 예수 그리스도의 이름으로 기도합니다. 아멘.

5절 불치병 귀신축사

성령이여 임하소서. 성령이여 우리 가문을 사로잡아 주옵소서. 아버지 하나님, 이 시간 우리 가문의 불치병의 대물림의 결박을 끊고 풀기 위하여 기도합니다. 예수님, 이 시간 우리 조상들의 죄악을 회개합니다. 아버지 하나님! 조상으로부터 흐르는 모든 부정적 영향력을 이 시간 예수 그리스도의 이름으로 차단해 주시고 우리의 행위와 조상들의 모든 죄를 회개합니다.

저와 조상이 하나님 외에 다른 신들을 숭배하고 의식적, 무의식적으로 지은 죄악을 예수 그리스도 이름으로 회개하고 파기합니다. 이 죄악을 통해 내 삶을 묶고 있는 사탄의 모든 결박을 예수님의 보혈의 공로로 끊어 버리고 이 보혈을 통해 사탄이 나의 가계를 공격할 수 있는 모든 법적 권리와 그 효력을 박탈하고 무효임을 선포하노라.

사랑의 아버지 하나님! 저와 저의 조상이 의식적, 무의식적으로 자신이나 후손을 저주한 것을 회개합니다. 그리고 임신부터 현재까지의 삶에 미친 모든 저주의 효력을 예수님의 이름으로 박탈하고 모든 종류의 저주를 하나님의 복으로 바꾸어 주옵소서.

또한 나는 나와 연결된 모든 인간관계 속에서 하나님께서 원하지 않으시고 허락하지 않으시는 모든 부정적 혼의 결속을 예수님의 이름으로 차단하노라.

동물과 물건과 이념과 사건과 연결된 모든 부정적 혼의 결속을 차단하고 예수님의 십자가를 모든 인간관계 속에 세우노라. 혈통을 타고 연결된 질병의 저주의 줄은 끊어질지어다.

유전병, 정신이상, 암, 당뇨병, 심장병, 고혈압, 온몸의 통증, 나쁜 시력, 눌림 등 질병을 가져온 모든 영들을 예수 그리스도의 이름으로 명하노니 떠나갈지어다. 떠나갈 때 가지고 들어 왔던 모든 질병을 가지고 떠나갈지어다. 모든 장기, 혈액, 뼈, 신경관절은 정상으로 회복될지어다. 모든 질병은 깨끗하게 치유될지어다. 이제 우리 가문은 장수하며 하나님께 영광 돌리는 가문이 될지어다. 거룩하신 예수님의 이름으로 기도합니다. 아멘.

6절 우상숭배 귀신축사

성령이여 임하소서. 성령이여 우리 가문을 사로잡아 주옵소서. 하나님 아버지 이 시간 우리 가문의 우상숭배와 마귀의 결박을 끊고 풀기 위하여 기도합니다. 하나님 아버지, 우리 주 예수 그리스도의 이름으로 나아와 기도합니다. 지난날 우리 조상들이 무지로 인해서 호기심 때문에 혹은 복을 받으려고 우상을 섬겼나이다.

이제 우리가 이것이 죄라는 사실을 깨닫고 회개하오니, 우리 조상들이 행악했던 제사와 주술과 점술들을 우리의 가계 혈통을 따라 내려오게 했던 죄를 회개하오니 용서하소서. 우리는 조상들이 사탄과 맺은 모든 제사와 약속들을 파기합니다. 우리는 더는 사탄과 아무 상관이 없으며, 이제는 우리를 위해서 십자가에서 죽으시고, 장사지낸 바 되시고, 부활하셔서 하나님 아버지 우편에 앉으신 주 예수 그리스도와 더불어 보배로운 피의 언약을 맺었나이다.

우리는 어린양의 보배 피로 깨끗함을 받고, 구속함을 얻고, 의롭다 하심과 거룩함을 받았나이다. 우리는 지금 흑암의 권세에서 벗어나 우리 주 예수 그리스도께 속한 참 빛의 나라로 옮기었나이다.

우리를 영광의 빛으로 강력히 비추어 주셔서, 우리가 이제 명령하고 선포하는 모든 말씀과 기도가 하나라도 헛되이 땅에 떨어져 버리지 아니하도록 붙들어 주시옵소서.

더러운 사탄아, 우리는 이제 너희와 아무 상관이 없다. 예수님의 이름 권세로 명하노니 지금 떠나갈 지어다! 주 예수 그리스도의 이름으로, 우리 조상들이 사탄과 맺었던 모든 약속과 관계들을 끊고 파기하노라! 우리의 가계 혈통을 타고 더러운 악의 세력들이 우리를 영원히 지배하고자 저주하는 모든 주문과 찬가와 계략들을 끊어 버리노라! 혈통을 타고 연결된 저주의 줄은 끊어질지어다.

점치는 주술적인 영들, 종교적인 영들, 능력 행하는 영들, 거짓과 교만의 영들, 폭력의 영들, 지적인 영들, 중독의 영들, 잘못된 성경 해석을 하게 하는 영들 그리고 대대로 이어져 온 미혹의 영들에게, 예수님의 이름으로 명하노니 지금 떠나갈 지어다!

혹시라도 우리 조상들이 다른 가문을 지배하거나 망하게 하려고 걸어놓았던 모든 저주와 주문, 마술들을 주 예수 그리스도의 이름으로 끊어 버리며, 모두 다 무효임을 선포하노라!

예수님의 이름으로 명하노니, 악한 세력들아 너희는 이제 우리 가계에 분깃이 없나니 우리 가정에서 떠나갈 지어다! 우리는 지금 주 예수 그리스도의 광명의 나라에 속해 있나니, 너희는 우리 가정에 들어올 자리가 없노라.

더러운 귀신들아, 지금 우리와 우리 자녀들에게서 손을 떼고 떠나가라! 예수님의 이름으로 명하노니, 더러운 귀신들아 너희는 더는 우리를 우상숭배에 빠지게 할 수 없노라. 우리는 예수님의 이름으로 우리의 속사람에 인을 쳐서 모든 가족 식구들이 사탄의 세력들로부터 벗어났노라! 나는 현재나 과거 어느 때든지, 우리 집안 식구들이 미신과 잡신과 우상숭배 했던 모든 것들을 예수님의 이름으로 파기하노라!

사탄아, 내가 예수의 이름으로 너를 저주하고 꾸짖노라! 우리 옛 조상들이 너를 섬김으로 인해서 우리가 하늘의 통치자와 권세와 주관자들의 악한 세력에 눌렸었지만, 이제는 그 열렸던 모든 통로와 문들을 닫아 버리노라!

너희 군대로 지배하고 왕 노릇하던 세상에서 우리들은 이제 단절되었노라! 우리 가문은 이제 주 예수 그리스도의 보혈과 부활의 능력으로 하나님 나라 확장에 큰일을 감당하며 하나님에게 영광을 돌릴 것을 예수님의 이름으로 선포하노라.

영광의 하나님, 조상들의 죄와 행악함으로 인해 우리에게 내려왔던 모든 저주들에 대해 도끼를 대고 끊습니다. 우리 조상들의 우상숭배와 사탄과 맺은 우리 조상들을 용서하오니, 주 예수 그리스도의 이름으로 우리를 용서하여 주시옵소서.

이제는 모든 죄에서 우리를 깨끗하게 하옵소서. 우리는 그리스도의 것이고, 예수님은 우리의 주님이시며, 우리 삶의 주인이십니다. 이 모든 말씀을 권세 높으신 주 예수 그리스도의 이름으로 기도합니다. 아멘.

7절 무속적인 관계에 역사하는 귀신축사

성령이여 임하소서. 성령이여 우리 가문을 사로잡아 주옵소서. 사랑이 풍성하신 예수님! 저는 예수님이 하나님의 독생자이심을 믿습니다. 예수님이 저의 죄를 위하여 십자가에서 죽으셨고 다시 사셨음을 믿습니다. 그리고 성령으로 제 안에 들어와 계신 것을 믿습니다. 저는 예수님의 이름으로 그동안의 모든 무속적인 관계를 청산함을 선언합니다.

예수 이름으로 명하노니 나도 모르게 절이나 무당과 맺어진 계약은 파기될지어다. 예수 이름으로 명하노니 무속적인 관계로 인하여 연결된 저주의 줄은 끊어질지어다. 예수 이름으로 명하노니 무속적인 관계를 통하여 나도 모르게 들어온 귀신은 떠나갈지어다. 나는 예수님의 십자가 보혈의 공로로 자유인이 되었음을 선포한다. 저는 예수님의 십자가 대속을 믿고 받아들입니다. 저를 예수 그리스도의 이름으로 구원하시는 하나님께 감사드리며 예수님의 이름으로 기도드립니다. 아멘.

8절 영적인 메이게 하는 귀신축사

성령이여 임하소서. 성령이여 우리 가문을 사로잡아 주옵소서. 하늘에 계신 하나님 아버지시여! 예수 그리스도의 이름의 권세에 의지하여 하나님 앞에 나와서 저의 육신과 영혼에 관계한 사탄의 모든 영적인 매임을 끊어 버립니다. 나의 육신과 영혼에 알게 모르게 영향을 미친 모든 악한 영들아! 예수 그리스도의 이름으로 명하노니 너희에게는 나를 저주할 권리가 없다. 혈통을 타고 연결된 영적 메임의 줄은 끊어질지어다. 나와 내 가족에게서도 지금 즉시 떠나갈지어다. 예수님! 예수 그리스도의 보혈과 권세 있는 예수 이름을 주심을 감사드립니다.

사탄아! 나는 이제 진리 안에서 자유인임을 선언한다. 나에게 지금까지 행하던 모든 영육의 저주를 풀고 떠나갈지어다. 즉시 예수님 발 앞으로 떠나갈지어다. 저를 마귀의 저주에서 자유하게 해주신 예수님 감사합니다. 예수님의 이름으로 기도드립니다. 아멘.

9절 헛된 맹세에 역사하는 귀신축사

성령이여 임하소서. 성령이여 우리 가문을 사로잡아 주옵소서. 하나님! 독생자 예수님을 보내주셔서 감사합니다. 예수 그리스도의 이름으로 특별히 모든 헛된 맹세를 폐기합니다. 제가 이러이러한 사람이라고 다짐하였던 모든 신념을 예수 이름으로 폐기합니다.

나는 그것에서 총체적으로 깨끗하여지기를 원합니다. 그리고 모든 헛된 다짐과 맹세 그리고 나에 대한 비 신앙적인 신념의 결과로부터 자유를 선포합니다. 예수 이름으로 명하노니 헛된 맹세와 비 신앙적인 다짐은 폐기될지어다. 혈통을 타고 연결된 헛된 맹세를 통한 저주의 줄은 끊어질지어다. 헛된 맹세와 비 신앙적인 다짐을 통해 들어온 귀신아, 내가 예수님의 이름으로 명하노니 나에게서 즉시 떠나갈지어다. 귀신이 떠나간 자리에 말씀과 성령으로 채워질지어다. 이를 보증하며 이기게 하여 주시는 하나님께 감사드리오며 예수님의 이름으로 기도드립니다. 아멘.

34장 정신 신경에서 역사하는 귀신 쫓아내는 비결

1절 불면증 일으키는 귀신축사

척추와 관련된 불면증의 요인들입니다. 경추1번의 정렬상태가 바르지 못하면 신경성 불면증이 옵니다. 경추2번, 경추4번, 경추5번, 경추7번, 흉추1번, 흉추4번 흉추10번의 정렬상태는 수면 중에 기침이나 천식과 연관 있습니다. 흉추6번의 정렬상태가 바르지 못하면 위장성 불면증이 옵니다. 흉추9번의 정렬상태가 바르지 못하면 부신기능약화에 의한 호르몬 불균형으로 불면증이 옵니다, 흉추10번의 정렬상태가 바르지 못하면 신장기능이 약화되어 불면증이 옵니다. 불면증은 종합병원에서의 종합검진 진단이 필요한 질환입니다. 수면부족에 의한 개인과 사회에 미치는 폐단과 피해는 상상을 초월합니다. 수면부족은 호르몬 불균형에 의하여 암을 유발시키고 치료를 방해하는 것입니다.

불면증의 치유는 일정한 시간을 정해놓고 성경책을 보시거나 규칙적인 운동과 기도 생활이 중요합니다. 잠이 오지 않는 다는 것에 대해서 걱정은 하지 말아야 합니다. 첫째 낮잠은 금물입니다. 다음 담배를 끊어야합니다. 운동을 해야 합니다. 운동을 하시면 건강의 기능이 정상으로 밸런스를 잡아 주게 해주는 것입니다. 다음은 야식 등은 금물입니다. 잠이 오지 않으면 자지 말고 성경을 읽고 기도를 합니다. 자꾸 잠을 자려고 노력하지 말고 잠이 올 때까지 기도를 하는 것입니다. 일찍 누워서 자야지하고 고민하면 못 고쳐집니다. 결론은 운동과 성경책과 깊은 영의기도를 하세요. 그리고 성령 충만한 장소에 가서서 성령으로 체험하고 내적치유를 받으세요.

대적하며 축사하는 선포기도는 이렇게 합니다. 성령님 임하소서. 저의 전인격을 사로잡아 주옵소서. 성령의 임재가 충만해지면 마음으로 명령을 하세요. 내가 예수님의 이름으로 명하노니 잠을 자지 못하게 방해하는 영은 떠나갈지어다. 예수님의 이름으로 명하노니 잠을 자지 못하게 방해하는 영은 떠나갈지어다. 예수님의 이름으로 명하노니 잠을 자지 못하게 방해하는 영은 떠나갈지어다. 불면증의 영이 떠난 곳에 숙면의 영이 임할지어다. 불면증의 영이 떠난 곳에 숙면의 영이 임할지어다. 잠을 잘 자게 하는 영이 임할지어다. 예수님의 이름으로 기도했습니다. 아멘.

2절 울화병 귀신축사

우리나라에서는 화병을 따로 설명하지 않아도 어떤 증상들이 화병인지 많은 사람들이 알고 있습니다. 그만큼 우리에게 익숙한 화병은 흔히 울화병이라고도 하는데, 글자 그대로 억울한 감정이 쌓여서 불과 같은 증상으로 나타나는 질병입니다. 앞 환자와 같이 화병은 집안의 가족관계나 스트레스가 원인인 경우가 많습니다. 특히 남편이나 시어머니와의 갈등, 자식의 문제 등으로 화병이 생기는 경우가 많아서 환자들의 대부분도 주부들입니다. 최근에는 경제 상황이 나빠지다 보니 사업적인 문제로, 직장생활에서의 스트레스로 인해 화병 증상을 호소하는 남자 환자들도 많아지고, 학업이나 취직 스트레스로 인해 화병 증상을 호소하는 청년층도 많아지는 모습입니다. 화병에 대한 치료는 울화병이란 이름에서 알 수 있듯이 위로 치밀어 오르는 화를 내려주고 울체된 기운을 풀어주고 소통시켜 주는 방법이 주가 됩니다. 열을 내려주면 머리 아픈 증상이나 치밀어 오르는 증상, 불면 등이 개선되며, 울체된 기운을 풀어주면 가슴이 답답하고, 목에 무언가 막힌 것 같은 증상, 억울한 감정 등이 개선됩니다. 전형적으로 내적치유가 필요한 질병입니다. 내면의 상처를 치유하면 울화병은 치유가 됩니다. 현대의학으로는 한계가 있습니다. 반드시 말씀과 성령으로 내적인 치유를 해야 완치가 됩니다.

대적하며 축사하는 선포기도는 이렇게 합니다. 성령님 임하소서. 저의 전인격을 사로잡아 주옵소서. 성령의 임재가 충만해지면 마음으로 명령을 하세요. 내가 예수님의 이름으로 명하노니 울화병을 일으키는 더러운 영은 떠나갈지어다. 예수님의 이름으로 명하노니 울화병을 일으키는 더러운 영은 떠나갈지어다. 예수님의 이름으로 명하노니 울화병을 일으키는 더러운 영은 떠나갈지어다. 예수님의 이름으로 울화의 영이 떠난 곳에 참 평안의 영이 임할지어다. 예수님의 이름으로 울화의 영이 떠난 곳에 참 평안의 영이 임할지어다. 예수님의 이름으로 기도했습니다. 아멘.

3절 우울증 귀신축사

갑자기 비정상적으로 마음이 초조하고, 불안해지고, 두려워지고, 두려워할 이유도 없는데 공포증이 밀려오고, 작은 일에도 화가 나고, 집안 식구들을 못 살게 하고, 화를 내는 경우는 우울증에 걸리기 시작한 것입니다. 잘 살다가 갑자기 살고 싶지 않습니다. "그만 죽었으면 좋겠다."하는 말들을 하고 또 사람들 만나기를 좋아하지 않고 하루 종일 멍하니 혼자 있기를 좋아하고 그리고 전에 하지 않던 행동들을 하기 시작합니다. 술도 마시고 약을 사서 먹기도 합니다. 그리고 많은 시간 동안 잠만 자기도 합니다. "도대체 저 사람이 저렇지 않았는데 왜 저런 상황이 되었을까?" 하고 사람들이 질문할 것입니다. 이 정도면 심각한 우울증에 걸린 것입니다. 악한 영에 눌릴 때도 이런 증상이 나타나는 경우가 있습니다.

대적하며 축사하는 선포기도는 이렇게 합니다. 성령님 임하소서. 저의 전인격을 사로잡아 주옵소서. 성령의 임재가 충만해지면 마음으로 명령을 하세요. 내가 예수님의 이름으로 명하노니 나에게 역사하는 우울의 영은 떠나갈지어다. 예수님의 이름으로 명하노니 나에게 역사하는 우울의 영은 떠나갈지어다. 예수님의 이름으로 명하노니 나에게 역사하는 우울의 영은 떠나갈지어다. 예수님의 이름으로 우울의 영이 떠난 곳에 상쾌하게 하는 영이 임할지어다. 예수님의 이름으로 우울의 영이 떠난 곳에 상쾌하게 하는 영이 임할지어다. 즐겁게 하는 영이 임할지어다. 예수님의 이름으로 기도했습니다. 아멘.

4절 조울증 귀신축사

우울증에 해당하는 기간과 조증에 해당하는 기간이 병력에 나타납니다. 조증이란 비정상적으로 의기양양하거나, 과대하거나 과민한 기분이 적어도 1주일간 지속되는 상태를 말합니다. 주로 팽창된 자존심 또는 심하게 과장된 자신감, 수면에 대한 욕구 감소, 평소보다 말이 많아지거나 계속 말을 하게 되거나, 사고의 비약 또는 사고가 연달아 일어나는 주관적인 경험을 특징으로 합니다. 주의가 산만하고 목표 지향적 활동이 증가하기도 합니다.

영적치유가 되어야 합니다. 장기간 시간이 경과된 경우이므로 집중적인 영적치유가 되어야 합니다. 영적치유라고 하니 귀신만 떠나라. 하는 것이 아닙니다. 정확한 진단을 하여 내적치유를 해야 합니다. 어느 정도 집중 치유가 되어 자신의 의지를 발동할 수 있는 상태까지 치유를 하는 것입니다.

대적하며 축사하는 선포기도는 이렇게 합니다. 성령님 임하소서. 저의 전인격을 사로잡아 주옵소서. 성령의 임재가 충만해지면 마음으로 명령을 하세요. 내가 예수님의 이름으로 명하노니 나에게 역사하는 조울증의 영은 떠나갈지어다. 예수님의 이름으로 명하노니 나에게 역사하는 조울증의 영은 떠나갈지어다. 예수님의 이름으로 명하노니 나에게 역사하는 조울증의 영은 떠나갈지어다. 예수님의 이름으로 조울증의 영이 떠난 곳에 머리가 맑게 하는 영이 임할지어다. 예수님의 이름으로 우울의 영이 떠난 곳에 머리가 상쾌하게 하는 영이 임할지어다. 즐겁게 하는 영이 임할지어다. 예수님의 이름으로 기도했습니다. 아멘.

5절 무력증 귀신축사

날씨가 무더우면 아무것도 하기 싫고 마냥 쉬고만 싶은 것과 같이 영적으로 무기력해질 때가 있습니다. 이러한 현상이 왜 생길까요. 한마디로 영적인 능력이 소진 되었을 때 일어나는 현상입니다. 저는 항상 이렇게 강조합니다. 영적인 일은 하나님으로부터 생명(권능)을 받은 만큼 사용하라고 합니다. 이렇게 영적인 밸런스를 유지하지 못하면 영적인 무기력에 빠질 수가 있습니다. 영적인 무기력이 찾아오면 기도하기가 싫어집니다. 예배를 드리더라고 집중하기가 힘이 듭니다. 영적인 말씀이 귀에 들어오지 않고 졸리기만 합니다. 기도를 하려고 하면 잡념이 자신을 주장하기 때문에 기도 줄을 잡지를 못합니다. 한마디로 지금 영적인 취약시기가 찾아온 것입니다. 육성이 강하여 악한 영의 역사가 자신을 주장하고 있는 것입니다. 이런 상태가 오래 지속되면 영은 잠자고 육체의 질병이 생기기도 합니다. 여기까지 진전이 되지 않도록 관리를 해야 합니다. 성령의 임재 하에 무기력하게 하는 영을 대적하십시오.

대적하며 축사하는 선포기도는 이렇게 합니다. 성령이여 임하소서. 성령의 임재가 깊어지면 마음으로 명령하세요. "나로 하여금 영육으로 나른하게 하는 영은 예수 이름으로 명하노니 떠나갈지어다." "나로 하여금 영육으로 무기력하게 하는 귀신은 예수 이름으로 명하노니 떠나갈지어다." 호흡을 들이쉬고 내쉬면서 배에서 나오는 소리로 주여! 주여! 하면서 소리를 내는 방법도 있습니다. 영으로 찬양을 하는 방법도 있습니다.

자신이 제일 자신 있게 부를 수 있는 영의 찬양을 1절만 지속적으로 하면 마음이 열리고 성령이 역사하기 시작합니다. 성령이 역사하기 시작하면 다시 마음으로 대적기도를 하세요. "나로 하여금 나른하게 하는 영은 예수 이름으로 명하노니 떠나갈지어다." "나로 하여금 무기력하게 하는 귀신은 예수 이름으로 명하노니 떠나갈지어다." "나에게 역사하는 영적 무기력의 영이 떠난 자리에 성령의 충만이 임할지어다. 생기로 충만해질지어다. 기도의 영이 임할지어다. 평안의 영이 임할지어다. 넓은 마음이 될지어다. 성령님 강하게 저를 사로잡아 주옵소서. 충만하게 하옵소서" 하면서 지속적으로 변화가 나타날 때까지 의지를 가지고 대적하며 선포기도를 해야 합니다.

마음속의 상처가 치유되도록 의지적인 노력을 해야 합니다. 자신이 노력을 해도 무기력증이 해소되지 않는다면 바르게 내적치유 하는 곳에 가서서 말씀과 성령으로 전문적인 치유 받는 것이 좋습니다. 치유를 받은 후에 대적기도하면 효과가 배가 되기 때문입니다.

호흡 기도를 지속적으로 하면서 대적하고 명령하세요. 그러면 하품이나 기침이나 재채기를 통해서 육에 역사하던 무기력의 영들이 떠나갑니다. 성령의 역사가 항상 자신에게 충만하도록 기도하십시오. 성령이 충만하면 근심의 영은 떠나갑니다. 성령으로 충만하기 위하여 깊은 영의 기도와 찬양을 많이 하십시오.

35장 자녀에게 역사하는 귀신 쫓아내는 비결

1절 아이에게 역사하는 귀신축사

필자가 그동안 축귀사역을 한 결과 아이에게 귀신이 들어가 잠복하고 있는 경우가 많았습니다. 아이 때부터 축귀를 해야 합니다. 그래야 성인이 되어 나타나는 영육의 질병을 예방할 수가 있습니다.

내가 시화에서 목회할 때의 일입니다. 나는 주일날 점심식사를 하고 나면 아이들을 하나하나 안수를 합니다. 그때마다 악한 영들이 떠나갑니다. 어떤 아이는 배가 불룩불룩하다가 떠나가기도 합니다. 많은 분들이 아이들에게는 귀신이 없는 것으로 생각을 합니다. 이는 잘못알고 있는 것이다. 역사하고 있습니다. 우리 교회에 요셉이가 있습니다. 요셉이는 첫돌이 지나고 우리 교회에 왔습니다. 그 당시 아이가 퉁퉁 부은 상태로 왔습니다.

부모들은 살이 쪄서 그런 줄 알지만 내가 보니 악한 영의 영향이였습니다. 계속적으로 안수를 하였습니다. 그랬더니 부은 것이 없어졌다. 지금 아주 건강하게 초등학교를 다니고 있습니다. 요셉이는 나에게 안수 받는 것을 아주 좋아합니다. 하루는 나에게 이러는 것입니다. 목사님! 내가 자꾸 자증이 나요. 안수해 주세요. 그래서 내가 머리에 손을 얹고 요셉이를 짜증나게 하는 것은 예수 이름으로 명하노니 나와라. 하고 명령을 하니까, 막 기침을 한참 했습니다. 축복기도를 하고 보냈습니다. 다음 주일날 요셉이 어머니가 와서 하는 말이 목사님 안수를 받고 막 콧노래를 부르면서 집으로 갔다는 것입니다. 요셉이를 짜증나게 하는 영이 떠나갔기 때문이다. 이와 같이 악한 영은 아이들에게도 역사합니다.

요셉이가 초등학교 이학년으로 올라갔습니다. 요셉이는 밤 예배에도 어머니를 따라서 교회에 나와서 예배를 드립니다. 나는 밤 예배가 끝나고 나면 아이들은 모두 안수기도를 해줍니다. 그런데 하루는 요셉이가 나에게 이러는 것입니다. "목사님! 제가 삼일 째 변을 보지를 못합니다. 기도해 주세요." 그래서 누우라고 하고 배에다가 손을 얹으니까, 성령께서 감동하시기를 학교에서 두려움이 틈타 마음이 위축이 되어서 변을 보지 못한다는 것입니다.

그래서 내가 "학교에서 두려워함으로 심장이 놀라고 장이 위축되어 변을 보지 못하게 하는 질병은 떠나가라. 예수 이름으로 명하노니 변비는 치유될지어다. 변은 시원하게 나올지어다. 심장은 강심장이 될 지어다. 하고 기도를 해주었습니다." 그랬더니 당장 화장실에 가서 변을 보고 나오는 것입니다. 자초지종을 물어보니 학교 선생님이 무섭게 아이들을 다룬다는 것입니다. 그래서 두려움과 스트레스로 아이가 변비가 생긴 것입니다. 원래 변비는 심장이 약한 사람들이 많이 생깁니다. 이렇게 아이들이 학교에서 선생님으로부터 체벌을 받을 때 두려움의 영이 침입하여 고생을 하기도 합니다. 우리 학교 선생님들은 전인적으로 인격을 갖춘 분들이 해야 한다고 생각합니다.

2절 아이를 아프게 하는 귀신축사

제가 지금까지 치유사역을 하면서 체험한 바로는 아이가 약하고 병치레를 잘하는 것은 태중에서 상처가 있기 때문입니다. 그래서 저는 어려서부터 성령으로 충만한 목회자의 안수기도를 받으라고 권면을 합니다. 안수를 자주 받으면 태중에서 상처가 치유됩니다. 상처가 치유되니 아이가 강건해 지는 것입니다. 기독교 신앙은 예방 신앙이 되어야 합니다. 아이들은 영혼이 아직 안정되어 있지 않고 약하기 때문에 영적인 공격에 아주 취약합니다. 그래서 악한 기운의 접근에 아주 민감하게 반응합니다.

예를 들어 분노와 미움의 영을 많이 가지고 있는 사람이 집에 온다던가, 화를 잘 내는 사람, 걱정 근심 두려움이 많은 사람이 집에 머물다 가면 그 날 밤 아이가 갑자기 열이 나는 수가 있습니다. 그러한 기운이 아이에게 영향을 미쳤기 때문입니다. 그럴 때는 아이가 놀라지 않도록 조용히 아이에게 손을 얹고 차분하게 악한 영을 결박시키고 대적한 다음에 주님의 임재와 평안이 임하기를 기도하면 아이가 바로 좋아집니다. 부부간에 불화가 있는 경우에 아이들이 질병이 잘 걸리는 이유도 이와 같은 이유입니다. 부부가 싸웠는데 아이가 열이 나고 고통스러워하는 것을 주변에서 종종 보실 것입니다.

대적하며 축사하는 선포기도는 이렇게 합니다. 아이를 안으시고 성령이여 임하소서. 성령의 임재가 깊어지면 명령하세요. "우리 아이에게 역사하는 두려움의 영은 예수 이름으로 명하노니 떠나갈지어다." "우리 아이에게 역사하는 공포의 귀신은 예수 이름으로 명하노니 떠나갈지어다." "나의 아이에게 역사하던 영이 떠난 자리에 평안의 은혜가 임할지어다. 평안 영이 임할 지어다" "평안의 영이 우리 아이를 주장할지어다. 평안해질 지어다" 이렇게 기도하면 금방 좋아지는 것을 느낄 것입니다.

호흡 기도를 지속적으로 하면서 대적하고 명령하세요. 열이 올라서 고통당하는 아이는 이렇게 기도하세요. "성령이역 임하소서. 우리 아이의 열은 떨어질지어다. 열은 떨어지고 평안할지어다. 열은 떨어질지어다. 평안하여 질지어다. 배 아프고 두통을 일으키는 근원은 깨끗하게 치유될지어다." 그러면 열이 떨어지고 아이에게 평안의 영이 임하게 될 것입니다. 이를 위해서 부모들은 평소에 자기 관리를 하고 어린아이 주변에서 타투는 일을 삼가 하세요. 다른 질병의 대적기도 기도 비결은 "대적기도로 문제 해결하는 비결"과 "자녀들을 성공시키는 하나님"를 참고하세요.

3절 왕따 당하게 하는 귀신축사

한 연구기관에서 왕따 당하는 원인을 이렇게 분석했습니다. "저소득층 자녀, 거칠게 양육된 아이, 공격적 성향을 가진 아이일수록 왕따를 당할 위험이 높다는 연구 결과가 나왔다. 아동 10명 중 한 명 이상은 사회화가 시작되는 나이가 되자마자 또래들로부터 학대를 받고 따돌림을 당한다." 며 "이른 시기에 따돌림의 대상이 된 아이들은 이후로도 이 같은 일이 반복되는 경우가 많았다"고 밝혔다. 생후 17개월 때 공격적 성향을 보였던 아이들은 취학 연령이 되었을 때 왕따의 대상이 될 확률이 높게 나타났다. 공격적 성향은 성장환경에서 기인하는 부분이 큰 것으로 보인다. 부모에게 학대를 받은 아이, 부모가 자주 싸우는 집 아이, 저소득층 가정의 아이일수록 상습적 따돌림을 당하는 비율이 높았다.

또한, 왕따를 당하는 아이들은 정신적 충격에서 비롯된 우울증, 외로움, 자신감 상실, 허약한 신체, 알코올이나 약물 중독, 잦은 결석, 낮은 성적, 자해 성향 등의 증세를 겪게 되는 경우도 많았다. 취학 아동 또래에서 나타나는 왕따 현상은 신체적 공격과 언어적 모욕, 사교 관계 단절 등으로 나타났다. 왕따 현상을 막기 위해서는 아이들과 부모 모두를 대상으로 한 조기 예방 교육이 필요하다는 사실이 드러났다" 고 설명했다."

한 학생이 왕따 문제에 대해서 제시한 의견입니다. "우리 반에 '간질'이라는 병을 앓고 있어서 추하다며 왕따를 당하는 여자 아이가 있다. 그래서 왕따를 당하는 원인을 알아보고 썼다. 아이들이 왕따를 당하지 않게 하기 위해서 썼다. 왕따를 당하는 아이들을 중심으로 조사해 보고 썼다. 첫째, 아이들은 뚱뚱한 아이들을 싫어한다. 다른 반에 뚱뚱하다는 이유로 왕따를 당하는 아이가 있다. 그 아이가 살을 좀 빼던지. 아이들이 그 아이를 이해해 줘야겠다. 둘째, 아이들은 몸이 안 좋고 병이 걸린 아이들을 싫어한다. 우리 반에 '간질'이라는 병을 앓고 있는 아이가 있는데 아이들은 그 애만 보면 마구 욕을 하고 피한다. 회장이나 부회장이 아이들에게 인기가 많으니 그렇게 하지 못하게 말리거나 그 아이를 달래준다. 그리고 꼭 회장단이 아니더라도 된다. 셋째, 말투가 나쁜 아이 성격이 나쁜 아이를 아이들은 싫어한다. 요즘에는 여자애들이 그런 아이를 보고 '싸가지'없다는 둥. 여러 가지 이유로 싫어하고 왕따를 시키려고 한다. 그 아이는 말투와 성격을 좀 고치거나, 여자아이들이 왕따를 시키는 것만은 자제한다. 넷째, 집이 가난한 아이들을 싫어한다.

집이 가난한 아이들이 거지라고 아이들에게 놀림을 많이 받는다. 그래서 그 아이들은 학교도 잘 안 나오고, 아이들에게 왕따의 대상이 된다. 누구나 거지나, 왕따가 될 수 있으므로 그 아이를 놀리거나 왕따를 시키지 않는다. 입장을 바꾸어 생각해 본다. 지금까지 왕따를 당하지 말자에 대한 원인과 증명, 해결방법을 썼다. 해결 방법으로는 뚱뚱한 아이는 살을 좀 빼고, 성격이 나쁜 아이는 좀 고치고, 집이 가난하다고 놀리는 아이는 자신도 그렇게 될 수가 있으므로 놀리지 않으며, 몸이 아프거나, 병을 알고 있는 아이를 놀리는 아이를 다른 아이들이 말리거나, 선생님께서 주의를 좀 준다. 그렇게 해서라도 왕따를 조금이라도 당하지 않아야겠다. 친구간에 왕따를 시키는 일이 없어서 친구사이에 사랑하고 친하게 지냈으면 좋겠다."

이런 방법으로 안수를 합니다. 아이를 안고 머리에 손을 얹어서 기도를 합니다. 자그마한 소리로 기도를 합니다. 어머니가 해도 됩니다. 아버지가 해도 좋습니다. 성령이 충만한 목사님이면 더욱 좋

습니다. 성령님 임하소서. 사로잡아 주옵소서. 우리 사랑하는 아이
를 축복하여 주옵소서. 우리 아이에게 성령으로 충만하게 하여 주
옵소서. 성령의 권능으로 상처가 치유되게 하옵소서. 혈통으로 대
물림되는 영육의 문제를 해결하여 주옵소서. 사람을 잘 만나게 하
옵소서. 학교에서나 세상에서 왕따 당하지 않도록 도와주옵소서.
천군천사가 동행하게 하옵소서. 눈동자 같이 지켜 보호하여 주옵소
서. 항상 주의 날개 안에 품어주옵소서. 특별히 사람을 잘 만나는 복
을 허락하여 주옵소서. 형통의 복이 함께하여 가는 곳마다 잘되게
하옵소서. "내가 나사렛 예수의 이름으로 명하노니 우리 아이에게
사람 잘 만나는 복이 임할 지어다. 도와주며 바른길로 인도할 수 있
는 사람을 만날 지어다. 마음에 상처는 치유될 지어다. 혈통으로 내
려오는 영육의 문제는 치유될 지어다. 어디를 가나 형통한 사람을
만날지어다." 예수님의 이름으로 기도합니다. 아멘. 지속적으로 안
수를 하세요. 어릴 때부터 영적체질이 되어서 아주 좋습니다.

4절 짜증과 신경질 일으키는 귀신축사

짜증과 신경질이 많은 사람이 있습니다. 제가 지금 십년이 넘게
성령치유 사역을 하면서 체험한 바로는 마음에 상처가 있는 사람
이 짜증과 신경질이 많았습니다. 태아 때나 유아시절에 상처가 많
이 있던 분들이 보편적으로 짜증과 신경질이 심했습니다. 이는 마
음에 평안이 없다는 증거입니다. 심장이 약해서 오는 현상이기도

합니다. 심장이 약하니 받은 스트레스를 생리현상을 통해서 해소하지 못하고 마음에 쌓이는 것입니다. 마음에 스트레스가 항상 포화 상태가 되니 남의 말을 받아들이지 못하고 짜증과 신경질을 많이 내는 것입니다. 짜증과 신경질의 영을 찾아 근원을 제거하십시오. 왜냐하면 영적으로도 좋지 못하지만 육체적으로도 문제가 많습니다. 짜증과 신경질이 많은 분들이 순환기 질환이 많습니다. 중풍이나 뇌경색이 발생하는 빈도가 정상적인 사람보다 많습니다. 여성은 갱년기 질환으로 고생을 많이 하게 됩니다. 다른 사람보다 배는 더 고생을 합니다.

주변에 짜증과 신경질을 잘 내는 사람이 있습니까? 잘 관찰해 보시기를 바랍니다. 여러 가지 육체적인 질환으로 고생을 많이 합니다. 짜증과 신경질은 악한 영들입니다. 짜증과 신경질은 다른 사람과의 인간관계에 치명적입니다. 사람들이 자신에게 접근하지 않으려고 합니다. 저것이 언제 짜증과 신경질을 낼지 모른다고 경계심을 갖습니다. 외톨이가 되기 쉽습니다. 내 안에 있는 짜증과 신경질을 대적하십시오. 그들은 내 안에서 나를 피곤하게 하고 지치게 하는 영들입니다. 짜증과 신경질이 많은 분들은 대적기도 한다고 해결이 되지 않습니다. 먼저 성령의 깊은 임재 하에 짜증과 신경질이 나게 하는 원인이 어디에 있는지 찾아야 합니다.

원인을 찾아 내적치유를 해야 합니다. 원인에 따라 회개할 것은 회개하고, 용서할 것은 용서해야 합니다. 일단 원인에 대한 조치를 해야 영의 통로가 열리기 시작하여 입술에서 나오는 대적기도가 효과가 나타나기 시작을 하는 것입니다. 치유에 대해 자세한 것은 "기독교인의 인생문제 치유하기 1.2권" 참고 하시기를 바랍니다.

대적하며 축사하는 선포기도는 이렇게 합니다. 성령이여 임하소서. 성령의 임재가 깊어지면 명령하세요. "나로 하여금 짜증과 신경질을 나게 하는 더러운 영은 예수 이름으로 명하노니 떠나갈지어다.""나로 하여금 짜증과 신경질을 나게 하는 귀신은 예수 이름으로 명하노니 떠나갈지어다.""나로 하여금 짜증과 신경질을 나게 하는 귀신이 떠난 자리에 성령의 은혜가 임할지어다. 화평의 영이 임할 지어다" 지속적으로 변화가 나타날 때까지 의지를 가지고 대적기도를 해야 합니다. 호흡 기도를 지속적으로 하면서 대적하고 명령하세요. 그러면 하품이나 기침이나 재채기를 통해서 짜증과 신경질을 나게 하는 영들이 떠나갑니다. 성령의 역사가 항상 자신에게 충만하도록 기도하십시오. 찬양을 하십시오.

5절 분노하게 하는 귀신축사

분노는 어떤 문제가 발생하거나 어떤 생각이 떠오를 때 일어납니다. 이 분노는 충동적인 행동을 유발시키거나 감정적인 격분을 유발시키거나 생각을 자극하여 몸을 상하게 하거나 환경이나 인관관계를 파탄 나게 만듭니다. 앞에서도 말씀 드렸지만 안정된 심성이 깨어지므로 영이신 하나님과 교통할 수가 없습니다. 반대로 마귀의 올무에 걸릴 수가 있습니다.

사람이 화를 내게 되면 인체에 많은 물리적이고 화학적인 변화가 일어납니다. 화가 폭발하면 혈압이 230까지 상승하며, 심장 박동은 심지어 220 이상으로 높게 뜁니다. 또한 혈압이 상승하여 그것이 뇌 속에 가느다란 핏줄이나 정상적이지 못한 동맥을 파괴시키면 뇌일혈이 생기거나 심장마비가 올 수 있습니다.

분을 내면 정상적인 때보다 혈액응고가 빨라지며, 근육이 긴장하여 아드레날린의 분비가 많아지는 현상이 일어나고, 동공이 팽창하면서 어떤 행동을 유발하도록 자극합니다. 그래서 충동적이고 어떤 돌발적 사고를 저지르게 됩니다. 또한 분을 품고 있으면 특히 위장 아래 부분의 근육이 팽팽하게 수축되어 소화가 잘 되지 않고, 장의 통증까지 느끼게 되어 신경성 위장병을 유발시킵니다. 더구나, 화를 해소하지 못하고, 억누르는 상태에서 참으면 가슴앓이나 억장이 막힌다는 표현을 쓰게 되는 울화통이 생기도 합니다. 두통에서 치질까지 여러 증세를 가져오거나, 잠재되어 노출되지 않았던 질병이 나타나거나 기존의 병을 심하게 악화시킬 수 있습니다. 이와 같이 분노는 타인을 파괴시키며, 나아가 자기 자신의 심령과 육체마저 크게 병들게 하는 것이며 영적으로는 크나큰 손실을 가져옵니다.

그럼 분노가 죄인가? 아닌가? 성경적으로 말하면 죄는 아닙니다. 엡4:26 "분을 내어도 죄를 짓지 말며"라고 했기 때문입니다. 이것은 분을 내는 것과 죄를 짓는 것은 별개라는 것입니다. 다시 말하면 분을 낸다고 꼭 죄를 범하게 되는 것은 아니라는 말입니다. 분을 마음에 품고만 있다고 죄가 되는 것이 아니 다는 뜻도 됩니다. 시7편 11절에 "하나님은 매일 분노하시는 하나님"이시라고 했습니다. 만약 분노 그 자체가 죄라고 한다면 하나님은 매일 죄를 범하신다는 결론이 나오게 됩니다. 그러므로 분노 그 자체는 죄가 되지 않는다고 할 수가 있습니다.

그러나 분노를 통하여 죄를 범할 수는 있습니다. 내가 가진 분노로 다른 사람에게 상처를 주거나 조절되지 않고 폭발할 때 그것은 분명히 죄가 됩니다.

사랑이 어떤 대상을 끌어당기는 것이라면, 분노는 이와 반대로 어떤 대상을 공격하고 밀어내는 것입니다. 분노를 대적하십시오. 분노는 마귀로부터 오는 아주 강한 감정입니다. 분노의 기운은 주변에 있는 사람들을 고통스럽게 하며 죽이고 파괴하는 영입니다. 분노할 때 첫째는 자신이 죽고, 둘째는 가까이에 있는 가족이 피해를 당합니다. 그러나 당신이 미워하는 사람은 피해를 입지 않습니다. 자신만 망가집니다.

하나님에게 기도하십시오. 성령의 임재 하에 분노의 원인을 찾아서 치유하십시오. 분노는 하나님과 멀어지게 합니다. 거기다가 분노는 자신의 건강에도 좋지를 않습니다. 분노하면 혈액에 염증이 생깁니다. 중풍, 당뇨의 원인이 됩니다. 분노는 불면의 원인이 되기도 합니다. 분해서 밤을 잘 못 잡니다. 영성을 유지하는데 가장 좋지 못한 것이 분노입니다.

자주 분노하는 분들은 대적기도 한다고 해결이 되지 않습니다.

먼저 성령의 깊은 임재 하에 분을 내도록 조장하는 원인이 어디에 있는지 찾아야 합니다. 원인을 찾아 내적치유를 해야 합니다. 원인에 따라 회개할 것은 회개하고, 용서할 것은 용서해야 합니다. 일단 원인에 대한 조치를 해야 영의 통로가 열리기 시작하여 성령이 역사하니 입술에서 나오는 대적기도가 효과가 나타나기 시작을 하는 것입니다.

대적하며 축사하는 선포기도는 이렇게 합니다. 성령이여 임하소서. 성령의 임재가 깊어지면 명령하세요. "나로 하여금 분노하게 만드는 더러운 영은 예수 이름으로 명하노니 떠나갈지어다." "나로 하여금 분을 내게 만드는 귀신은 예수 이름으로 명하노니 떠나갈지어다." "나에게 역사하는 분노의 영이 떠난 자리에 성령의 은혜가 임할지어다. 화평의 영이 임할 지어다. 성령님 강하게 저를 사로잡아 주옵소서. 충만하게 하옵소서" 하면서 지속적으로 변화가 나타날 때까지 의지를 가지고 대적기도를 해야 합니다. 마음속의 상처가 치유되도록 의지적인 노력을 해야 합니다. 호흡 기도를 지속적으로 하면서 대적하고 명령하세요. 그러면 하품이나 기침이나 재채기를 통해서 육에 역사하던 분노의 영들이 떠나갑니다. 성령의 역사가 항상 자신에게 충만하도록 기도하십시오. 성령이 충만하면 분노의 영은 떠나갑니다. 성령으로 충만하기 위하여 깊은 영의 기도와 찬양을 하십시오.

6절 슬픔과 서럽게 하는 귀신축사

제가 지금까지 성령치유 사역을 하다가 체험한 바로는 슬픔과 눈물이 많아도 문제입니다. 내가 전주에서 부흥회를 인도하는데 어느 집사님이 수요일 밤에 집회를 참석하여 은혜를 받았습니다. 기도 시간에 그렇게 서럽게 우는 것입니다. 그래서 내가 머리에 손을 얹고 성령님에게 물어보았습니다. 성령님 이분이 왜 이렇게 서럽게 웁니까? 성령님께서 서러움이 있어서 운단다. 그래서 서러움의 영을 축사했습니다. 끝난 다음에 담임 목사님에게 그 집사에 대하여 물어보았습니다. 담임목사님 하시는 말씀이 우리 교회에서 제일로 은혜를 잘 받는 분이라고 소문이 났습니다. 예배 때마다 은혜 받고 잘 울기 때문입니다. 이러는 것입니다. 그래서 목사님 그분이 서러움의 영이 있어서 그렇게 우는 것입니다. 아마 큰 충격적인 상처가 있을 것입니다. 치유되면 울지 않습니다. 제가 지금까지 성령치유 사역을 하면서 체험한 바로는 배우자나 부모나 자녀가 갑자기 죽은 경우에 서러움의 영이 역사했습니다. 지속적으로 치유를 하면 울지 않습니다. 저 경상도 섬에서 목회하시는 사모님이 치유를 받으러 오셨습니다.

기도 시간만 되면 그렇게 서럽게 우는 것입니다. 그래서 사모님에게 물어보았습니다. 사모님 왜 기도시간에 그렇게 서럽게 우십니까? 목사님 저도 잘 모르겠습니다. 기도만 하려면 서러움이 올라옵니다. 사모님 인생을 살아오시다가 누가 갑자기 돌아가신 분이 있습니까? 예 있습니다. 아버지가 갑자기 돌아가셨습니다. 그때 너무나 큰 충격을 받았습니다. 그래서 성령의 임재를 요청하고 서러움의 영을 축사하기 시작하였습니다. 몇 주지 나니까, 울지 않는 것입니다. 이렇게 서럽게 우는 것에는 이유가 있습니다.

많은 슬픔과 눈물이 어두운 곳에서 옵니다. 슬픔의 영을 대적하십시오. 천국은 슬픔과 눈물의 장소가 아니고 기쁨과 행복이 가득한 곳입니다. 슬픔을 뽑아내야 합니다. 이것이 어디에서 왔는지 찾아보아야 합니다. 태아 시절인지, 아니면 유아시절인지, 소년 시절인지, 학교에서 받은 상처인지, 결혼 생활 간 받은 상처인지를 찾아서 대적하고 치유해야합니다. 기도하다가도 무조건 우는 사람이 있습니다. 물론 성령의 은혜로 우는 것은 좋은 일이지만, 시도 때도 없이 우는 것은 문제가 됩니다. 찾아서 치유하시기를 바랍니다. 서러움의 영을 대적하여 몰아내십시오.

대적하며 축사하는 선포기도는 이렇게 합니다. 성령이여 임하소서. 성령의 임재가 깊어지면 명령하세요. "나로 하여금 슬픔과 서러움에 빠지게 하는 더러운 영은 예수 이름으로 명하노니 떠나갈지어다." "나로 하여금 슬픔과 서러움에 빠지게 하는 귀신은 예수 이름으로 명하노니 떠나갈지어다." "나에게 역사하는 슬픔과 서러움에 빠지게 하는 영이 떠난 자리에 희락의 영이 임할지어다. 화평의 영이 임할 지어다. 넓은 마음이 될지어다. 성령님 강하게 저를 사로잡아 주옵소서. 충만하게 하옵소서" 하면서 지속적으로 변화가 나타날 때까지 의지를 가지고 대적기도를 해야 합니다. 마음속의 상처가 치유되도록 의지적인 노력을 해야 합니다. 바르게 내적 치유 하는 곳에 가셔서 말씀과 성령으로 전문적인 치유 받는 것이 좋습니다. 치유를 받은 후에 대적기도하면 효과가 배가 되기 때문입니다. 호흡 기도를 지속적으로 하면서 대적하고 명령하세요. 그러면 하품이나 기침이나 재채기를 통해서 육에 역사하던 서러움의 영들이 떠나갑니다. 성령의 역사가 항상 자신에게 충만하도록 기도하십시오. 성령이 충만하면 슬픔과 서러움의 영은 떠나갑니다. 성령으로 충만하기 위하여 깊은 영의 기도와 찬양을 하십시오.

7절 천덕꾸러기 되게 하는 귀신축사

제가 내적치유 사역을 하다가 보니 의외로 천덕꾸러기 영에 의하여 인생이 꼬이는 분들이 있습니다. 천덕꾸러기 영은 막내에게 많이 역사합니다. 요즈음에는 늦둥이가 생기면 환영을 하지만, 옛날에는 그리 환영받지 못한 것이 사실입니다. 천덕꾸러기 영은 이런 경우에 들어옵니다. 어머니가 나이가 마흔이 넘었는데 어느날 갑자기 생각지도 않은 아이가 들어선 것입니다. 지금까지 자녀들을 다섯 이상 출산을 했는데 실수로 임신이 되었기 때문에 귀찮은 존재가 됩니다. 그래서 태중에서부터 자꾸 싫다. 귀찮다. 보기 싫다. 심지어 원수 같다. 하다가 보니 천덕꾸러기 영이 자리를 잡게 됩니다. 자신에게 천덕꾸러기 영이 역사하면 어디를 가나 천덕꾸러기 영이 역사하여 사람들에게 환영을 받지 못하게 합니다. 심지어 결혼을 할 때도 영향을 미칩니다. 상대방은 너무 좋아하는데 부모님에게 인사를 시키면 천덕꾸러기 영이 역사하여 강력하게 거부하게 만듭니다. 그래서 결혼을 하지 못하는 분들을 다수 보았습니다. 자신에게 천덕꾸러기 영이 없는 가 분별하여 제거하십시오. 가는 곳마다 사람들에게 미움을 받고 왕따 당하고 천덕꾸러기가 되는 사람이 있습니다. 특별한 이유도 없고 잘못한 일도 없기에 본인은 이런 대우를 받는 게 억울하기만 합니다. 학대의 영은 어릴 때 부모를 통해서 들어오는 경우가 많습니다.

부모가 자식들을 꾸짖고 미워하고 구박하고 미워하면 아이의 마음 안에 그런 것들을 담는 그릇이 생겨서 평생토록 사람들에게 그렇게 미움을 받으며 살게 됩니다. 반대로 부모가 자식을 맘껏 사랑하고 축복하면 사랑을 담는 그릇이 생겨 평생 사람들의 사랑을 받으며 살게 됩니다.

자신에게 천덕꾸러기 영이 역사한다면 내적치유와 축귀를 받는 것이 좋습니다. 전문적으로 치유하는 곳에서 장기간 치유를 받아야 천덕꾸러기 영이 떠나갑니다.

대적하며 축사하는 선포기도는 이렇게 합니다. 성령이여 임하소서. 성령의 임재가 깊어지면 명령하세요. "나에게 역사하는 천덕꾸러기 영은 예수 이름으로 명하노니 떠나갈지어다." "나에게 역사하는 천덕꾸러기 취급당하게 하는 귀신은 예수 이름으로 명하노니 떠나갈지어다." 호흡을 들이쉬고 내쉬면서 배에서 나오는 소리로 주여! 주여! 하면서 소리를 내서 성령으로 충만하게 하십시오. 자신의 영의 상태가 바르게 분별되게 하세요. 성령이 역사하기 시작하면 다시 대적기도를 하세요. "나에게 역사하는 천덕꾸러기 영은 예수 이름으로 명하노니 떠나갈지어다." "나에게 역사하는 천덕꾸러기 취급을 받게 하는 귀신은 예수 이름으로 명하노니 떠나갈지어다." "나에게 역사하는 천덕꾸러기 영이 떠난 자리에 귀엽게 보게 하는 영이 임할 지어다. 어디를 가나 귀하게 여김을 받게 하는 영이 임할지어다. 좋은 배우자를 만나 결혼하는 역사가 일어날 지어다. 성령이 충만해질 지어다. 마음이 넓어질 지어다. 평안의 영이 임할 지어다. 깊은 마음이 될지어다. 성령님 강하게 저를 사로잡아 주옵소서. 충만하게 하옵소서" 하면서 지속적으로 변화가 나타날 때까지 의지를 가지고 대적기도를 해야 합니다. 마음속의 상처가 치유되도록 의지적인 노력을 해야 합니다. 자신이 노력을 해도 천덕꾸러기 영이 역사한다고 생각이 된다면 바르게 내적치유하는 곳에 가서서 말씀과 성령으로 전문적인 치유 받는 것이 좋습니다. 치유를 받은 후에 대적기도하면 효과가 배가 되기 때문입니다. 호흡 기도를 지속적으로 하면서 대적하고 명령하세요. 그러면 하품이나 기침이나 재채기를 통해서 육에 역사하던 천덕꾸러기 영들이 떠나갑니다. 성령의 역사가 항상 자신에게 충만하도록 기도하십시오. 성령이 충만하면 남을 배려하는 영이 임합니다. 성령으로 충만하기 위하여 깊은 영의 기도와 찬양을 하십시오.

36장 영적성장 방해하는 귀신 쫓아내는 비결

1절 영적으로 게으르게 하는 귀신축사

영적 지각(spiritual conscience)은 성도들에게 주어진 가장 강력하고 예민한 열쇠입니다. 이것은 무력함과 죄에 대한 근본적인 원인을 파헤치는 열쇠입니다. "게으른 영"(slumbering spirit)이란 우리의 속사람이 충분히 깨어나지 못한 상태에 머물러 있게 하도록 영향을 끼치는 악한 영을 말합니다. 이런 영의 영향을 받는 사람은 그의 삶이 마치 조는 사람(dormant)같이 선명하지 못하고 흐립니다. 깨어있는 사람은 그의 신앙생활이 분명하고 활기차고 기쁨이 넘칩니다. 비록 외형적으로 가진 것이 없고 자랑할 것이 없는데도 말입니다. 그리고 예배를 드릴 때도 어떤 사람은 즐거워하고 신이 나서 찬양도 힘차고 기도도 유창한데 이 영의 지배를 받는 사람은 시큰둥합니다.

이 영의 영향을 받는 사람은 자기 통제력이 약합니다. 즉 의지가 약한 것처럼 보이지요. 해야 하는 것인 줄 뻔히 알면서도 하지 못합니다. 일을 방해하는 것도 없는데 속에서 힘이 나오지 않는 것이지요. 반대로 해서는 안 될 일들은 분별없이 합니다. 예를 들면 사치한다든가, 성적 충동에 빠지거나 유혹에 쉽게 넘어간다든가 합니다. 이런 부분에 상식이 부족한 사람처럼 보입니다. 성경에서 게으른 영에 대해서 언급하고 있는 부분이 상당히 많습니다(롬

13:11~14).

　게으른 영이 우리 가운데 역사하게 되는 까닭은 크게 두 가지가 있습니다. 첫째는 영이 깨어나 본 경험이 전혀 없는 사람입니다. 경험이 없기 때문에 영에 대한 자각이 전혀 없습니다. 이런 사람은 자신의 주변에서 일어나는 현상을 오로지 육안으로만 판단하고 대응합니다. 둘째는 깨어난 경험은 있지만 어떤 이유로 인해서 영이 침체되고 힘을 잃어 거의 죽은 것 같은 사람입니다. 성령님은 물과 같아서 우리 심령에 잔잔하게 흘러 들어옵니다. 때로는 격랑과 같이 급하게 돌진해 오기도 하지만 이런 것은 예외적이고 일반적으로는 스미듯이 그렇게 살며시 다가옵니다. 그러므로 영이 깨어있지 못하면 이런 것을 제대로 느끼지 못합니다. 영의 흐름을 느끼지 못하는 마음을 굳어진 마음(hardened heart)이라고 합니다. 영이 바위처럼 굳어져서 물이 스미지 못하고 흘러가 버리는 것이지요.

　게으른 영은 영이 제대로 성장해야 할 시기에 성장을 멈춘 까닭에 생긴 영적 질환입니다. 영적 성장은 일생에 걸쳐 이루어지는 일이며, 긴 세월 속에 어떤 시점에서든지 이런 영적 게으름에 빠질 위험은 누구나 가지고 있는 것입니다. 모든 질환이 그러하듯이 스스로 고치기가 쉽지 않고 본인과 지도자가 함께 노력하여야 합니다. 시간도 걸리고 힘도 들지만 반드시 극복해야 합니다. 그리스도인의 90%가 이 영의 지배를 받거나 심하면 사로 잡혀 있다고 합니다. 이처럼 많은 사람이 가지고 있는 이 영적 게으름에서 여러분 모두 자유하게 되기를 바랍니다.

지금은 아니라 하더라도 언제든지 이 영의 영향을 받을 수 있다는 점도 이해해야 합니다. 날마다 건강하기 위해서 꾸준히 운동하고 건강에 유의해야 하듯이 언제 어떻게 찾아올지 모르는 이 불청객을 방지하기 위해서 항상 성령님의 인도하심에 예민해야 합니다. 자신에게 영적으로 게으름의 영이 역사한다면 내적치유와 축귀를 받는 것이 좋습니다. 전문적으로 치유하는 곳에서 장기간 치유를 받아야 영적으로 게으름의 영이 떠나갑니다.

대적하며 축사하는 선포기도는 이렇게 합니다. 성령이여 임하소서. 성령의 임재가 깊어지면 명령하세요. "나에게 역사하는 영적으로 게으름의 영은 예수 이름으로 명하노니 떠나갈지어다." "나에게 역사하는 영적으로 게으르게 하는 귀신은 예수 이름으로 명하노니 떠나갈지어다." 소리는 크게 하려고 하지 말고 성령으로 충만한 가운데 영에서 나오는 소리로 명령하세요. 호흡을 들이쉬고 내쉬면서 배에서 나오는 소리로 방언기도나 주여! 주여! 하면서 소리를 내서 성령으로 충만하게 하십시오. 자신의 영의 상태가 바르게 분별되게 하세요. 성령이 역사하기 시작하면 다시 대적기도를 하세요. "나에게 역사하는 영적으로 게으름의 영은 예수 이름으로 명하노니 떠나갈지어다." "나에게 역사하는 영적으로 게으르게 하는 귀신은 예수 이름으로 명하노니 떠나갈지어다."

"나에게 역사하는 영적으로 게으름의 영이 떠나고 영이 깨어날지어다. 성령으로 충만해질지어다. 기도의 영이 임할 지어다. 깊은 영의기도가 될 지어다. 성령이 충만해질 지어다. 평안의 영이 임할

지어다. 깊은 마음이 될지어다. 성령님 강하게 저를 사로잡아 주옵소서. 충만하게 하옵소서" 하면서 지속적으로 변화가 나타날 때까지 의지를 가지고 대적기도를 해야 합니다. 마음속의 상처가 치유되도록 의지적인 노력을 해야 합니다.

자신이 노력을 해도 영적으로 게으름의 영이 역사한다고 생각이 된다면 바르게 내적치유 하는 곳에 가서서 말씀과 성령으로 전문적인 치유 받는 것이 좋습니다. 치유를 받은 후에 대적기도하면 효과가 배가 되기 때문입니다. 호흡 기도를 지속적으로 하면서 대적하고 명령하세요. 그러면 하품이나 기침이나 재채기를 통해서 육에 역사하던 영적으로 게으름의 영들이 떠나갑니다. 성령의 역사가 항상 자신에게 충만하도록 기도하십시오. 성령이 충만하면 기도가 열리고 영이 깨어날 것입니다. 성령으로 충만하기 위하여 깊은 영의 기도와 찬양을 하십시오.

2절 기도 방해하는 귀신축사

예수를 믿고 성령으로 거듭난 우리에게 제일 좋은 것은 기도의 영이 임하는 것입니다. 기도는 성령으로 충만하게 하는 기본적인 수단입니다. 기도는 영혼의 호흡입니다. 인간이 호흡을 하지 않으면 죽는 것과 같이 기도를 하지 않으면 하나님과 멀어집니다. 기도는 하나님과 사귀는 것입니다. 하나님과 가까이 하는 것입니다. 하나님과 함께 시간을 보내는 행위이며, 하나님과 사랑을 나누는 시간입니다. 하나님께 사랑을 고백하고 감사하는 시간입니다. 우리의 삶에서 가장 깨어있는 시간, 하나님의 소리를 듣는 시간이며, 나를 치료하는 시간인 것입니다. 마귀는 우리가 기도를 못하도록 기를 쓰고 방해를 합니다. 기도할 때 잡념을 줍니다. 소리 내어 기도를 하지 못하도록 상처로 영의 통로를 막습니다. 기도가 되지 않으면 성령으로 충만을 받지 못하므로 영의 통로를 열어야 합니다.

영의 통로가 열리게 하려는 그 조건과 상태는 여러 가지이지만 첫째 의지를 발동해야 합니다. 본인이 영의 통로를 열겠다는 의지를 발동하여 불같은 성령으로 세례를 받는 것이 제1의 원리요. 그 다음은 말씀과 성령으로 내적 치유하는 것이 제2의 원리요. 귀신 추방이 제3 원리입니다. 이 모든 것은 혼자의 영력이나 힘으로는 불가능합니다. 성령 충만하고 체험이 많은 사역자의 도움을 받는 것이 좋습니다.

아니 그렇게 하는 것이 빨리 영의 통로가 열리게 할 수 있습니다. 그리하여 생각이 영적으로 바뀌고, 마음이 감동되어, 마음의 열려야 합니다. 마음이 열리면 성령이 역사하시니 영적인 믿음이 생겨서, 본인의 의지가 발동이 되는 것입니다. 그래서 본인의 원하는 대로 기도가 되고 몸과 마음이 움직여지는 것입니다. 이런 적극적인 행동으로 옮겨지는 과정을 거쳐야 합니다. 이 영적 원리는 모든 것에 적용이 됩니다.

영의 통로를 뚫는 방법은 호흡을 들이 쉬면서 내쉬면서 방언이나 발성 기도를 하면서 내 영 안에서 역사하는 성령의 불과 밖에서 역사하는 성령을 불을 내 것으로 만드는 기도 방법입니다. 성령은 내 영 안에 계시고, 성령으로 충만한 성도들이 모여 있는 장소에 계시고, 성령으로 충만한 상태에서 영으로 말씀을 듣거나 읽을 때 말씀 안에 계신다고 했습니다. 이 성령의 역사를 호흡을 들이쉬고 내쉬면 방언기도나 발성의 기도로 성령의 임재를 깊이 느끼고 유지해야 합니다.

능동적으로 성령의 불을 끌어당기는 기도를 합니다. 숨을 깊이 들이쉬면서 밖에서 역사하는 성령의 불을 끌어들이는 것입니다. 깊은 호흡을 하면서 성령의 불을 끌어들이기 바랍니다. 이때 강하고 크게 자신의 육체의 한계를 넘어서는 강력한 기도를 해야 합니다. 의지를 다해서 강력하게 해야 합니다. 절대로 힘이 든다고 나약하게 부르짖는 기도를 하면 더 강한 성령의 불을 끌어 들일 수가 없습니다. 이를 위해서 복식 호흡법을 활용하여 배에서 올라오는 소리로 힘껏 소리를 지르고 온몸으로 부르짖는 기도를 해야 합니다(최소한 30분 이상). 그래야 목에 피로가 안 오고 목이 상하지 않게 됩니다. 필자가 지금까지 수많은 기도 세미나를 인도했는데 이렇게 기도한 분들은 절대로 목이 상하지 않았습니다. 기도하면서 목이 상하는 분들은 자신의 기도 방법을 빨리 바꾸어야 합니다. 배에서 올라오는 소리로 기도를 하라는 말입니다.

막힌 기도문을 여는 방법은 아랫배에 힘을 주고 호흡을 들이쉬고 내쉬면서 배에서 올라오는 소리로 "주여!"를 크게 부르면서 기도를 해야 합니다. 혼 힘을 다하여 기도해야 막힌 영의통로가 열립니다. 그리고 방언을 하는데 숨을 들이쉬고 내 품으면서 최대한 강하고 깊게 계속하세요. 자신의 힘의 역량을 최대한 발휘하여 깊고 강하게 해야 합니다.

자신의 능력의 한계를 넘는 기도를 하려고 해야 영의 통로가 열립니다. 좌우지간 배에서 나오는 소리로 막힌 기도를 열어야 합니다. 절대로 잡념에 져서 넘어지면 안 됩니다. 의지를 다하여 호흡을 들이쉬고 내쉬면서 기도의 통로를 뚫어야 합니다. 더 자세한 것은 "깊은 영의기도 숙달하는 비결"과 "방언기도의 오묘한 신비"와 "기도 쉽게 바르게 하는 방법"과 앞으로 출간된 "기도하는 습관과 자기치유"를 참고하세요.

3절 영적성장 방해하는 귀신축사

예수를 믿고 성령으로 거듭난 성도는 믿음이 자라야 합니다. 예수를 믿는 성도는 믿음이 성장해야 합니다. 그러나 아무리 믿음을 성장시키려고 노력해도 마음대로 되지 않는 경우가 많습니다. 이는 심령이 보이지 않는 질병이 생긴 것입니다. 이 혼적인 병은 사소한 영적인 병이 심화되어 혼의 병으로 나타나는 현상으로 육신의 병으로 진행될 뿐만 아니라, 심한 영적인 병으로 진행되어 파멸이나 사망으로 진행될 수 있습니다. 그러므로 이 혼적인 질병을 일으키고 있는 원인을 찾아서 치유해야합니다. 그 원인 중에 하나는 마음에 품고 있는 분노입니다. 분노는 영적으로 크나큰 손실을 가져오며 성령이나 은사를 소멸하는 가장 큰 원인이 됩니다. 그러므로 찾아서 치유해야 합니다.

영적인 침체를 자신이 진단하는 방법입니다. ① 믿음이 식어지고 기도가 힘들어지며 봉사가 힘들어 집니다. 봉사하기가 싫어집니다. ② 성령(은사)이 소멸되고 심령이 메말라지며 기도가 막히게 됩니다. ③ 감정의 기복이 심하고 변덕이 심해집니다. ④ 다른 사람을 무시하고 자기 자랑이 많아집니다. ⑤ 염려나 근심이 많아지고 낙심이 오고 불안을 느낍니다. 밤잠을 자주 설칩니다. ⑥ 이기적인 사람으로 되어가고 의심과 질투가 많아지며 성격이 날카로워집니다. 다른 사람들과 툭하면 다툽니다. 상처를 잘 받고 잘 주는 사람이 됩니다. ⑦ 감사가 없어지고 불평과 매사에 험담이 많아집니다. ⑧ 혈기가 많아지고 악하고 독한 마음으로 욕설을 퍼 붙기도 합니다. ⑨ 고집이 세지고 마음이 굳어지고 교만해지고 심령이 강퍅해집니다. ⑩ 방만하고 나약해지며 나태하며 낭비가 많아지고 무책임해집니다.

영적 침체를 극복하는 비결은 이렇습니다. 말씀과 성령으로 심령을 치유하고 죄를 씻음으로 고쳐야 합니다. 살아있는 성령의 역사가 있어야 영적침체가 치유됩니다. 영적침체 뒤에는 악한 영의 역사가 있기 때문입니다. 성령의 역사로 자신이 5차원의 성령의 사람으로 바꿔야 영적침체를 극복할 수가 있는 것입니다.

첫째. 배에서 나오는 소리로 부르짖어 하나님을 찾아야합니다. 성령의 능력으로 혼의 막힘을 뚫어야합니다. 혼의 상처로 인하여

기도가 막힙니다. 상처를 치유하여 성령이 혼의 자리를 뚫고 육의 자리로 나와 영의 통로가 열린 영적인 기도가 되어야합니다. 깊은 속에서 올라오는 영의 기도가 되어야합니다. "숨을 들이쉬고 내 품으면서 주여! 주여! 주여! 를 반복하면서 뚫어라." 주여! 주여! 방언 통성기도를 하라. 배에서 나오는 큰 소리로 발성 기도를 하라.

둘째. 자신의 무지함과 죄악을 찾아 회개하라. 온전한 회개는 생각과 감정과 의지가 동원되어야 하며 깊은 심령의 회개가 전인적으로 진실하게 동반되어야 합니다.

그러므로 회개하고 싶다고 회개가 되는 것이 아니라, 성령의 깨우침과 도우심을 따라, 성령의 기름부음이 일어나야 자신이 인식하지 못하고 있는 내면의 깊은 영의 부분까지 진정한 회개가 이루어지는 것입니다.

셋째. 자신에게 피해를 끼친 사람을 용서하라. 남을 용서해 주지 못하면 나도 아버지로부터 용서받지 못합니다. 치유사역을 해보면 대개의 성도들이 겉으로는 용서를 했는데 심령 깊은 용서를 하지 않은 부분이 있어 영적 침체와 질병을 앓고 있습니다. 용서는 남에게 입은 상처로 말미암아 원망이나 불평이 내 잠재의식이나 영에 깊이까지 침투되어 있기 때문에 이를 처리하지 않으면 안 됩니다.

예수님의 보혈의 피를 의지하고 용서를 구하면 나의 가슴은 찢어지는 아픔으로 자아가 깨트려지면서 진정 용서가 되면 질병은 온전하게 치유가 됩니다. 주로 은사의 적용과 활용이 이러한 질병의 원인이 잠재의식이나 영에 깊이 감추어진 사실을 깨닫도록 하는 것입니다.

넷째. 충격이나 상처를 치유하라. 충격이나 상처는 질병을 유발하는 가장 큰 영향을 주는 요인으로 이 충격이나 상처의 원인을 본인이 모르는 경우는 환자의 주위를 탐문하여 원인을 알아내던지 그렇지 않으면 성령의 도우심을 신령한 은사를 통하여 알아내야 합니다. 하나님께 물어보면 하나님께서 성령을 통하여 영감이나 환상이나 말씀으로 가르쳐 주실 때가 있습니다.

자기 혼자 힘으로는 어렵습니다. 정확하게 치유하는 것에 가서 전문적인 치유를 받아야 합니다. 영적성장이 안 되는 것은 사사로운 것이 아닙니다. 반드시 원인이 있습니다. 원인을 찾아서 전문적인 치유를 해야 합니다. 그래야 자신이 살고 가정이 살고 교회가 부흥하는 것입니다.

내가 지금까지 체험한 바로는 영적인 성장이 안 되어 방황하던 분들이 성령의 강력한 체험을 하고 심령이 치유되니 정착을 하더라는 것입니다. 마음이 옥토가 되어 하나님의 말씀이 들리니 영적으로 성장하여 방황을 멈추더라는 것입니다. 그러므로 영적인 성장이 안 되는 분들은 성령의 강력한 불세례를 받아 심령을 치유해야 합니다. 하나님과 영의 통로가 열려 기도가 되면 영이 자라기 시작하는 것입니다. 점점 치유되니 영적인 만족을 찾는 것입니다.

대적하며 축사하는 선포기도는 이렇게 합니다. 성령이여 임하소서. 성령의 임재가 깊어지면 명령하세요. "나에게 역사하며 죄책감에 빠지게 하는 영은 예수 이름으로 명하노니 떠나갈지어다." "나

에게 역사하며 영적 성장을 방해하는 영은 예수 이름으로 명하노
니 떠나갈지어다." 호흡을 들이쉬고 내쉬면서 배에서 나오는 소리
로 주여! 주여! 하면서 소리를 내서 성령으로 충만하게 하십시오.
성령이 역사하기 시작하면 다시 대적하며 기도를 하세요. "나에게
역사하며 영적성장을 방해하는 더러운 영은 예수 이름으로 명하노
니 떠나갈지어다." "나에게 역사하며 영적성장을 방해 하는 귀신
은 예수 이름으로 명하노니 떠나갈지어다." "나에게 역사하며 나
태하게 하는 더러운 영이 떠난 자리에 기도의 영이 임할 지어다.
하나님에게만 집중하는 역사가 일어날 지어다. 날마다 믿음이 자
랄지어다. 성령이 충만해질 지어다. 마음이 넓어질 지어다. 평안의
영이 임할 지어다. 깊은 마음이 될지어다. 성령님 강하게 저를 사
로잡아 주옵소서. 충만하게 하옵소서" 하면서 지속적으로 변화가
나타날 때까지 의지를 가지고 대적기도를 해야 합니다. 악을 쓰지
말고 영에서 나오는 소리로 대적해야 합니다. 마음속의 상처가 치
유되도록 의지적인 노력을 해야 합니다.

37장 질병을 일으키는 귀신 쫓아내는 비결

1절 뇌일혈을 일으키는 귀신 축사

뇌일혈은 중년 이후의 사람에게 암과 더불어 공포의 대상이 되어 있는 질병입니다. 왜 뇌일혈이 되는가에 대해서는 세 가지 설이 있습니다. 그 한 가지는 뇌혈관이 파열한다는 것, 둘째는 뇌혈관이 연축(攣縮)하기 때문에 혈액이 뇌 속으로 스며 나온다는 것, 또 한 가지는 위의 양자가 합병하여 일어난다는 설입니다. 그러나 이러한 것들보다 한층 더 앞선 원인이 있습니다.

그 가장 큰 원인이 고혈압이라 할 수 있습니다. 주된 것은 동맥경화 또한 뇌일혈이 되기 쉬운 체질의 유전이라 할 수 있습니다. 드물게는 외상이나 양혈병도 원인이 됩니다. 뇌일혈의 유인(誘因)에는 여러 가지가 있습니다. 뇌 매독이나 장티푸스, 기타 전염병, 패혈병이나 당뇨병 등의 신진대사병도 유인이 됩니다. 또 정신적인 쇼크, 과로와 심로(心勞), 갑자기 냉온에 접할 때, 과음, 음란, 과식 등의 여러 가지가 원인이 기회를 엿보고 있습니다.

뇌일혈 그 자체는 거의 갑자기 침습하여, 그대로 혼수상태에 빠지면서 사망에 이르게 되는 일이 흔히 있는 위험한 질환입니다. 그러나 이에 앞서서 무엇인가 필연적인 조짐이 나타납니다. 전술한 바와 같은 원인을 가지고 있는 사람, 예를 들어 고혈압이 있는 사람은 다음과 같은 조짐을 감지했을 때는 바로 뇌일혈이 일어날 염려가 있다는 경계경보 발령으로 생각하고 신중한 예방 대책을 강구해야 할 필요가 있습니다. 증상으로는 갑자기 기력이 없어지고 피로감이 많이 느껴집니다. 사소한 일에도 감정이 격화되고 얼굴이 달아오릅니다. 가슴이 은근이 아프며 압박을 받으며 소변이 자주 마렵습니다.

잠시 어지럽고 머리 아픈 증상이 나타났다가 수분내지 수 시간 내에 언제 그랬느냐 듯 사라지기도 합니다. 말을 하거나 알아듣기에는 문제가 없지만 혀, 입술, 목구멍 등의 근육이 마비되어 발음을 정확하게 할 수 없게 됩니다. 감정 조절이 어려워 울고 우는 증상과 치매증상이 나타나기도 합니다. 사물을 볼 때, 뚜렷하게 보이지 않고 두개로 겹쳐 보이는 증상도 뇌졸중 전조증상에 해당되는데요. 이는 뇌간에 뇌졸중이 생겼을 때 해당되며 보통 어지러움 증상과 함께 나타납니다.

사역자가 대적하며 축사할 경우는 이렇게 하세요. 환자에게 호흡을 들이쉬고 내쉬라고 하세요. 사역자는 성령의 임재를 요청하세요. 성령이여 임하소서. 어느 정도 성령이 임재가 되면 "내가 나사렛 예수 이름으로 명하노니 뇌일혈을 일으키는 질병의 영은 떠나갈지어다." "뇌의 혈관은 깨끗하여 질지어다." "뇌에 맑은 피가 공급될지어다." 본인이 직접 대적하며 축사하는 선포기도는 이렇게 합니다. 성령님 임하소서. 저의 전인격을 사로잡아 주옵소서. 성령의 임재가 충만해지면 마음으로 명령하세요. 내가 나사렛 예수 이름으로 명하노니 뇌의 동맥에 있는 질병의 영은 떠나갈지어다. 내가 나사렛 예수 이름으로 명하노니 뇌의 동맥에 있는 질병의 영은 떠나갈지어다. 내가 나사렛 예수 이름으로 명하노니 뇌의 동맥에 있는 질병의 영은 떠나갈지어다. 예수님의 이름으로 명하노니 뇌혈관은 깨끗해지고 피는 맑아질지어다. 예수님의 이름으로 명하노니 뇌혈관은 깨끗해지고 피는 맑아질지어다. 심장은 튼튼해질지어다. 예수님의 이름으로 기도했습니다. 아멘.

2절 간암을 일으키는 귀신축사

주의해야 할 것은 간에는 신경선이 통하지 않으므로 간에 질병의 내력이 있는 가문은 수시로 간의 건강상태를 확인 하는 것이 좋습니다. 무슨 이야기인가, 간에 질병이 생겨도 간자체로는 알지를 못한다는 것입니다. 다른 장기에 질병이 있어서 검사를 한 결과 간에 질병이 있는 것을 아는 경우가 많이 있습니다. 이때는 간은 심각한 수준에 이른 경우가 보통입니다. 간암환자는 성령으로 완전하게 장악이 되어야 합니다. 그러므로 성령이 장악할 수 있는 상당한 기간을 두고 치유사역을 받고 해야 합니다. 조급하면 안 된다. 환자에게 호흡을 들이쉬고 내쉬라고 하세요. 사역자는 환부에 손을 얹고, 환부에 성령의 임재를 요청하세요. 성령이여 임하소서. 어느 정도 성령이 임재가 되면 "내가 나사렛 예수 이름으로 명하노니 간암을 일으키는 질병의 영은 정체를 밝힐지어다." "간장은 정상으로 회복될지어다." "간장은 튼튼해질지어다." "간장은 정상기능을 발휘할지어다."

본인이 직접 대적하며 축사하는 선포기도는 이렇게 합니다. 성령님 임하소서. 저의 전인격을 사로잡아 주옵소서. 성령의 임재가 충만해지면 마음으로 명령하세요. 내가 예수님의 이름으로 명하노니 간암을 일으키는 영은 떠나갈지어다. 예수님의 이름으로 명하노니 간암을 일으키는 영은 떠나갈지어다. 예수님의 이름으로 명하노니 간암을 일으키는 영은 떠나갈지어다. 복수는 소변으로 대변으로 배출될지어다. 간장은 정상으로 회복될지어다. 간장은 튼튼해질지어다. 간장은 정상기능을 발휘할지어다. 예수님의 이름으로 기도했습니다. 아멘.

3절 천식을 일으키는 귀신축귀

천식환자를 치유할 때 주의사항은 천식이 발작하여 기침을 심하게 할 때 안수사역은 금해야 합니다. 어느 정도 기침이 멈추고 환자가 안정을 찾을 때 사역을 하세요. 잘못하면 안수하고 더 심해졌다는 말을 들을 수가 있습니다. 질병의 치유는 환자가 심할 때 하는 것이 아닙니다. 어느 정도 안정이 된 다음에 사역을 하는 것입니다. 병원에서 수술할 때도 마찬가지입니다. 환부의 부기가 안정이 되었을 때 수술을 합니다. 이는 영적치유 할 때도 적용해야 합니다. 그러므로 사역자는 환자별로 치유 사역을 하는 다양한 방법을 터득해야 합니다. 치유사역이 해보면 그리 쉽지 않다는 것을 알 수가 있습니다. 다양한 혼자를 접해보고 전문 사역자의 경험을 들어서 자기 것으로 삼아야 할 것입니다.

사역자가 대적기도로 치유할 경우는 환자에게 호흡을 들이쉬고 내쉬라고 하세요. 사역자는 환부에 성령의 임재를 요청하세요. 손은 한손은 목에 얹고, 한 손은 뒷목에 대고, 성령이여 임하소서. 어느 정도 성령이 임재가 되면 "내가 나사렛 예수 이름으로 명하노니 천식을 일으키는 질병의 영은 정체를 밝힐지어다." "천식을 일으키는 질병의 영은 떠나갈지어다." "천식은 치유될지어다." "천식은 떠나갈지어다." 하면서 명령을 하면, 목에서 시커먼 천식을 일으키는 근원들이 빠져나옵니다.

본인이 직접 대적하며 축사하는 선포기도는 이렇게 합니다. 성령님 임하소서. 저의 전인격을 사로잡아 주옵소서. 성령의 임재가 충만해지면 마음으로 명령하세요. 내가 예수님의 이름으로 명하노니 천식을 일으키는 영은 떠나갈지어다. 예수님의 이름으로 명하노니 천식은 떠나갈지어다. 예수 이름으로 명하노니 천식은 떠나가고 호흡은 정상으로 회복될지어다. 예수님의 이름으로 명하노니 천식은 치유되고 호흡은 정상으로 회복될지어다. 심장은 튼튼해질지어다. 폐장은 튼튼해질지어다. 예수님의 이름으로 명하노니 천식은 치유되고 폐장은 튼튼해질지어다. 천식은 치유되고 호흡은 정상으로 회복될지어다. 예수이름으로 기도했습니다. 아멘.

4절 녹내장을 일으키는 귀신축사

녹내장은 눈의 안쪽에 방수라는 액체가 있는데 항상 이 액체는 일정한 상태를 유지해야 하는데 눈 안의 액체가 빠져나가는 출구가 좁아져서 안압이 높아져 생기는 눈병입니다. 또 심한 원시나 노안 등으로 수정체가 부풀어 홍채가 들어 올려지면서 출구가 좁아져 생기는 경우도 있고 스트레스, 흥분, 수면부족이 원인이 된다는 견해도 있습니다. 녹내장이 생기면 무지개가 보이는 홍시가 특징이며 눈의 통증이나 두통, 구토증을 동반하기도 합니다. 사역자가 대적기도로 치유할 때는 환자에게 호흡을 들이쉬고 내쉬라고 하세요. 사역자는 성령의 임재를 요청하세요. 어느 정도 성령이 임재가 되면 손가락을 눈에 대고 "내가 나사렛 예수 이름으로 명하노니 녹내장은 벗어질지어다." "눈은 정상으로 회복될지어다."

본인이 직접 대적하며 축사하는 선포기도는 이렇게 합니다. 성령님 임하소서. 저의 눈을 사로잡아 주옵소서. 성령의 임재가 충만해지면 마음으로 명령하세요. 내가 예수님의 이름으로 명하노니 녹내장은 치유되어 눈은 정상으로 돌아올지어다. 예수님의 이름으로 명하노니 녹내장은 치유되어 눈은 정상으로 돌아올지어다. 예수 이름으로 명하노니 녹내장은 치유되어 눈의 시력은 정상으로 돌아올지어다. 예수님의 이름으로 명하노니 녹내장은 치유되고 눈의 시력은 정상으로 회복될지어다. 눈의 기능은 정상으로 회복될지어다. 내가 나사렛 예수 이름으로 명하노니 눈은 치유될지어다. 녹내장을 일으키는 질병의 영은 떠나갈지어다. 예수님의 이름으로 기도했습니다. 아멘.

5절 난소종양을 일으키는 귀신축사

환자에게 호흡을 들이쉬고 내쉬라고 하세요. 사역자는 환자를 눕게 하고 골반이 정확성을 확인합니다. 이상이 있을 경우 골반을 맞추어야 합니다. 환부에 손을 얹고, 환부에 성령의 임재를 요청하세요. 성령이여 임하소서. 어느 정도 성령이 임재가 되면 "내가 나사렛 예수 이름으로 명하노니 난소종양은 치유될지어다." "난소종양을 일으키는 질병의 영은 떠나갈지어다." "난소는 정상으로 회복될지어다." "난소는 튼튼해질지어다." "정상으로 화복이 될지어다."

본인이 직접 대적하며 축사하는 선포기도는 이렇게 합니다. 누워서 다리를 들고 좌우로 돌리면서 성령님 임하소서. 저의 허리를 사로잡아 주옵소서. 성령의 임재가 충만해지면 마음으로 명령하세요. 골반을 돌리면서 중추 신경에게 명령하세요. 내가 예수님의 이름으로 명하노니 난소와 연결된 신경은 정상으로 돌아올지어다. 예수님의 이름으로 명하노니 난소와 연결된 신경은 정상으로 치유될지어다. 예수 이름으로 명하노니 난소종양은 치유될지어다. 예수님의 이름으로 명하노니 난소종양은 깨끗하게 치유될지어다. 내가 나사렛 예수 이름으로 명하노니 난소종양은 치유될지어다. 난소종양을 일으키는 질병의 영은 떠나갈지어다. 예수님의 이름으로 기도했습니다. 아멘.

이 책을 통해 예수님이 땅끝까지 전파 되기를 소원합니다.
(출판으로 인한 이익금은 문서선교와 개척교회 선교에 사용합니다.)

귀신축사 속전속결

발 행 일 l 2016.10.04초판 1쇄 발행

지 은 이 l 강요셉

펴 낸 이 l 강무신

편집담당 l 강무신

디 자 인 l 강요셉

교정담당 l 강요셉

펴 낸 곳 l 도서출판 성령

신고번호 l 제22-3134호(2007.5.25)

등록번호 l 114-90-70539

주   소 l 서울 서초구 방배천로 4안길 20(방배동)

전   화 l 02)3474-0675/ 3472-0191

E-mail l kangms113@hanmail.net

유   통 l 하늘유통. 031)947-7777

ISBN l 978-89-97999-49-1 부가기호 l 03230

가   격 l 16,000원